麻生太吉日記

第一巻

麻生太吉日記編纂委員会［編］

九州大学出版会

題字：麻生太吉

麻生太吉肖像

氏神負立八幡宮へ寄進の大鳥居（1907 年 12 月建立）
「八幡宮」は井上馨揮毫（2011 年 4 月撮影）

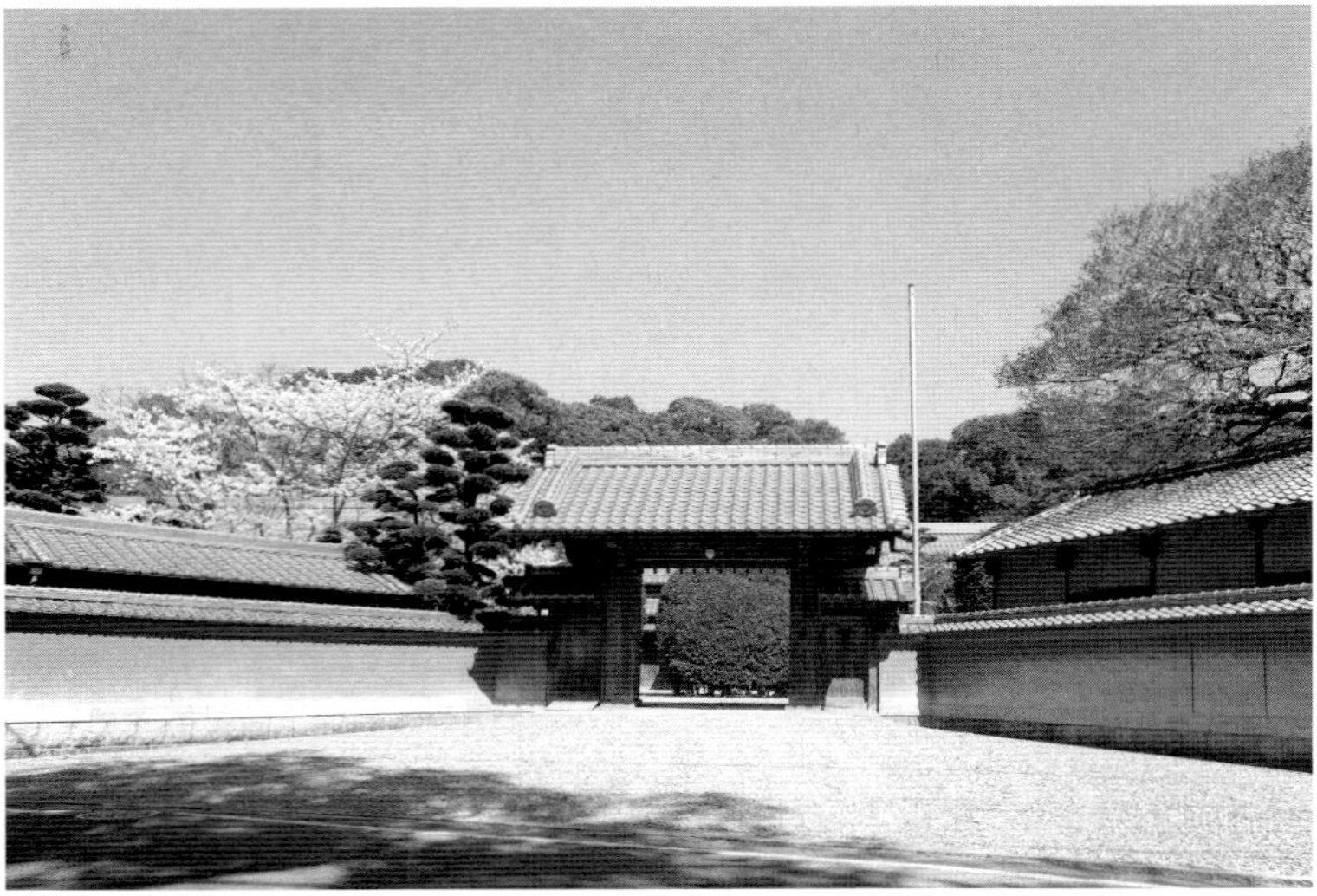

麻生家本邸正門（飯塚市栢森，2011 年 4 月撮影）

麻生太吉日記

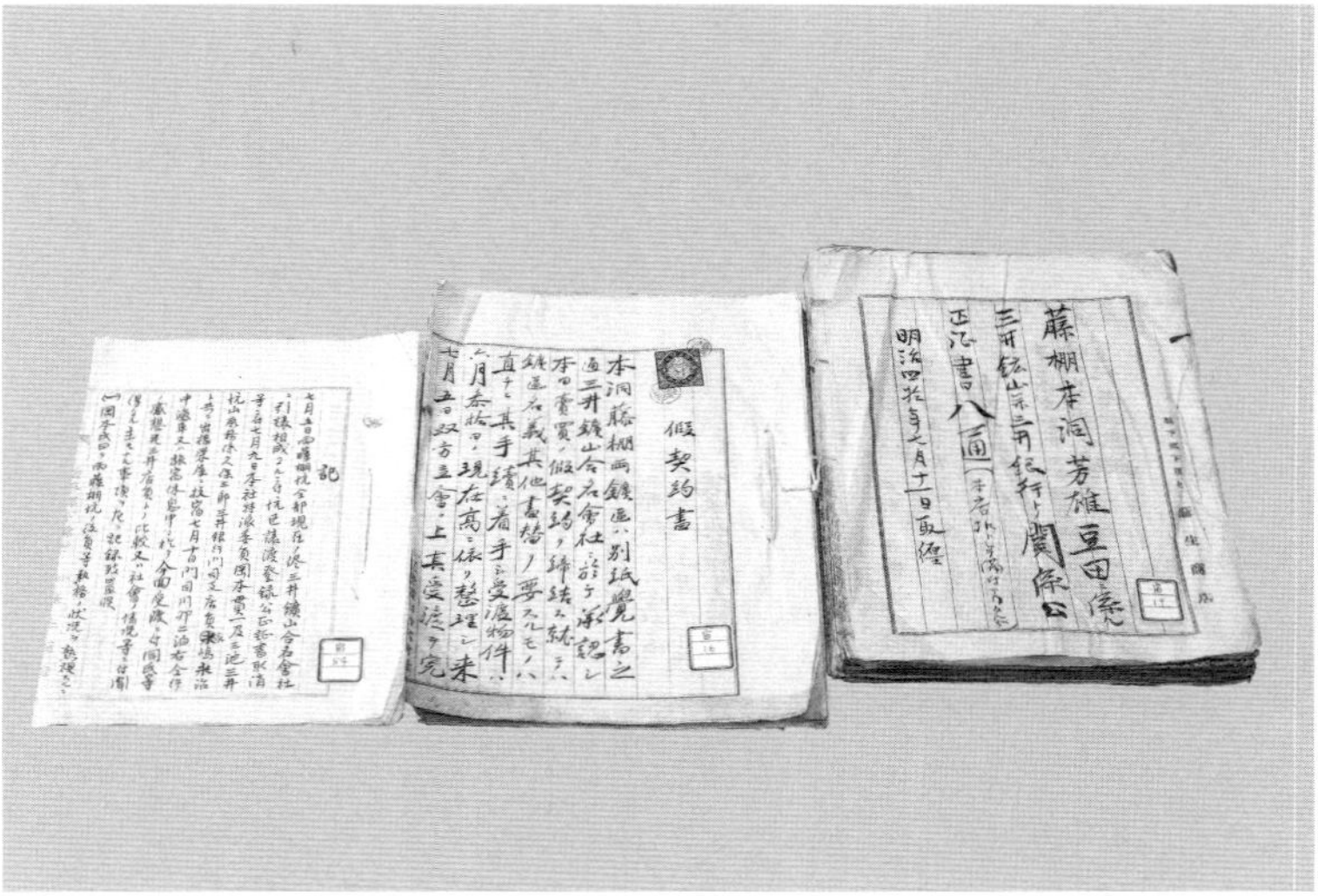

本洞，藤棚両鉱区に関する三井鉱山との売買仮契約書
（1907 年 6 月 29 日）

当用日記が収められた木箱

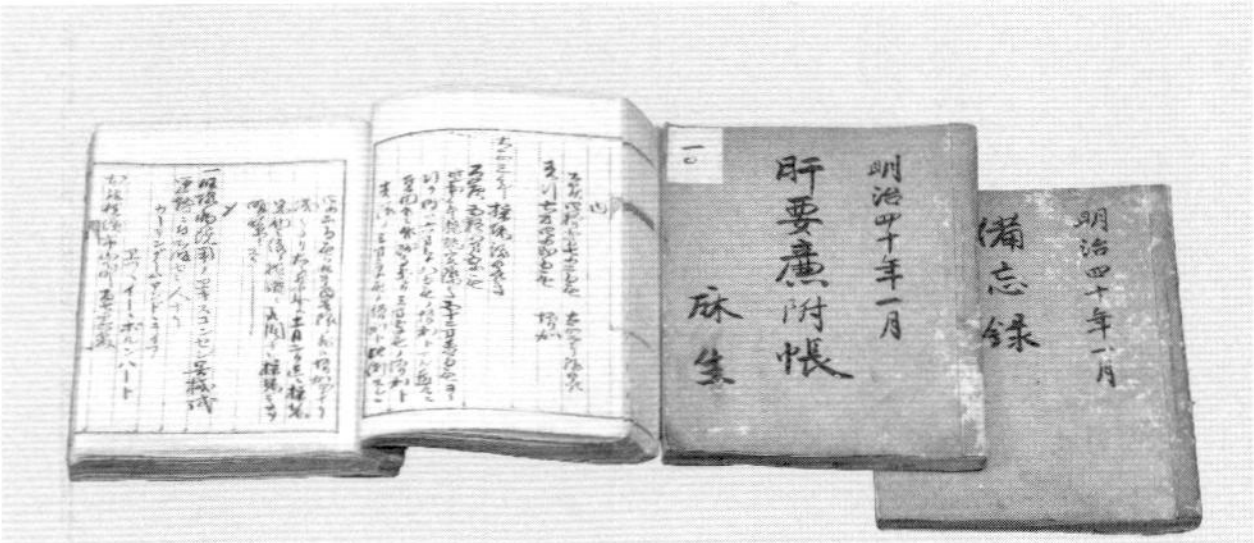

麻生太吉日記を補完する「肝要廉附帳」，「備忘録」

麻生太吉宛書翰　安川敬一郎（1914 年 3 月 6 日付）

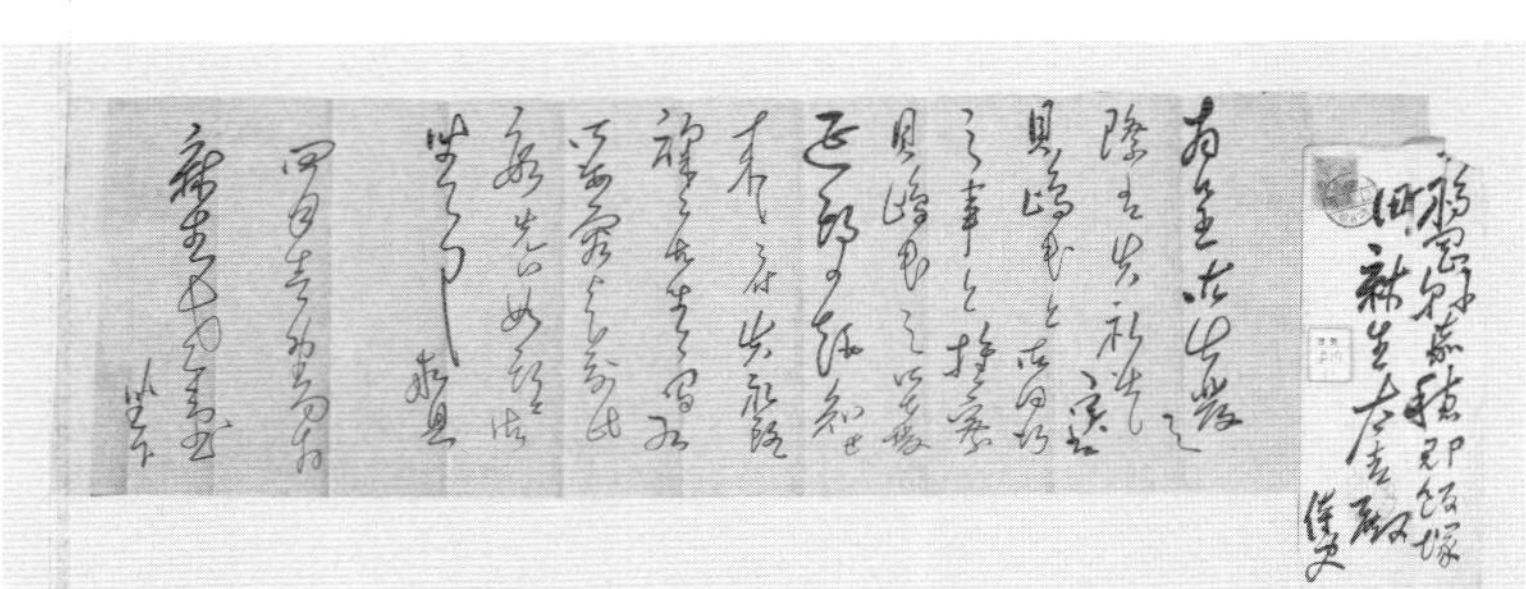
麻生太吉宛書翰　野田卯太郎（1914 年 4 月 12 日付）

『麻生太吉日記』（全五巻）の刊行にあたって

麻生家は古くから筑前国嘉麻郡栢森《かやのもり》村に居住した豪農であった。幕末の当主賀郎は庄屋を勤め、近村へ入庄屋となり、一八六九年（明治二）以降触口（立岩触、飯塚触）、戸長兼大庄屋、嘉麻・穂波両郡石炭山元締等を勤め、その子太吉も立岩村の副戸長、戸長を勤めた。明治初期より嘉穂郡内の綱分、忠隈、鯰田、笠松、上三緒、山内、豆田、芳雄等各地に炭鉱事業を展開した。

一九七四年（昭和四十九）七月、秀村選三（当時、九州大学経済学部教授）が主宰する研究グループは麻生家文書の調査を初めて手掛けた。麻生家本邸の屋敷の外、負立《おいたち》八幡宮の境内近くにある大きなお蔵の二階には二百箇余りの木箱や櫃のほか小箱、書棚等々があった。それらは長年の埃をかぶって静かに眠っていた。膨大な史料群の一例を示すと以下のとおりである。

各炭鉱の文書史料、麻生家の日誌、麻生太吉の日記、麻生商店の会計帳簿、また筑豊石炭鉱業組合や九州鉄道会社、筑豊興業鉄道会社、嘉穂銀行、嘉穂電灯会社、若松築港に関する史料等々、太吉が関係した団体・会社に関する諸史料、あるいは門司・若松の三井物産との往復書類等があり、さらに書翰類は夥しい数にのぼる。また太吉は一九一一年（明治四十四）以降、貴族院議員等になっているため広く全国的視野での文書史料、刊行物も含まれている。

しかも、たんに明治以降の史料だけでなく、多数の近世村方史料もある。古くは一六八〇年（延宝八）の文書があるが、近世後期、文化・文政頃から数を増やし、天保以降はことに多い。このように麻生家文書はすぐれた社会経済史料と言えよう。

なお、麻生家文書調査の成果の一部は、『九州石炭礦業史資料目録』第一集～第十一集（九州大学石炭研究資料センター編、西日本文化協会、一九七五～一九八五年刊）に収録されている。

『麻生百年史』（一九七五年刊）の編纂を機に社史資料室が新築され、現在、麻生家文書、麻生商店資料は同資料室と九州大学附属図書館付設記録資料館（旧九州大学石炭研究資料センター）に架蔵されている。麻生家と九州大学との縁は「斯道文庫」、理学部の創設をとおして深かった。とくに後者の場合、麻生太賀吉氏（故人）の寄付（一〇〇万円）が中核となって一九三九年（昭和十四）四月、同大学に理学部が設置された。これにより、九州大学は総合大学として実をあげることができた。

麻生家は一八九四年（明治二十七）から家記録である「日誌」を記録しており、現在、一九三三年（昭和八）までのものを見ることができる。これとは別に、太吉を含めて家族の生活基盤の一つであった別邸（福岡市浜の町）で記された「浜の町日誌」がある。

太吉個人の日記に関しては、次の二種類が確認できる。

第一は、一九〇六年（明治三十九）一月一日から一九三三年（昭和八）十一月三日まで本邸で記された日記である。但し、一九〇六年の日記は、本邸と藤棚炭坑と二冊に別記されている。この日記は、太吉が円熟期を迎えた数えの五十歳に書き始められ、七十七歳で亡くなる一ヵ月前までの記録である。

第二は、冊数は少ないが「肝要記憶廉附」、「肝要廉附」、「備忘録」といった廉附帳、手帳類である。

当編纂委員会では、学術的価値が極めて高い本邸と藤棚炭坑で記された日記の刊行を企画し、玆にその全てを公刊するに至った。周知のように麻生太吉の企業者活動はスケールの大きい足跡を残しており、日記はその全貌を余すところなく顕示している。それはまた「名望家」としての存在価値を示している。

彼は筑豊地域の一炭鉱経営者の枠に留まらず、筑豊石炭鉱業組合の総長職並びに石炭鉱業聯合会の会長職を長く務めた。在任中は、石炭鉱業界が抱えていた懸案事項に真摯に対応している。また、鉄道、銀行、電力、築港、セメント等々の企業者活動にも精力を注いだ。太吉は一九二八年（昭和三）、家訓として「油断大敵、程度大切」を制定しているが、日記には彼の経営理念と行動がよく示されている。

次に政治活動としては、衆議院議員（立憲政友会所属）を経て、長く貴族院議員（研究会所属）として活躍した。太吉の政治家としての活動状況、在り方、出処進退に関する考え方を日記から具体的に読み取ることができる。

地域社会との関わり、家に関する記述も詳細である。共同体としての血縁、地縁が濃い人間関係、旧民法下での家長としての統率力と威厳を保持しつつ、太吉の人情味溢れる実像を窺い知ることができる。

『麻生太吉日記』全五巻の構成は次のとおりである。

第一巻　一九〇六年（明治三十九）～一九一六年（大正五）
第二巻　一九一七年（大正六）～一九二二年（大正十一）
第三巻　一九二三年（大正十二）～一九二七年（昭和二）
第四巻　一九二八年（昭和三）～一九三一年（昭和六）
第五巻　一九三二年（昭和七）から一九三三年（昭和八）

なお、第五巻には解説（麻生家文書、麻生太吉の企業者活動、政治活動、地域社会活動）、麻生太吉年譜、総索引を掲載の予定である。

最後になりますが、積年の懸案であった麻生太吉日記の刊行に際し、故麻生太賀吉氏と麻生家の皆様、株式会社麻生から多大なご支援をいただいた。これらの方々に対し、衷心よりお礼を申し上げる次第です。

二〇一一年（平成二十三）十月

麻生太吉日記編纂委員会

目次

凡　例

一　漢字は原則として新字体を使用した。異体字・略字等も原則として新字体に変えた。(㭁→等・㚖→異・迠→迄・𠃵→乞・无→無・桒→桑・啚→図・逺→違・㝡→最・㦮→銭・扣→控・筭→算）等。人名・地名については、原史料の使用漢字を残したものもある。
個人的慣用誤字は正したものもある。

二　片カナと平カナは原史料の通りとした。ただし、変体カナのうち　而・江は残し、文字サイズを小さくした。また合字、𪜈はトキ、ヿはコト、ゟはよりに変えた。

三　繰り返し記号（踊り字）のうち、〻は々とし、々・ヽ・ヾ・ゝ・ゞは原文通りとした。

四　校訂者の本文中の注記は［　　］に入れて示した。
・欄外記述は［欄外］と注記して適切なところに置いた。本文の続きであることが明らかな場合は本文に続けた。
・代筆者の記述は［増野夷熊代筆］［吉浦勝熊代筆］と明示して適切なところに注記した。
・人名で姓や名のみが記されている場合、理解しやすいように［　］して姓や名を補注したものがある。

五　地名の注記は当時の地名を示し、煩雑を避けるため福岡県の場合は県名を、飯塚町の場合は嘉穂郡を原則として省略した。

六　敬意を表するための欠字平出は省略した。

七　読解不能の文字は□で示し、重書で読解不能の場合は▨で示した。原史料が空白とされている場合はおよその字数をはかり空けて［空白］と傍注した。

八　挿入文字と挿入箇所および重書や抹消は日記という史料の性格を考慮して明示しなかった。

九　記載月日の前後や誤記については、正しい年月日のところに置き、曜日を省略した。また記載のない日を所載しなかった。

十　読みやすくするため読点と並列点を付した。

＊　解読は東定宣昌・吉木智栄が行い、新鞍拓生・香月靖晴が補介し、全体を田中直樹が統轄した。

麻生太吉日記　第一巻

一九〇六（明治三十九）年日記　本家

一月一日　月曜

一拝賀式挙行
一神社参拝
一仏閣参拝
一先祖霊前参拝
一嘉穂銀行新年宴会催シタリ
一米吉〔野見山〕[1]・森崎屋[2]へ年始ニ行キタリ
一豆田・上三緒・山内坑員年賀ニ来訪アリ、祝宴ヲ催シタリ
一大坂高等〔工業脱〕学生四名来宿セリ

一月二日　火曜

一山内第三坑狸坂へ開坑ノ為メ、実地検査ノ為メ出張ナシタリ

一月三日　水曜

一早朝ヨリ遊猟ニ行キ、雉子弐羽トリタリ

一月四日　木曜

一芳雄積入場へ撰炭方之件ニ付出張ナシタリ

一月五日　金曜

一製工所[3]及山内第二〔三カ〕坑狸坂新坑開設ノ場所再調査ヲナシタリ

一月六日　土曜

一飯塚綿旦〔綿勝〕[4]ニ而嘉穂銀行減資之件ニ付五十株以上ノ株主集会、四十四万円ニ減額ナスコトニ協定セリ

一月七日　日曜

一山内坑第二坑及製工所へ出張セリ

一月八日　月曜

一早朝より弐人引[5]ニテ、笠松峠ヲ経而綱分新坑開設ノ場所実地検査ナシタリ

一上三緒坑風廻〔竪〕建坑ヲ開設スルコトヲ見合、現今行詰メノ処ヨリ払取ニテ採掘ナシ、真卸延長シ、且右科〔斜〕卸ヲ延長シ鼠巻[6]ヲナス計画ヲ目的トシテ、調査図ヲ製スコトヲ談シタリ

一綱分新坑ハ地面ノ図面ヲ製スルコト

一月九日　火曜

一山内第三坑狸坂ニ新坑開設ニ付、芝剝リ[7]ナシタリ

一本卸口ハ五十度ノ方向ニテ、巻器械ノ平面ハ弐十三間ノ処ニ機械据付ノ目的ニテ凡三百五十坪土盛ヲナスコト

一蒸気卸ハ五十度ノ方向ナリ

1　野見山米吉＝太吉妹マスの夫、麻生商店重役・店長
2　森崎屋＝木村順太郎家、麻生太七女婿、酒造業
3　製工所＝麻生商店、一八九四年設立（飯塚町立岩）、機械製造・コークス製造・精米
4　綿勝＝旅館（飯塚町向町）
5　人力車
6　鼠巻＝自転捲やエンドレス捲のこと
7　芝剝り＝坑口開坑のための鍬入れ

一月十日　水曜

一午前九時廿六分発ニ而本店[1]行、藤棚[2]居住

一月十一日　木曜

一藤棚滞在

一月十二日　金曜

一藤棚滞在

一月十三日　土曜

一午後三時三十分直方発ニ而帰宅

一東京石田〔千之助〕[3]氏・岸本君・瓜生〔長右衛門〕[4]一同中泉[5]午後五時発ニ相見へ、一泊

一月十四日　日曜

一嘉穂銀行[6]重役会出席

一綿且〔勝〕ニ而弐十五円ノ収入アリ、五円ハ家内へ遣ス

一石田君滞在ニ付弐十五円ノ損失

一堅〔竪〕鏃〔汽〕鑵、狸坂へ運搬ス

一有安[7]鳥羽坑区ノ件ニ付、上田〔穏敬〕[8]君ト左記之通協義ス

一道より北立木切弐千円、一山林一反歩五円、一畑ハ一反十五円使用料、一山林一反三十円、一田壱等壱坪七十銭、

一等下ル毎ニ弐銭下、一畑一坪三十銭、壱等下ル毎ニ二銭下、一肥料ハ無代価ニ而地元へ渡シ、掃除ハ地元負担、

一従来ノ約束ハ一切無効ノコト

一月十五日　月曜

一石田氏午前十一時ニ而出発帰京ニ付、飯塚停車場迄見送、瓜生大宰府へ同供ス

一上山田坑貸付金壱百円、瓜生へ渡ス

一狸坂坑口ノ方向ヲ変更シ西側へ移転ノコトニ決定ス、及鑵[汽]鑵場も変更ス

一午後四時発ニ而藤棚へ出頭ス

一月十六日　火曜

一藤棚滞在

一月十七日　水曜

一藤棚滞在

一月十八日　木曜

一藤棚滞在

1　本店＝麻生商店本店（鞍手郡下境村）
2　藤棚＝藤棚炭坑（鞍手郡福地村）
3　石田千之助＝合資会社三石商会（東京市麹町区八重洲町）
4　瓜生長右衛門＝麻生商店重役・主事、坑務
5　中泉＝九州鉄道中泉駅（鞍手郡福地村）
6　嘉穂銀行＝一八九六年開業（飯塚町）頭取麻生太吉
7　有安＝地名、嘉穂郡庄内村
8　上田穏敬＝麻生商店庶務係長、一八九五年入店

一月十九日　金曜

一午後五時発ニ而帰宅ス

一午後七時綱分坑設▨［計カ］書、上三緒坑より持参ス

一月二十日　土曜　雪降

一銀行［嘉穂銀行］物会原案之通決定、本年三月十年祝ハ株主・重役・行員限リトシ、小宴会ヲ催スニ決シタリ

一忘年宴会ヲ催シ、行員四名・瓜生・横山［近平］[1]ノ両氏ハ小生負担ノ事ヲ綿且［勝］へ申付キ置タリ、同夜ハ綿且ニ一泊ス

一金弐千百廿一円余配当金受取、金七百円ツヽ、麻生屋[2]・野見山［米吉］・瓜生へ賞与ヲナシ、廿一円余ハ受取タリ

一金八十一円銀行重役賞与金受取タリ

一金弐百五十円魚屋惣七[3]へ貸金及金弐十円同方老母へ遣、残ヲ久留米屋平右衛門[4]へ渡ス

一金拾五円ハ芸者三人外一名へ遣ス、金拾円ハ金八へ遣ス、一金五十一円収入金アリ

一月二十一日　日曜

一立花節[5]君上三緒坑へ従事ノ旨田中［冑二］[6]君へ電話シ、手当金弐十円ト仮定セリ

一狸坂坑へ行キ、坑道変更ノ事ヲ西野［長五郎］[7]ト協義セリ

一鳥羽坑区ノ件ニ付有安区ト契約取換シニ付、草案上田［穏敬］君持参ニ付、調査ノ上訂正ス

一旋盤十四尺、シカル盤十尺、シヤビン一台、代価及成工期日照合ス、麻生八郎[8]へ

一月二十二日　月曜　曇天

一狸坂坑へ出張、排水ノ順序ヲ協義ス

一弐人引ニ而豆田坑へ行キ、第三坑着手ノ件ニ付取調方ヲ福間君へ申談シタリ

一豆田ニ行キ、含有炭ノ露出ノ場所及試掘ノ場所検査セリ

一藤棚第一坑五尺巻器械ドラム破損ニ付、十一時ニ而出発セントセシニ付、既ニ修繕成リ巻初メタルニ付、中途より豆田へ行キタリ

一月二十三日　火曜

一昨夜ヨリ下痢シテ在宿ス、尤狸坂・製工所へ行キタリ
一コークス製造ヲ出来得ル限減縮ノコトヲ福間〔久米吉〕[9]君ト協義セリ
一製工所原動器械ヲ巻器械ニナサシムルコトニ大森〔林太郎〕[10]君へ申談タリ
一綱分坑開坑ノコトヲ麻生屋・野見山両氏トモ打合、明日芝剝リニ着手ノ筈ナリ
一午後四時調査、金百十八円現在ス
一有安鳥羽坑区定約、地元ノ有安ト契約シ、上田君帰宅セリ

1　横山近平＝嘉穂郡大谷村長、のち幸袋町長
2　麻生屋＝麻生太七家、太吉弟、麻生商店重役
3　魚屋惣七＝魚惣、上尾惣七（飯塚町）
4　久留米屋平右衛門＝江藤平右衛門（飯塚町上町）
5　立花節＝麻生商店この日退店、のち立花商店として朝鮮で暖炉販売
6　田中冑二＝麻生商店芳雄上三緒坑長、一八九八年入店、元飯塚収税署長、のち嘉穂銀行監事
7　西野長五郎＝麻生商店主事補・芳雄山内坑務課長、一八八八年入店、のち伊之吉と改名
8　麻生八郎＝太吉弟
9　福間久米吉＝麻生商店製工所
10　大森林太郎＝麻生商店

一月二十四日　水曜　降雪
一前夜ヨリ降雪ノ為メ綱分坑口芝剝ヲ延期セリ
一下痢ノ為メ在宿ス
一月二十五日　木曜
一旧正月元旦、長岐〔繁〕[1]・堤〔尚彦〕[2]両氏、麻生屋来問〔ママ〕アリ、長岐・堤両君一泊ス
一金拾五円家内達ニ小遣金ヲ渡ス
一月二十六日　金曜
一長岐・堤両君、花村徳右衛門[3]・福間久米吉・太郎〔麻生〕[4]等、下三緒山より川嶌[5]・本村[6]人家辺迄猟師三名召連山猟ス、本村畑ニ而兎一疋獲物アリ、小鳥三羽
一中恒〔中垣直人〕[7]君久留米より帰途立寄アリ、長岐・堤三君ト泊ス
一猟師三名へ金五円遣ス
一月二十七日　土曜
一長岐・堤・中垣・太郎等一同飯塚浦より花瀬[8]前ノ山辺ヲ山狩ナシ、猟師弐人ヲ連レ兎弐疋・雉子壱羽ヲ取リタリ
一吉浦〔勝熊〕[9]君モ来訪、以上ノ諸君ト泊ス
一金四円猟師二人へ遣ス、久留米屋ニ而酒ヲ与ヘタリ
一月二十八日　日曜
一長岐・堤・吉浦・中垣午前十一時発ニ而帰店ス
一靏十郎〔麻生〕[10]一年志願書進達ス

一藤棚第二坑排水機械、三池牧田〔環〕[11]氏よりヲヲシントン四台注文之義〔ママ〕注意アリシモ、小林〔要次郎〕[12]君ト協義之結果一台注文之義、牧田氏博多滞在ニ付同氏へ打電ス

一月二十九日　月曜

一池田〔王佐カ〕休職警部・荒木〔久米吉カ〕医師来訪、池田君従事之懇談アリシモ、当時適当ノ欠員ナキ旨ヲ以謝絶ス

一内山〔福五郎〕[13]・加藤敬介〔輔〕[14]両君、年始ニ来訪アリ

一花村久助[15]君来訪、第二笹原坑ノ件ニ付協義ス

1　長岐繁＝麻生商店会計兼商務、翌年部長、元三井物産三池出張所勘定出納用度掛
2　堤尚彦＝麻生商店主事補、翌年監査兼調度部長、一九〇五年入店
3　花村徳右衛門＝太吉親族、麻生商店製工所
4　麻生太郎＝太吉三男、一八八七年九月生、のち株式会社麻生商店取締役
5　川島＝地名、嘉穂郡笠松村
6　本村＝嘉穂郡笠松村立岩
7　中垣直人＝麻生商店上三緒坑
8　花瀬＝地名、嘉穂郡鎮西村
9　吉浦勝熊＝麻生商店主計出納、前主計貸付係長、一八九八年入店
10　麻生鶴十郎＝太吉次男、一八八五年十二月生、一九〇八年米国留学中死去
11　牧田環＝三井鉱山九州炭礦部次長、のち三井合名理事、三井鉱山会長、團琢磨女婿
12　小林要次郎＝麻生商店重役、主事機械担当、一九〇二年入店
13　内山福五郎＝麻生商店藤棚一坑機械課長
14　加藤敬輔＝太吉親族、麻生商店藤棚一坑経理課長、一八九六年入店、のち三井鉱山本洞坑
15　花村久助＝太吉親族、麻生商店と笹原炭坑共同経営者、前年三ツ池炭坑・糸田新炭坑経営者、のち飯塚町会議員

一狸坂堅〔竪〕釜不良ノケ所アリ、使用不能ナリ

一忠隈[1]へ坑夫百廿名余有之ニ付、藤棚二坑へ雇入ノ事ヲ大崎〔邦太郎〕[2]君ヲ以中村主任より注意ス

一〔吉川〕監十郎[3]君病気付、家内〔ヤス〕・太郎、いせ[4]随行見舞ニ行ク

一瓜生〔長右衛門〕方参リ、直方橋本〔文吉〕[5]警部ノ事ニ付協義ス、同人一泊ス

一病気ニ付荒木氏ノ診察ヲ乞、下痢ノ服楽〔薬〕ス、静養ノコトヲ注意アリタリ

一月三十日　火曜

一午前九時発ニ而瓜生帰坑ス

一麻生惣兵衛[6]来訪、種々雑話ス

一有安鳥羽坑区契約証及有安地元ト従来契約証取消ノ証書類一切、野見山〔米吉〕へ送付ス

一病気ニ而在宅ス

一月三十一日　水曜

一行員増俸之件ニ付嘉穂銀行へ出頭、各支店長ト倉知〔倉智伊之助〕[7]書記一同協義ス

一午後四時飯塚発ニ而藤棚坑へ行キタリ

一直方三名来訪アリタリ

二月一日　木曜

一午前十一時直方発ニ而藤棚より嘉穂銀行重役会ニ出席ス、重役不揃ノ為メ延期ス

一金拾円、藤棚坑滞在中召使おなか[8]へ家費トシテ渡ス

一金壱円、あんま丈太郎へ綿且〔勝〕ニ而渡ス

一監十郎病気ニ付若松病院長へ来診之件、加藤敬介〔輔〕氏へ電話ニ而相頼、同夜来診アリタリ

二月二日　金曜

一嘉穂銀行重役会へ出席

一製工所へ立寄、コークス製造減シ方ノコトヲ福間久米吉ト協義ス

一午後七時ヨリ脳ノ痛ミノ為メ、午前三時迄家内トおりん[9]ト看病ニ而冷水ニテ冷シタリ

二月三日　土曜

一病気ニ而荒木医師診察アリタリ

一金七十円内ケ磯[10]、金十五円おもん、遺金渡ス

一金▨[三カ]円家費より受金

二月四日　日曜

一午前十一時飯塚発ニ而馬関[11]ニ行キ、日誌ハ藤棚坑ニアル

1 忠隈＝住友忠隈炭坑（嘉穂郡穂波村）
2 大崎邦太郎＝麻生商店本店、元製鉄所
3 吉川監十郎＝太吉女婿、元藤棚炭坑主
4 いせ＝麻生家女中
5 橋本文吉＝直方警察署長、この月退職、のち筑豊石炭鉱業組合主席書記
6 麻生惣兵衛＝嘉穂銀行取締役、家号酒屋
7 倉智伊之助＝嘉穂銀行課長、この年十月から支配人
8 おなか＝麻生商店本店召使
9 おりん＝麻生家女中
10 内ケ磯＝吉川家、太吉妻ヤス実家（鞍手郡頓野村）
11 馬関＝地名、下関市

二月五日　月曜

一大吉楼[1]滞在

二月六日　火曜

一長府室田〔義文〕[2]氏方滞在

二月七日　水曜

一午後四時五十分長府発ニ而藤棚へ帰着ス

二月八日　木曜

一藤棚滞在

二月九日　金曜

一藤棚滞在

二月十日　土曜

一藤棚滞在

二月十一日　日曜

一藤棚滞在

二月十二日　月曜

午前十一時四十分中泉発ニ而家内・おりん・森蔵ト一同帰宅ス
野見山〔米吉〕君も同車、田川坑区打合ノ為メ本家へ相見ヘタリ

一麻生屋〔麻生太七〕・へ惣〔麻生惣兵衛〕・花久〔花村久助〕ノ三君相見へ、田川坑区ノ打合アリタリ

一安河内代吉[3]外二名相見へ、桂川村長ノ事ニ付辞任セラル、様中〔忠〕告セリ

一川波半三郎[4]来訪、桂川村長ノ事ニ付打合ヲナシ、一泊セラル、

二月十三日　火曜

一午前九時野見山・川波両氏帰村アリ

一安河内代吉君再応来訪、村長ノ事ニ付重而辞任ノ勧告セリ

一製工所ニ行キ工事ノ打合、山内三坑ニ行キ西野〔長五郎〕ト協義ス

一大工久四郎呼寄、台所之修繕ヲ命シタリ

一麻生太右衛門[5]家内〔マサ〕へ金十円遣シタリ

二月十八日　日曜　〔増野奭熊代筆〕

一午后四時半遠賀川改修工事ノ件ニ付、中泉停車場ヨリ乗車シテ上京ノ途ニ就ク

一午后六時門司川卯[6]ニテ長江〔永江純一〕[7]・中根〔寿〕[8]両君ニ面会ス

一午后九時半下ノ関発ニ乗車ス

1　大吉楼＝旅館（下関市阿弥陀寺町）
2　室田義文＝百十銀行頭取、元釜山領事、のち北海道炭礦汽船株式会社会長
3　安河内代吉＝太吉親族（嘉穂郡桂川村）
4　川波半三郎＝嘉穂銀行監査役、元飯塚町長、元福岡県会議員
5　麻生太右衛門＝太吉長男、一八八二年七月生
6　川卯＝旅館、川卯支店、本店は下関市
7　永江純一＝三池銀行頭取、井上馨の推挙により一九〇五年から一九〇九年まで麻生商店・貝島鉱業監督代理、のち相談役、元衆議院議員
8　中根寿＝貝島鉱業合名会社、のち同常務取締役

一長府ニテ貝島［太助］[1]君ト同車ス
一汽車中浅野惣一郎[2]、原剛一[3]、岩城卯吉[4]ノ諸君ト会話ス
　一金参拾八円　　貝島ト汽車賃弐枚代
　一同七円五拾銭　寝台三個代
　一同壱円　　　　川卯手代へ

二月十九日　月曜

一午后六時半大坂へ着、北浜金森[5]へ一泊ス
　一金四円　朝昼食事代及給仕心付

二月二十日　火曜　［増野爽熊代筆］

一古田栄一ヲ呼寄、委任状ヲ認メサセ、古田茂蔵ニ送附ス
一麻生八郎ニ面会ス
一住吉神社ニ参敬［ママ］ス
一堺岩村［高俊］[6]男爵家ニ仏参ス
一午后四時半堺発汽車ニテ帰坂ス
一午后七時大坂発ノ汽車ニテ上京ス
　一金八拾五円　金森払　　一金弐拾円　金森茶代
　一同拾五円　召使中へ　　一金五円　岩村香典
　　一同拾円　八郎渡シ
一汽車中荘田［平五郎］[7]・原・末延ノ諸氏へ面会ス

二月二十一日　水曜　［増野奭熊代筆］

一午前九時半新橋へ着ス

岸本君品川、野田〔卯太郎〕[8]・伊藤〔傳右衛門〕[9]・岡田・佐藤・栗田新橋へ出迎ヒアリ

一午前十一時井上伯〔馨〕[10]ニ訪問ス、益田〔孝〕[11]・貝島〔太助〕・金子〔堅太郎〕[12]ト昼食ヲ会食ス

一信濃屋[13]ニ午后九時迄滞在、犬塚君〔信太郎〕[14]・鶴十郎〔麻生〕ト会談ス

一金壱円　　汽車中入用

一同壱円弐拾銭　車夫昼食

1　貝島太助＝解説参照

2　浅野惣一郎＝浅野セメント合資会社長

3　原剛一＝門司倶楽部会員、元唐津炭田炭鉱経営者、のち磐城採炭株式会社技師長

4　岩城卯吉＝岩城商会（芝罘）主

5　金森＝旅館（大阪市北浜三丁目）、麻生太吉定宿

6　岩村高俊＝貴族院議員、元福岡県知事、娘は貝島永二妻

7　荘田平五郎＝三菱管事、長崎造船所長

8　野田卯太郎＝衆議院議員、元福岡県会議員、のち逓信大臣・商工大臣

9　伊藤傳右衛門＝解説参照

10　井上馨＝元外務・農商務・内務・大蔵大臣

11　益田孝＝三井家管理部副部長、元三井物産社長・三井鉱山専務理事、のち三井合名会社顧問

12　金子堅太郎＝男爵、枢密顧問官、元農商務・司法大臣

13　信濃屋＝信濃屋支店、旅館（東京市芝区琴平町）

14　犬塚信太郎＝三井物産門司支店長、この年南満洲鉄道株式会社理事、のち立山水力電気等の重役

二月二十二日　木曜　〔増野爽熊代筆〕

一午前九時半河島〔醇〕[1]知事ヲ訪問ス、不在

一一ノ井〔一井正典〕[2]歯医師ニテ療治ヲナス

一午前十二時岸本君来訪、昼食ヲ食ス

　一金八円　シヤツ壱組代払

一野見山〔米吉〕ニ礦業上ノ事ニ就キ照会ヲナシタリ

一午后三時ヨリ信濃屋ニテ犬塚・伊藤ト午后十一時迄遊ビタリ

一野見山ヘ八郎ヨリ照会セシ豊後ノ人、礦山従事ノ件

一麻生屋、鉄株〔ママ〕買入見合セノ件

二月二十三日　金曜　〔増野爽熊代筆〕

一河島知事訪問ス

一金子男爵訪問ス

一一ノ井ノ医師ニテ療治ス

一冨士見亭〔軒カ〕[3]ニテ昼食ヲ食ス

　一金参円　冨士見亭昼食代

　一同五円　書籍手付鶴十郎渡シ

一野見山ヘ左ノ電信ヲ発ス

　フミミタ、デンワホンテントフジタナタクト二ツニシテ、ソノタハトリケシアレ

二月二十四日　土曜　〔増野爽熊代筆〕

一坂谷〔阪谷芳郎〕[4]大蔵大臣ニ貝島・野田・伊藤・佐藤・栗田ノ諸氏ト訪問ス

一内務大臣原氏〔敬〕[5]ヲ訪問ス

一一ノ井歯医師ニテ療治ス

一益田〔孝〕・朝吹〔英二〕[6]両氏ヲ訪問ス

　一金弐拾円　鶴十郎渡シ

　一同五円　医師ノ礼金

二月二十五日　日曜　［増野爽熊代筆］

一信濃屋ニテ河島知事・益田・犬塚ノ諸氏ト会話ス

一添田寿一[7]氏ノ招待ニテ同邸ニ訪問ス

　一金弐円　添田氏方ニテ車夫ノ食代

二月二十六日　月曜　［増野爽熊代筆］

一午后三時半三井物産会社監〔管〕理部室ニテ、益田・朝吹・貝島・平岡〔浩太郎〕[8]、小倉築港ノ事ニ付蜜議ス

1　河島醇＝福岡県知事
2　一井正典＝一井歯科治療所（東京市麹町区飯田橋一丁目）
3　富士見軒＝西洋料理店（東京市麹町区）
4　阪谷芳郎＝元大蔵次官、のち東京市長・貴族院議員
5　原敬＝元外務次官、のち立憲政友会総裁・総理大臣
6　朝吹英二＝三井家同族会管理部専務理事、元三井工業部専務理事
7　添田寿一＝日本興業銀行総裁、元大蔵次官、のち中外商業新聞社長、友愛会顧問
8　平岡浩太郎＝豊国炭坑経営者、衆議院議員、この年十月死去

一金六円八拾銭　上野静[精]養軒昼食代

一午後六時團[琢磨]氏[1]ヨリ招待ニ付列席ス

栗野・金子・野田・貝島・伊藤・金子ト会席ス

二月二十七日　火曜　［増野奭熊代筆］

一午後一時ヨリ福岡日々新聞社ノ案内ニテ、歌舞技[伎]座ノ芝居見物ニ行キタリ

一一ノ井医師ニテ療治ス

一午后十時ヨリ田中屋[2]ニテ貝島ト会談シ、同家へ一泊

二月二十八日　水曜　［増野奭熊代筆］

一午後五時瓢屋[3]ニテ河島知事一行ヲ招キ宴会ス

一一ノ井医師ノ治療ヲ受ク、全部結了ス

一金八拾壱円　一ノ井医師ノ礼金渡シ

一煉炭株式会社ノ件ニ付木下某来訪アリシモ、加入ヲ断リタリ

一金百円　島屋[4]へ相渡ス

三月一日　木曜　［増野奭熊代筆］

一久保平吉[5]訪問アリ、岸本訪問アリ

一金子[堅太郎]男爵ノ招待ヲ受ケタリ

一金五拾銭　車夫ノ食代

一同弐千円　三井物産ヨリ金子氏ヲ以テ受取リ、千五百円ハ島屋、五百円ハ信濃屋預ケ

三月二日　金曜　［増野乗熊代筆］
一午前七時井上伯ニ訪問シ、鶴十郎実地習業ノ許可ヲ受ケタリ
一頭山満氏[6]ヨリ浜ノ屋ニテ昼食ノ招待ヲ受ケタリ、聖福寺[7]建設ノ内談アリタリ
一毛利男爵ヲ訪問ス
　一金壱円弐拾銭　車夫昼食代
三月三日　土曜　［増野乗熊代筆］
一金子男爵ヲ訪問ス、昼食ノ饗応ヲ受ケタリ
　一金壱円弐拾銭　車夫食代
一添田寿一氏ヲ訪問ス
一下條氏ヲ訪問ス
一犬塚駒吉（犬塚信太郎ノ親子）訪問ス

1　團琢磨＝三井鉱山専務理事、のち三井合名理事長、牧田環は女婿
2　田中屋＝旅館（東京市京橋区木挽町九丁目）
3　瓢屋＝料亭（東京市京橋区築地）
4　島屋＝旅館、平野兼（東京市日本橋区数寄屋町）、太吉定宿・東京連絡所
5　久保平吉＝久保工務所（東京）、元筑豊興業鉄道技師、九州鉄道建築課
6　頭山満＝玄洋社員、元福陵新報社長
7　聖福寺＝栄西禅師建久六年建立、日本最初の禅道場（福岡市御供所町）

一山際《〔永吾〕》[1]氏ヲ訪問ス

一午後六時半田中屋ニ山際氏ヲ招待シ、毛利男爵・室田《〔義文〕》氏ト会食ス

三月四日　日曜　〔増野爽熊代筆〕

一午前九時半井上伯ヨリ瓢屋ニ電話ニテ、貝島ト一同ニ訪問ス

遠賀川改修工事、製鉄所引水ニ関練《〔連〕》スルヲ以テ、内閣ニ於テ遠賀川改修工事発案ノ事ニ内定セシニ付、地元ニ於テ水引ニ付故障ナキ様、且ツ議会通過スル様、滞在シテ微力ヲ尽ス様、内蜜ニ申付ケラレタリ

一信濃屋ニテ犬塚氏ト遊ヒタリ

三月五日　月曜　〔増野爽熊代筆〕

一多田《〔作兵衛〕》[2]・征矢野《〔半弥〕》[3]・藤《〔金作〕》[4]ヲ訪問ス

一石田千之助訪問ス

一金弐円九拾銭　築地精養軒ニテ昼食代

一同五拾銭　　食代

一藤・貝島ト築地精養軒ニテ昼食ス

一金五拾円　木下新聞発行ニ付遣ス

一白金志田町原田好夫、住所ヲ取調べナスモ不明

一金五拾円　芝集産場ニテ買物ナス

一同弐百円　島屋へ受金ナス

三月六日　火曜　〔増野爽熊代筆〕

一国元へ出状ス

一金拾円　印紙代受入

一同拾円　下駄九足代

三月七日　水曜　［増野奭熊代筆］

一石田千ノ助氏晩食会ニ列ス

一遠賀川改修工事上京委員ヨリ田中屋ニテ招待会ニハ欠席ス

一久保平吉氏訪問アリ

一内務大臣［原敬］へ面会シ、遠賀川改修工事ノ発案ノ事ヲ確答アリ

一玉宝堂[5]及ビ上野公園ニ行キタリ

三月八日　木曜　［増野奭熊代筆］

一林健氏訪問アリ

一信濃屋ニテ室田・犬塚・平岡ト遊ヒタリ

三月九日　金曜　［増野奭熊代筆］

一午前九時西園寺［公望］[6]総理ヲ訪問ス

1　山際永吾＝農商務省鉱山局技師、元入山採炭取締役所長

2　多田作兵衛＝衆議院議員、元福岡県会議員

3　征矢野半弥＝衆議院議員・福岡日日新聞社長、元福岡県会議員

4　藤金作＝衆議院議員、元福岡県会議員

5　玉宝堂＝貴金属商（東京市下谷区池ノ端仲町）

6　西園寺公望＝侯爵、総理大臣、立憲政友会総裁、元文部大臣

一午前十時半松田〔正久〕[1]大臣ノ私宅へ訪問ス
一改野耕造〔三〕[2]・石田千ノ助ヲ訪問ス
一信濃屋ニテ室田・犬塚ト遊ヒタリ

三月十日　土曜　〔増野爽熊代筆〕

一多田・征矢野訪問ス
一金参百円　島屋ヨリ受取、信濃屋へ渡ス
一同弐拾四円　芝集産場ニテ買物ス

三月十一日　日曜　〔増野爽熊代筆〕

一貝島訪問アリ
一午后六時ヨリ田中屋ニテ三井ノ飯田〔義一〕[3]ヨリ案内アリ、出席ス

三月十二日　月曜　〔増野爽熊代筆〕

一信濃屋ニテ、遠賀川改修工事ノ事ニ付関係諸氏ト議会通過ノ事ヲ協議ナス

三月十三日　火曜　〔増野爽熊代筆〕

一花村久兵衛[4]訪問アリ
一午后信濃屋ニ行キタリ

三月十四日　水曜　〔増野爽熊代筆〕

一午前十時井上伯ニ訪問ス
一鉄道国有問題ニ付仙石貢[5]上京反対運動ナスニ付、山県〔伊三郎〕[6]大臣ヨリ依頼アリ、進歩党〔ママ〕[7]同意スル様秘蜜ニ運動ノ事内命アリ

平岡・貝島ト一同談シアリタリ
　一金拾円八拾銭　□屋払

　三月十五日　木曜　［増野爽熊代筆］

一午前八時原内務大臣、国鉄ノ事ニ付進歩党運動中止ノ相談アリタリ
一信濃屋ニ一泊ス

　三月十六日　金曜　［増野爽熊代筆］

一国鉄問題可決ス
一田中屋ニテ一泊ス
一花村久兵衛ノ家内訪問アリ

　三月十七日　土曜　［増野爽熊代筆］

一進歩党ノ運動費金壱万円ノ内、五千円ハ貝島［太助］、弐千五百円ハ平岡［浩太郎］、弐千五百円ハ麻生［太吉］、各分担シテ出金ス
一国税ノ件ニ付、三井臼井［喜代松カ］[8]氏信濃屋へ訪問アリ、協議ス

1 松田正久＝司法大臣、元大蔵大臣・文部大臣・衆議院議長
2 改野耕三＝衆議院議員、元兵庫県会議員、のち南満洲鉄道株式会社理事
3 飯田義一＝三井物産理事、のち専務理事・常務取締役
4 花村久兵衛＝のち嘉穂電灯株式会社主任技術者、麻生商店上三緒坑機械課長
5 仙石貢＝九州鉄道社長、元筑豊興業鉄道社長、のち鉄道院総裁・鉄道大臣・南満洲鉄道株式会社総裁
6 山県伊三郎＝逓信大臣、元徳島・三重県知事、のち貴族院議員
7 進歩党＝政党（一八九六～一八九八年）、自由党と合同して憲政党結成、直ちに憲政党と旧進歩党系の憲政本党に分裂
8 臼井喜代松＝三井物産参事兼管理部書記

一金百円　島屋ヨリ受取ル

一同三拾円　有楽会[1]費臼井氏ニ渡ス

三月十八日　日曜　〔増野爽熊代筆〕

一元田〔肇〕[2]・改野・長谷場〔純孝〕[3]・大岡〔育造〕[4]訪問ス

一午后六時ヨリ信濃屋ニテ福岡県大〔代〕議士会ヲ催シ、遠賀〔川脱〕改修工事運動ノ方針ヲ協議ス

一金拾円　大砲〔万右衛門〕[5]ニ遣ス

三月十九日　月曜　〔増野爽熊代筆〕

一午前井上伯ヘ訪問シ、遠賀改修工事通過困難ノ事情ヲ開陳ス

一午前十一時頃宇野沢〔組脱カ〕[6]製工所ニ行キ、三縁亭[7]ニテ昼食ヲナス

一午後信濃屋ニテ平岡・室田ト遊ヒタリ

三月二十日　火曜　〔増野爽熊代筆〕

一午前八時中村〔雄次郎〕[8]製鉄所長官ヲ訪問シ、遠賀改修工事ノ通過ノ説明ノ事柄ヲ開陳ス

一内務大臣ヲ訪問ス、遠賀川改修工事通過困難ニ付是非通過ノ事ヲ強談ス、貝島・伊藤同行

一帝国ホテルニテ昼食ヲナス

一大同倶楽部[9]委員会ニ於テ、遠賀川改修工事ノ非決〔ママ〕ノ通報アリ

一信濃屋ニテ多田其他代議士会同シテ、遠賀改修工事通過ノ事ニ付大議論ヲナシタリ

一赤坂永楽ニ於テ進歩党〔ママ〕代議士招待シ、佐々木〔正蔵〕[10]・井出〔井手武右衛門〕[11]出席アリ

三月二十一日　水曜　〔増野爽熊代筆〕

一改野・長谷場・大岡・元田訪問ス

一国税問題ニ付、田中屋ニテ安川・平岡・貝島ト協議ス

一麻布学農社ニテ植木買入レタリ

三月二十二日　木曜　［増野爽熊代筆］

一進歩党代議士会ニ於テ遠賀川改修工事ニ賛成ニ可決ス

一予算委員会ニテ遠賀川改修工事可決ス

三月二十三日　金曜　［増野爽熊代筆］

一河島知事ヲ訪問ス

一政友会代議士会ニ於テ遠賀川改修工事賛成ニ確定ス

一遠賀川改修工事、政友会代議［士脱］会ノ可決ヲ嘉穂郡長［鶴田正義］ヘ内報ス

1 有楽会＝井上馨を中心とした経済界有力者懇談会、一八九九年設立
2 元田肇＝衆議院議員、政友会総務
3 長谷場純孝＝衆議院議員
4 大岡育造＝衆議院議員、政友会総務
5 大砲万右衛門＝第一八代横綱
6 宇野沢組製工所＝一八九九年創業（東京市麻布区新堀町）
7 三縁亭＝西洋料理店（東京市芝区芝公園）
8 中村雄次郎＝元陸軍中将、のち南満洲鉄道株式会社総裁
9 大同倶楽部＝政党（一九〇五—一九一〇年）
10 佐々木正蔵＝衆議院議員（憲政本党）、元福岡県会議員
11 井手武右衛門＝衆議院議員（憲政本党）、元福岡県会議員

三月二十四日　土曜　［増野爽熊代筆］
一衆議院ニテ遠賀川改修工事原案大多数ニテ可決ス
一中尾要之助[1]・花村久兵衛・久保平吉・田代某訪問アリ
一坂口栄[2]・日本実業新聞石井君訪問アリ、営業方針ニ付談話ス
一原嘉造〔道〕[3]氏ニ赤坂礦区ノ件ニ付協議シ、左ノ件ニ就テ意見アリ
　一監督署ヨリ通知状発シザレバ夫レニテ可ナリ、行政裁判所ニ訴フル権ナシ
　二行政裁判所ニテ排訴スルモ可ナリ
一遠賀川改修工事可決ニ付、四郡々長[4]・礦業組合松田〔武一郎〕[5]・今井〔鼎三〕[6]電報ス
一午后七時湖月〔楼脱〕[7]ニテ代議士ノ宴会ヲナス
三月二十五日　日曜　［増野爽熊代筆］
一井上伯・山際・室田訪問ス
一午後四時神田松水ト中ス貸席ニテ嘉穂学生会アリ、出席ス
　一金弐拾円　学生会々費補助トシテ花村久兵衛渡シ
三月二十六日　月曜　［増野爽熊代筆］
一大岡・杉田〔定一〕議長・佐々木・添田・内務大臣・元田・改野・長谷場・藤田・金子・逓信大臣・征矢野・由布〔惟義〕[8]・多田・
古賀訪問ス
一農商務省礦〔ママ〕山局ニテ工藤〔英一〕[9]署長・川鍋ノ両氏ニ面会、赤坂礦区ノ件ニ付相談ス
一午前十二時卅分新橋発ニテ帰途ニ就ク
　一金弐拾円　鶴十郎学費渡シ

三月二十七日　火曜　［増野奭熊代筆］

一午前七時京都着

一大可楼旅館[10]ニ就ク

一井上伯杉ノ井旅館[11]ニ訪問ス

三月二十八日　水曜　［増野奭熊代筆］

一午前六時半京都発ニ乗車ス

一貝島君ヨリ金四拾円・弐拾円・拾円、都合七拾円出金アリ

一金五円　寝台弐個代

1　中尾要之助＝日本明治移民株式会社

2　坂口栄＝福岡県会議員、のち嘉穂郡千手村長、嘉穂郡会議員

3　原嘉道＝弁護士（東京）、のち枢密院議長、司法大臣

4　四郡＝福岡県遠賀郡・鞍手郡・嘉穂郡・田川郡

5　松田武一郎＝三菱鯰田坑長、筑豊石炭鉱業組合常議員、のち撫順炭礦長

6　今井鼎三＝筑豊石炭鉱業組合幹事

7　湖月楼＝料亭（東京市芝区烏森）

8　由布惟義＝衆議院議員、元福岡県会議員

9　工藤英一＝福岡鉱山監督署長

10　大可楼旅館＝京都市木屋町

11　杉の井旅館＝京都市祇園

三月二十九日　木曜　〔増野爽熊代筆〕

一午前五時下ノ関着

遠賀郡長・原村長・大賀町長出迎アリ

一午前九時大吉〔楼脱〕ヨリ汽船ニテ門司へ着ス

望月・飯塚町長〔大塚彦三郎〕出迎アリ

一午前十時門司発ニテ帰途ニ就ク

鞍手郡長代理郡書記・直方町長〔津田練太郎〕折尾ニ出迎アリ

下境〔津田寿七郎〕・上境〔福地村カ〕・新入〔森田万太郎〕外一村長直方ニ出迎アリ

一飯塚停車場ニハ郡長〔鶴田正義〕・麻生惣兵衛・合屋利吉[1]・浦上〔皆渡〕[2]・大塚〔万助〕[3]・城丸・笠松村長〔花村光太郎〕出迎アリ、飯塚塩長[4]ニテ昼食ノ饗応アリ

三月三十日　金曜　〔増野爽熊代筆〕

一本店へ出頭、有吉又一[5]出店、貝島ニ係ル礦区ノ関係仲裁相談アリシモ断リタリ

一本洞・藤棚坑ヲ検査ス

一岡〔巳松〕[6]　武釜〔嶽釜武助〕[7]・岡松〔金次郎〕[8]等訪問アリ

四月十五日　日曜　〔切り紙添付〕

明治三十九年四月

井上伯爵〔馨〕二回目御出

四月十六日　月曜

一午前八時三十弐分発ニ而若松へ井上伯ニ随行シ、夫より鎎〔汽〕船ニテ製工所へ巡視セリ、折尾ニテ仙石〔貢〕九鉄社長出迎

アリ、若松ニハ安川〔敬一郎〕[9]等多数ノ出迎アリタリ

一午後五時四十五分発ニ而直方貝嶋〔太助〕ヘ御帰着アリタリ

一遠賀川工事区域ノ件ニ付、靍田多門[10]氏より協義ノ件注意アリタリ、靍田〔正義〕郡長ヘ申伝ヘタリ

一貝嶋氏ヘ一泊ス

四月十七日　火曜

一午前十一時直方発ニ而井上伯御乗車アリ、伯ハ小竹停車場より下車アリ、貝嶋・金子（先キニ人力〔車脱〕ニテ着セリ）両氏随行、目尾坑山巡視アリ

一伯ニ随行者、室田・仙石・柏木〔勘八郎〕[11]・貝嶋内室・おたか・大吉〔楼脱〕女中弐人等ハ先着アリ

一伯出迎ニ行キ、幸袋町尻ニ而出合、案内シテ御着アリタリ、伊藤傳右衛門モ同行ス

1　合屋利吉＝嘉穂銀行取締役
2　浦上皆渡＝嘉穂銀行支配人
3　大塚万助＝麻生商店上三緒坑、のち上三緒鉱業所長
4　塩長＝料亭（飯塚町東町）
5　有吉又一＝坑区所有者（遠賀郡浅木村）
6　岡巳松＝麻生商店藤棚一坑鉱務課長、のち三井本洞炭礦
7　嶽釜武助＝麻生商店藤棚一坑鉱務課坑内主任、入店一九〇三年
8　岡松金次郎＝麻生商店庶務係兼麻生本家、元郡役所書記
9　安川敬一郎＝解説参照
10　鶴田多門＝九州工務所（福岡市西中洲）
11　柏木勘八郎＝井上馨甥二郎熊の義父、福岡県農工銀行取締役、添田・土器炭坑経営者

一井上伯御宿アリ、中野〔徳次郎〕[1]モ参リ、中野父母及家内、伯ニ伺ニ来リタリ

四月十八日　水曜

一午前九時頃より桂川[2]集丸坑区及平山坑山御巡視アリ、室田・貝嶋・仙石・中野・伊藤・柏木随行ス、平山ニテ昼飯ス、午後六時帰宅ス
一井上伯御巡視中、雲右衛門〔桃中軒〕[3]ヲ呼寄、浪花節ノ講演ヲナシタリ
一井上伯御一泊アリタリ
一午前七時半より井上伯御運動アリ、下三緒[4]ノ靏三緒越ノ道路ノ処迄御供シテ帰宅ス

四月十九日　木曜

一午前七時半井上伯御運動ニ付、芝松山往還ノ処へ御供致シ、山林及亡父ノ覆暦〔履歴〕等申上タリ
一昼飯ハ洋喰ヲ献ス
一午後十二時五十分発ニ而若松三井物産へ電話シ、築港会社[5]ノ鎎〔ママ〕蒸船ニテ馬関大吉〔楼脱〕へ御供ス
一伊藤・中野より招戴〔ママ〕宴会ヲ催シ、出席ス
一焼物御覧アリ、御持帰リアリタリ

四月二十日　金曜

午前大吉滞在、十二時出門、倶楽部ニテ昼飯ス、安川・松田〔武一郎〕・貝嶋同供、仙石〔貢〕・植村〔俊平〕[6]へ運賃引下ケ之交渉ナシ、来ル廿六日坑業者会議ノ上、尚一定ノ方針ヲ取極メ、再度交渉スルコトニテ分袖ス
一午後四時半井上伯招戴シ、経財談ヲ聞キ、宴会ヲ終リ午後八時発ニテ野見山〔米吉〕一同藤棚へ帰宅ス

四月二十一日　土曜

午前ハ加藤研一[7]道手坑許斐〔鷹介〕[8]ノ一件ヲ聞キ、石川君〔広成〕[9]へ山内ノ四インチ、上三緒第二坑ノ六インチ買入ノコトヲ談シ、

瓜生〔長右衛門〕ヘハ一坑ノ排水ノコト、上田〔穏敬〕君ヘハ中泉養水路ノ件ヲ申談タリ
一一坑抜風機修繕アリ、内山〔福五郎〕君ヘ午後三時頃迄ニ運転ノコトヲ聞キタリ
午前十一時中泉発ニテ帰宅ス
一山内坑ヘ巡視ス
一堤尚彦君来訪、一泊ス、平岡〔浩太郎〕・小林重威[10]両氏ニ出状ス

四月二十二日　日曜

一午前製工所ニ行キ、工場順序ノ件ニ付打合ナシタリ
一午前十一時嘉穂銀行十年祝ニ出席シ、来客ニ挨拶ナシタリ
一塩長ニテ宴会ヲ催シタリ
一浦上・倉知〔倉智伊之助〕等養老館[11]芝居見ニ行キタリ

1　中野徳次郎＝解説参照
2　桂川＝地名、嘉穂郡桂川村
3　桃中軒雲右衛門＝浪曲師
4　下三緒＝地名、嘉穂郡笠松村
5　若松築港株式会社＝一八八九年若松築港会社設立、九三年株式会社、太吉取締役
6　植村俊平＝九州鉄道支配役兼総務課長
7　加藤研一＝太吉親族、麻生商店藤棚一坑坑長
8　許斐鷹介＝道手炭坑経営者、本洞・藤棚坑の元経営者
9　石川広成＝麻生商店本店商務部、元藤棚坑会計掛、一八九六年入店
10　小林重威＝下関市長
11　養老館＝芝居小屋（飯塚町西町）

一藤棚坑より悪漢云々電話シ迎ニ来リ、帰宅ス

四月二十三日　月曜

一綱分坑より上三緒坑ヲ巡視ス

四月二十四日　火曜

一午前山内坑へ巡視ス

一遠賀川改修工事ノ報導会、嘉穂郡町村長及郡長会同〔ママ〕ニ付、出席ス

一報導後慰労宴会アリ、散会ス

四月二十五日　水曜

一午前十一時発ニ而馬関大吉〔楼脱〕へ立寄、川棚温泉へ井上伯御滞在ニ付、直チニ訪問ス

一川棚へ一泊ス

四月二十六日　木曜

一川棚へ滞在ス

四月二十七日　金曜

一午前二〔後カ〕時頃川棚出発、大吉方へ午後五時過キ帰着ス

四月二十八日　土曜

一大吉方滞在

一西・南部、有住氏宅へ井上伯招戴ニ付、御供シテ行キタリ

一野見山・瓜生両君より、方〔訪カ〕来関之上、坑業上ニ付打合ヲナシタクニ付、電話ニテ通話ス

四月二十九日　日曜

一小門[1]長保楼ニテ柏木〔勘八郎〕・徳永〔安兵衛〕[2]両氏より井上伯招戴アリ、出席ス

一大吉楼方滞在ス

一瓜生来関、坑業上ニ付打合ヲナシ、瓜生ハ帰坑ス

四月三十日　月曜

一午前大吉方ニテ買物アリ、午後二時発ニ而三井物産ノ浮嶋丸ニテ三田尻[3]へ向ケ出帆ス、船中ニテ遊タリ、室田随行ス

一午後六時三田尻沖へ着シ、浮舟〔艀〕ニテ迎ヒアリタリ、田中・佐田長〔貞永恭一〕[4]外三人人力車ニテ、停車場前末永方へ一泊ス

五月一日　火曜

一午前三田尻ニテ岩国へ御供ナス、井上伯より御命アリ、且ツ貝嶋へ打電アリタリ

一午後二時発ニテ岩国へ向ケ御出発アリ、午後六時田嶋〔信夫〕[5]氏別荘ニ着アリ

一室田・吉冨〔開一〕・佐田永〔貞永恭一〕等随行ス、九八・長七両人も随行ス

一室田・両人・吉冨・佐田永ハ米平[6]ニ止宿ス

1　小門＝下関市と山口県豊浦郡彦島との間の小海峡
2　徳永安兵衛＝糟屋炭田坑区所有者（山口県豊浦郡長府村）、のち下関商業会議所会頭
3　三田尻＝地名、山口県佐波郡防府町
4　貞永恭一＝華浦銀行頭取、山口県三田尻地主、穂波炭坑経営者
5　田島信夫＝若松築港株式会社取締役、元毛利公爵家財産副主管
6　米平＝旅館（岩国市錦帯橋傍）

五月二日　水曜
一岩国田嶋氏別荘ニ滞在ス
一井上伯田嶋氏茶室ニテ同家ノ婦人〔ママ〕ヲ茶ヲタテタリ
五月三日　木曜
一岩国田嶋氏別荘ニ滞在ス
一井上伯遊舟ニテ川猟アリタリ
五月四日　金曜
一岩国田嶋氏別荘ニ滞在ス
一午後八時十二分発ニテ井上伯岩国停車場御出発ニ付、見送リナス
一午後十二時十二分迄茶屋へ待合せ、室田・吉冨外三人ト乗車シ、寝台五ツ室田氏より買入ニ付、鎎〔汽〕車賃金十五円、寝台十円相渡置キタリ
五月五日　土曜
一岩国停車場より午前十二時十分発ニ而馬関へ朝着、直チニ大吉へ行キ朝喰ヲ喰ス、同方より取替ノ物ヲ仕払ナス、東京土産代六十円、本田ノ分十五円、おきんニ弐十円仕払タリ、小〔古〕竹堂[1]ニテ百円買物ナシ、長尾へ百五十円取替ス（蒔絵茶棚外弐品抵当トス）、靍破方へ金五十円遣シタリ
一午後三時五十分馬関発ニ而文字〔門司〕川卯ニ着シ、同方娘子入家ニ付祝宴会ヲ開キ、会席ス、十円余ニテヒール一箱買入遣ス、同夜川卯ニ一泊ス
五月六日　日曜
一文司〔門司〕川卯ヨリ午前十時発ニ而若松坑業組合[2]常議員会ニ出席ス、九鉄[3]運賃下ケ之件ハ左記ノ方針ニヨリ交渉スルニ

決ス

現今炭価より五円下ケ弐厘

同　五円下ケ壱厘五毛

同　五円下ケ適宜経〔軽〕減

〆此ノ方針ニテ委員ハ直接交渉シ、組合よりハ、先日九鉄より照合状〔ママ〕ニ難応文意ヲ含ミ、照合ナスコトニナリタ

一午後二時十分発ニ而帰宅ス

一飯塚停車場ニテ野見山君へ面会、同道、製工所ニ行キ、村瀬〔新十郎〕[4]処分之件ニ付協義ス

五月七日　月曜

一午前松岡義降〔隆〕[5]来訪、坑業上ニ付打合ヲナシ、且有松滋三郎[6]ノ件申談タリ

一西野長五郎来訪ス、坑業上ニ付打合ヲナス

一有吉三郎[7]来訪、花村且〔勝カ〕太郎来訪アリ

1　古竹堂＝古美術商、岸本休治（下関市阿弥陀寺町）

2　坑業組合＝筑豊石炭鉱業組合、一八八五年結成、太吉常議員のち総長、若松事務所（遠賀郡若松町修多羅）

3　九州鉄道株式会社＝この年三月鉄道国有法公布、翌年七月国有化

4　村瀬新十郎＝麻生商店豆田坑二坑分配所

5　松岡義隆＝麻生商店豆田坑

6　有松滋三郎＝福岡県会議員

7　有吉三郎＝太吉弟太七の岳父、麻生商店豆田坑事務長

一八木岡春山君[1]幸袋[2]へ相見へ、午後三時より来訪アリ、一泊ス、幅物ノ鑑定ヲ乞タリ
一森崎ヤ[屋]ノ幅物ノ内、辺景昭・常信[狩野]・林和晴[靖]・徳川光国[圀]・蕭《シヲ》白大黒絵・崋山[渡辺]人物等アリ

五月八日　火曜　雨天

一午前より八木岡へ幅物ノ鑑定ヲ乞タリ
一花村久助君来訪、笹栗及勝太郎[花村]氏ノ件ニ而咄シアリタリ
一古竹[堂脱]へ電話ヲナシ、元信幅物持参スコトニ話シタリ
一白土[純一][3]前日出関より打続キ滞在ス

五月十四日　月曜

一加藤敬介[輔]親公[ママ]葬式ニ列ス

五月十五日　火曜

一若松坑業組合会ニ列ス

五月十六日　水曜

一嘉穂銀行重役会、中泉十一時発ニ而出行ス
一許斐清彦君より、道手坑[4]諸機械一切ヲ金三千円ニ而買受ル

五月十七日　木曜

貨車配置変更ノ件ニ付松田[武一郎]氏ノ異論有之、□[前カ]日直方より電話アリ
山内二坑・三坑ニ巡視、永富及西野等立会ス
今井[鼎三]君相見へ、松田君不承諾之報告アリタリ、重而同坑へ相談ヲ乞タルモ承諾ナキコトヲ直方より報知アリ

五月十八日　金曜

松田坑長へ面会、親シク協義セシモ、前日之通ニ而同意ナキニ付帰宅ス

飯塚二時発ニテ藤棚へ着ス

今井君へ松田君ノ不承諾打電ス、中根《［寿］》君へモ同様電話ス

八木岡及長崎池嶋正蔵《［造］》[5]相見へ、一泊ス

三田尻貞永君へ打電ス、及玉宝堂寺嶋へも打電ス

五月十九日　土曜

一長崎池嶋正蔵《［造］》より幅物壱千弐百円ニテ買入ス

一午前十一時ニ而八木岡一同出発ス

村長相見へ、学校寄付ノ相談アリ、条件ヲ付シ金七百円寄付ス

一熊甚老人《［熊本甚右衛門］》[6]銀行借リ入金ノコトヲ懇談ス

一亀永参リ、焼物代金六《［ママ］》円ニ而弐品買入ス

1 八木岡春山＝亮之助、画家（東京市）
2 幸袋＝伊藤傳右衛門邸（嘉穂郡大谷村幸袋）
3 白土純一＝麻生商店本店出納
4 道手坑＝許斐鷹介経営本洞坑の一部、麻生商店藤棚二坑のうち、のち三井本洞炭礦
5 池嶋正造＝骨董商（長崎市麹屋町）
6 熊本甚右衛門＝若松石炭商、麻生炭坑明治前期の主たる販売商

一午後六時発ニ而大塚氏より打電ニ付、博多一方亭[1]へ行ク、金壱百円吉浦より受取
六月十二日　火曜
一午前八時発ニ而若松へ行キ、出張所[麻生商店]ニ立寄、運炭取調表ヲ製ス
一中根・上野[英太郎カ][2]両氏相見へ、協義ス
一坑業組合ニ行キ、今井[鼎三]ニ面談、安川[敬一郎]君ニ配置法決議打合候様申伝へ、午後三時発ニ而帰坑ス
一十三日門司九鉄行キノ電信、坑業組合より達ス
六月十三日　水曜
一前夜電信ニヨリ、左記之電話ヲ白土ヲ以今井ニ通話ス
昨夜電信見マシタ、今之侭ニテハ門司行キテモ咄出来ザルニ付、其前安川氏ニ面会、親シク咄度ニ付、午前八時発ニテ若松組合事務所へ参リ候ニ付、御待合アル様伝へ頼ム
一午前八時発ニ而組合ニ行キ、安川氏ト決議ヲ明瞭ニシ、其ノ決議録ヲ持参、十一時発ニテ松田・安川一同九鉄ニ行キ、仙石・植村両君立会協義ス
六月十六日　土曜
一遠賀川改正工事費寄付ノ件ニ付、県庁へ向ケ午前十時飯塚発ニ而松田・安川三名、知事ニ面会ス、其用談左ニ記ス
坑業者ハ、一屯一銭壱ケ年五百万屯五万円ツヽ、六ケ年位ニ而寄付纏ル見込
知事ハ六ケ年ナレハ四歩一、四十万円余、三ケ年ナレハ三歩一、三十弐万円余ノ寄付ヲ主張シ、交渉他日ニ再会ナスコトニテ分袖ス

六月十八日　月曜

植村君坑山調査ニ付、飯塚午前十二時発ニ而植木[3]ニ行キ、新入各坑山ヲ巡視ス

新入坑ニハ貯炭少ナシ、第五坑ニハ空車十五軸《〔輛〕》（午後五時頃）アリ

六月十九日　火曜

一午前六時門司着ノ旨永江《〔純一〕》君より打電ニ接シ、直方午前六時発ニテ門司川卯ニ行キタリ

一三井借リ入、七月一日より▨《〔七カ八カ〕》朱五厘ニ低利ノ承諾ヲ受ケタリ

一本年利益金小口借用金ニ払入、及帝商《〔帝国商業銀行〕》ノ十一万九千円口三井より借替払入ノ件ハ、来月中頃永江君上京ニ付、同供シテ相談ノ義、井上伯より御心添アリタリ

一永江君ハ午前十時発ニ出発、夫より三井銀行ニ行キ菊地《〔菊池綾五郎〕》君[4]ニ面会ス

一永江君へ三田尻ニ打電シ、且ツ川卯へ電話シテ、六時ニ間合兼ニ付、滞門ノ事ヲ照合ス

六月二十日　水曜

一借用金取調書ヲ持参、長岐《〔繁〕》出門、小林《〔正直〕》君[5]ニ面会ノ為メ門司行キヲ命ス

一藤棚一坑蒸気鉄管取換ノ臨時仕操費認可ノ件、内山《〔福五郎〕》君より申入タリ

但、現品ハ第二坑不用品ヲ使用方、石川《〔広成〕》君へ申談候

1　一方亭＝料亭（福岡市外東公園）
2　上野英太郎＝貝島鉱業合名会社
3　植木＝地名、鞍手郡植木町
4　菊池綾五郎＝三井銀行支店長、のち中央生命保険相互会社専務取締役
5　小林正直＝三井物産門司支店長代理

一午前九時半直方発ニ而嘉穂銀行重役会ニ出席ス

六月二十一日　木曜

一有松滋三郎坑用地所訴訟ニ付飯塚裁判所へ呼出ニ付、松崎〔三十郎〕[1]君代理ニ出頭ニ付、加嶋屋[2]ニ松崎・上田〔穏敬〕・永冨ト会同ス

一午前十二時卅分発ニ而三井銀行波多野〔承五郎〕理事直方貝嶋氏方ニ相見へ、訪問ス

一波多野理事本洞・藤棚実地踏査ナラレ、午後五時発ニ而田川ニ出浮アリ

六月二十二日　金曜

波多野君一行見送ノ為メ直方午前十時発ニ而門司へ行キ、川卯ニテ昼飯ヲナシ、小倉へ引返シ、同地ニテ波多野氏一行ト直チニ大吉楼へ着ス、晩喰ヲナス、波多野・森〔祐三郎〕[3]・室田・小林・菊地〔池〕随行、馬関支店員等会喰ス

大吉楼へ一泊ス

一午前弐時迄遊タリ

六月二十三日　土曜

大吉楼より小鑪〔汽〕〔ママ〕蒸ニ而三井銀行波多野氏より〔ママ〕山陽停車場へ見送リ、午後二時卅分出発アリ、直チニ門司へ引返シ、午後三時四十分ニ而帰坑ス

一午前ハ室田氏ノ招戴アリ、会喰ス

六月二十四日　日曜

午前藤棚二坑器械科ニ於テ、小林〔要次郎〕・内山〔福五郎〕・武田〔伊之吉〕[4]・御法川〔小三郎〕[5]等ノ諸君ト、給水工事設計及第一坑真卸シホンプ据付ノ件ニツキ協義ス

給水工事ハ現在着手ノ侭ニテ増加シ、給水ノ準備ヲシ、夫より第一坑へ移水ナスコト

一坑ホンプ座ハ御法川君より岡〔巳松〕君ト協義ノ上決行ナスコト
午後三時四十分発ニ而直方より帰宅ス、飯塚停車場堀氏〔三太郎〕[6]ニ面会ス、午後五時発ニテ見送リ、帰村ス
一上三緒第三坑巻器械「ハ〔ママ〕クラチ付ニテ」、七月十五日迄ニ仕上ケナスコトニ萩野〔荻野勇〕[7]君ト協義ス、三坑ニハ大塚〔万助〕・中垣〔直人〕等異儀ナキコト

六月二十五日　月曜

一午前より上三緒坑ニテ植村君一行ヲ待受、山野坑へ同行ス
一上三緒坑巡視、午後五時飯塚発ニテ一行帰ラル
一上三緒坑貯炭場設計ノ件ニ付主任へ協義シ、帰宅ス、野見山・瓜生へ給水及一坑真卸シノホンプ座等協義ス

六月二十六日　火曜

午前十時四十分発ニテ上京ノ積リニテ博多へ行キ、永江純一君へ松嶋〔屋脱〕[8]ニテ面会ス、其ノ結果当時上京見合セタリ
鎮〔汽〕車中貝嶋嘉造〔蔵〕[9]・武内得〔徳〕[10]馬ノ両氏ニ面会、有吉坑区〔又二〕ノ一件協義ス

1　松崎三十郎＝弁護士（福岡市天神町）
2　加島屋＝旅館（飯塚町本町）
3　森祐三郎＝三井銀行下関支店、井上馨甥
4　武田伊之吉＝麻生商店製工所機械課長
5　御法川小三郎＝麻生商店、翌年鉱務部長
6　堀三太郎＝解説参照
7　荻野勇＝麻生商店、翌年芳雄製工所機械課長兼芳雄・山内・豆田鉱業所機械課長
8　松島屋＝旅館（福岡市中島町）
9　貝島嘉蔵＝貝島鉱業合名会社社員、貝島太助弟
10　武内徳馬＝貝島鉱業合名会社

紅卯方[1]ニテ晩喰ス、車賃ハ惣而仕払、喰事料ト門司電話ト高等女学校行飯塚至急電信ト紅卯より仕払タリ

六月二十七日　水曜

午前八時博多駅発ニ而藤棚ヘ帰ス［ママ］

一岡松［金次郎］庶務掛藤棚ヘ呼寄、井上伯・貝嶋・犬塚［信太郎］・金子［堅太郎］君等ヘ書面出ス

一藤棚第一坑ホンプ座ノ件ニ付協義、実行ニ決ス、御法川・岡・加藤・内山ト立会ノ上協義ス

一佐伯［梅治］[2]君来訪、コーク・煽石・笹原石炭販売方協義、同君ヘ一任、此際売広メノコトヲナスコトニ協義ス、午後六時三十分発ニ而帰着ス

日記補遺

一月十四日

一鳥羽坑区鞍手某ノ所持ノ分買収方、花村徳右衛門君より申向ケアリタリ

六月十三日追加

一坑業組合ニ而調製ノ分及運炭、実際ニヨリ現今採掘炭ト改正配置数ト差違ヲ生シ候トキハ、相当ノ実力ニ対スル配置ヲナスコト

一貯炭ハ貨車惣高より弐割位ヲ引去リ、其ノ貨車ヲ以各坑ノ貯炭ヲ漸次運搬ナスコト（松田氏ノ発意）、調査ノ為メ不日植村君及石炭掛ト重立タル坑主ト各坑山ヲ巡視ナスコト

六月十九日

三井物産会社ニ行キ、小林［正直］君ニ面会候処、左記ノ談話アリ

一三井銀行より低利ヲ以一切ノ借金一纏メニ貸出スカ、又ハ小生より住友銀行より借替三井ニ払入ナスカ、両様間

ニ決定ナスヘシトノ本店より申来リタリ、右ニ付左記ノ返話ヲナシ、十二時五十分発ニ而帰村ス

一小口借金ノ為メ整理上指支ニ付、本年利益金ヲ以其ノ方ニ払ヒ、三井之方ヲ後廻シニ願フトキハ好都合ナリ、他より借替ノ点ハ一纏メニ借金ヲナス便利上、上京ニ於テ厚意的より相生シナラン、希望ヲ達スル様尽力ノコトヲ頼ミタリ

一小口借金ハ明日取調書持参ノ旨約シ、帰坑ス

一午後十二時五十[分脱]発ニ而帰坑ス

一植村一行藤棚坑巡視ス

一小口借金取調書調製ス（吉浦相見ヘタリ）

一上京ノ犬塚氏ニ出状ス（上田相見タリ）

1　紅卯＝旅館（福岡市廿家町）

2　佐伯梅治＝麻生商店主事補商務会計、翌年若松出張所長、一九〇三年入店

一九〇六（明治三十九）年日記　藤棚

一月一日　月曜
本家
一月二日　火曜
本家
一月三日　水曜
本家
一月四日　木曜
本家
一月五日　金曜
本家
一月六日　土曜
本家
一月七日　日曜
本家
一月八日　月曜
本家
一月九日　火曜
本家

一月十日　水曜　晴天

一午前九時廿六分ニ而本家[1]より本店〔麻生商店〕へ出頭ス

一三十九年採掘予算ノ調製ヲ長岐〔繁〕君へ申伝置タリ

一九鉄貨車配置ノ件ニ付、佐伯〔梅治〕君へ直接出張ノコトヲ談シタリ

一月十一日　木曜　雨

一藤棚第二坑中村事業方ヲ主任、及岡田事業方ヲ上三緒へ転任之事ヲ、相羽〔虎雄〕[2]君ト協義ナシタリ

一御法川〔小三郎〕君採用ノ事ヲ瓜生〔長右衛門〕ト協義ナシタリ

一月十二日　金曜　午前雨　午後晴

一白土清四郎[3]君来訪、同君所有坑区弐万四千坪余ノ分、佐与[4]田地付口米三十二俵ニ而買受ノ約ヲナシタリ

一農工銀行株担保ニ而、五ケ年無利子ニ而金八百円貸付ノ約ヲナシ〔タ脱〕リ

一白土清四郎君鯰田坑山時代より尽力之事ハ、前項之約束ニテ惣而同氏ハ満足セラレタリ

一福岡大工町八九地大村珪太郎君任用之事ヲ、舎弟大村欣二〔次〕郎[5]君より申込アリタリ

1　麻生本家＝飯塚町栢森
2　相羽虎雄＝麻生商店藤棚第二坑長、翌年藤棚第二鉱業所長、一八九七年入店
3　白土清四郎＝鳥羽炭坑経営者（嘉穂郡頴田村佐与）
4　佐与＝地名、嘉穂郡頴田村
5　大村欣次郎＝麻生商店藤棚第一坑

一月十三日　土曜　降雪

東京石田〔千之助〕君岸本随行、坑山見物ニ相見ヘタリ

一金五円、藤棚一坑職場ノ小使へ、直方へ石田君昼飯手当トシテ買物ニ遣ス

一午後三時三十九分発ニ而本家へ帰宅ス

一月十四日　日曜

本家

一月十五日　月曜

一午後四時飯塚発ニ而本家へ着ス

一麻生徳兵衛君[1]山内不毛《ふけ》坑区ノ件ニ付来訪アレトモ、代価引合兼候見込ニ而中止ス

一〇

一月十六日　火曜

一野見山〔米吉〕宅ニ而、相羽・加藤・小林〔要次郎〕等ノ諸氏ト賞与金及月給之事ニ付協義ス

一篠崎与四郎、有安鳥羽坑区ノ義ニ付来訪セリ

一白土正尚[2]葬式ニ上田〔穏敬〕会葬ス

一鳥羽坑区ノ義ニ付明日上田同方へ出張ナサシム

一〇

一月十七日　水曜

一午前九時発ニ而門司へ貝嶋〔太助〕氏ト出張ス

一〇タツ

一門司川卯方ニ而長岐君へ面会、旧冬仕払金三井物産会社承諾之事ヲ承知セリ
一馬関大吉楼ニ而室田［義文］・貝嶋・倉内［蔵内次郎作］[3]ノ三君ト会席ス、同夜ハ終夜△的トナス
一収入金五十五円ノ内ニテ、金十円ハおきぬ・おまさ［北島マサ］[4]両人、金三十五円ハ昨年之負債ニ償却ス

一月十八日　木曜

一大吉楼ヲ午後一時三井鎎［汽］舟借受出発、門司一時四十分発ニ而帰宅ス
一加藤両［研一・敬輔］氏相見へ、坑業上ニツキ打合せヲナシタリ
一帰途折尾より直方迄おなか、植木より直方迄花村久助君ト同車ス
一折尾ニ而林西葛君ト面会ス

一月十九日　金曜　雨天

一書類調査ヲナシ、整理ス
一有安鳥羽之事ニ付、篠崎与四郎君本店ニ相見へ、山内口ハ四百六十円ニ而打切、鳥羽ハ年金壱百円ト借地料金一反歩七円、外ニ百六十円内所ニ而遣スコトヲ上田君へ電話ス
一富安保太郎[5]・佐藤実ノ両君、山口恒太郎[6]ノ事ニ付来訪アリタリ

1　麻生徳兵衛＝太吉親族
2　白土正尚＝元戸長、元嘉穂郡会議員、元頴田村長
3　蔵内次郎作＝峰地炭鉱経営者、のち衆議院議員
4　北島マサ＝大吉楼仲居
5　富安保太郎＝福岡県会議員、のち衆議院議員・貴族院議員
6　山口恒太郎＝福岡日日新聞主筆、のち博多電灯株式会社社長、衆議院議員

一月三十日　火曜

［通常の記述形式と異なる］

製鉄所より転セシ人左記之通

ホ平嶋　ホ中村　カ岡田　サン新保

フ大村　フ畑生　ホ志賀　ホ菊地

フ土井　オホ高田

一月三十一日　水曜

一午後四時飯塚発ニ而嘉穂銀行協義済次第藤棚ニ着ス

二月一日　木曜

一午前十一時直方発ニ而嘉穂銀行重役会ニ行ク

［以下、通常の記述形式と異なる］

一備品整理ノ為メ責任者ヲ置キ、一坑全体ニ一綴ニスル利害ノ件

一備品原簿整理方ノ件

一物品受入ノ際ハ店長又ハ坑長捺印ノ件

一店長・坑長ハ取扱事項毎ニ捺印ノ件

一工事約束原簿ヲ整理ノ件

但臨時工事ハ予算以内ノ事ハ主任者より庶務掛へ返シ、坑長認可ノ上着手スルコト

一予算以内ノ変更ハ坑長ニ委托ノ利害ノ件

一坑業掛員ハ其ノ掛毎ニ日誌ヲ明瞭ニナスコト

一勤怠簿捺印ノ件
　但欠勤時刻、賞与金ノ場合ニ割減ナス方法研究〔ママ〕件
二月二日　金曜
一本家
一藤棚二坑第二ノ第二ホンプ座ホンプ据付取換ノ件
一同坪下ノ件
一藤棚第一坑不用鑛〔汽〕鑵、上三緒坑へ送付ノ件
一堅〔竪〕鑛〔汽〕鑵買入方ノ件
一七八吋〔インチ〕巻器械買入方ノ件
一鳥羽坑口取調ノ件
一綱分方面三菱坑区ノ件
一若宮[1]香月某貝嶋君へ向合ノ件
二月三日　土曜
一本家
一有吉人事掛ノ申居ノ件
　久留米人ニテ神戸市警視井上実継

1　若宮＝地名、鞍手郡若宮村

一有吉ハ小倉ニ而巡査奉職人ナリ、其在職中ハ陣内署長ナリ
一人事掛小遣〔使〕ハ山中廉一ナリ

二月四日　日曜

一午前十一時飯塚発ニ而、馬関大吉楼ニ於而貝嶋君一同主人トナリ、犬塚君〔信太郎〕初メ外廿人余新年宴会相催、出席ス、途中より嶋田・平岡等同行ス
一同夕大吉楼へ一泊ス
一同夕犬塚君博多より金次・五郎・光菊ノ三妓ヲ連レラレタリ
一同宴会ハ非常ニ大酒シテ盛会ナリシ
一金三百円本店より受取、鎎〔汽〕車中ニ而野見山君より手入〔ママ〕セリ

二月五日　月曜

一金田・豊国両坑より招戴ヲ受ケ、宴会ニ出席ス
一朝来嶋田・犬塚氏等遊術ヲナシ、弐十一円余ノ収入アリ、博多連へ遣ス
一大〔犬〕塚氏九時五十分ニ而上京セラル
一博多連ハ犬塚氏ヲ停車場ニ見送リ、帰博ス
一宴会ハ博多ニワカ等アリ、盛会ナリシ
一大吉楼ニ一泊ス
一犬塚氏へ祝儀金壱千円ノ事ニ付、本社へ持出ナキヨウ中根〔寿〕君ト一同同氏ニ懇談、承諾ヲ受ケタリ

二月六日　火曜

一午前十時長府へ室田〔義文〕氏見舞ニおきん・お千代一同人力〔車脱〕ニテ行キ、小沢〔富熊〕[1]・福原〔栄太郎〕[2]・徳永〔安兵衛〕・相川氏等へ年始ニ行キタリ

一同夜室田氏邸ニ一泊ス、午前四時半頃迄遊ヒ、収入三十円アリタリ
一金五十円大吉楼おきんへ渡ス、長府行ノ土産物買入タリ
一徳永氏方ニテ、貝嶋君へ春画壱幅土産物ニ托シヲ受ケタリ

二月七日　水曜

一午前ヨリ室田氏邸ニテ遊ヒタリ、収支ナシ
一午後四時五十分発ニ而藤棚坑へ帰着ス、其ノ時刻ハ鎔〔汽〕車延着ノ為メ十時頃ナリシ、文司〔門〕ニ而発電セシモ、本店小使ノ誤リニテ、停車場より荷物等持帰リ、不諭〔愉〕快ナリ
一帰着スルモ喰事ナス不能、翌朝招魂祭参拝ノ為メ髪ソリ等ナシ、十一時過キ床ニ付キタリ
一瓜生ハ本家へ一泊、電話ニテ用談ス
一砂糖少々、一湯、コップ四分ノ一位、一ウイスキー、湯ト同シ位、一ヴイツトル五六滴、調合ノ事ヲ室田氏令女より教授ヲ乞タリ

二月八日　木曜

一飯塚招魂祭ハ麻生屋へ托シ、貝嶋君へ出浮、遠賀川改修工事ノ件ニ付打合ヲシタリ
一遠賀川ノ件ニ付、野田〔卯太郎〕・伊藤〔傳右衛門〕より打電ノ末、文字不明ナリシモ明瞭ニツキ、各返電ヲ発ス
一貝嶋君トハ遠賀川ノ件并ニ外資借リ入元、本洞断層以外三菱ノ咄等有之候ニ付、綱分坑区ノ交換等協義ナシタリ
一おりん午前九時発ニ而着ス

1　小沢富熊＝井上馨甥、元貝島鉱業満之浦炭坑坑長
2　福原栄太郎＝井上馨甥、柏木二郎熊実兄、小野田セメント製造株式会社長、元三井物産

一大崎〔邦太郎〕書記相見へ、事務取扱上ニ付利害ノ異見ヲ述セリ、別記ニアリ

二月九日　金曜

瓜生来訪

野見山方訪

豊前坑区ノ件ニ付、野見山・瓜生・麻生屋等皆谷茂〔谷茂平〕[1]ノ処ニ行キタリ

佐藤巡査見ヘタリ

有吉人事掛見ヘタリ

加藤〔研一〕坑長来訪アリタリ、藤棚第一坑第五片ハ本日ヨリ五日目ニ▨〔蒸カ〕鎎〔汽〕ヲ通ス旨申出アリタリ

一下ノ関大吉楼ヨリ「フク」ヲ生三折ト、スホン焼キト送リ来リ

一御法川〔福五郎〕・内山・竹田〔武田伊之吉〕ノ三君ト会喰ス

一森太郎午後六時ニ而着ス

二月十日　土曜

一松岡義降〔隆〕来訪、綱分坑山着手ノ件ニ付瓜生〔長右衛門〕ト一同協義ス、松岡ト昼飯ヲ喰ス

一大塚〔仙達〕[2]先生ノ診察ヲ乞、散薬ト水薬ヲ受ケタリ

一大吉〔楼脱〕ノ遣ニ壱円遣ス

一午前十一時飯塚発ニ而家内ト太郎〔麻生〕ト着ス、太郎ハ三時発ニ而本家へ還ル

一小林要次郎君来訪アリ、佐伯〔梅治〕君ノ事ニ付内談アリ

一柴田〔百城〕[3]君来訪アリ

二月十一日　日曜

一加藤研一君来訪アリ

一早川君家族連レニテ見ヘタリ

一加藤敬介[輔]氏見ヘタリ

一川波[半三郎]君相見ヘ、昼喰ヲ会喰ス

一長七[広方][4]ハ午前十二時、おまつ[木月][5]ハ午後四時ニ着ス

二月十二日　月曜

一岸本君来訪、外資借リ入ノ義ニ付示談ス、岸本君ノ異見トシテ、利子五朱[ママ]五厘、三歩ノ手数トシテ先方ヘ照合ノ事ヲ協義ス、瓜生・野見山立会ス、其ノ計算書ヲ野見山認メムル[ママ]

一午前十一時四十分ニ而、川波君来談ノ桂川村長之一件ニ付、安河内代吉外二名本家ヘ相見候ニ付、協義ノ為メ家内・おりん・森太郎一同帰宅ス

二月十三日　火曜

一午前九時ヨリ製工所及山内三坑ニ行キ、事業ノ打合ヲナシ、西野[長五郎]ヘも面会シ、午後四時四十分発ニ而藤棚ヘ着ス

1　谷茂平＝金谷炭坑経営者、元筑豊石炭鉱業組合常議員
2　大塚仙達＝麻生商店藤棚第二坑医院医師、のち麻生病院医師
3　柴田百城＝麻生商店藤棚第一坑機械課主任、一八九六年入店、のち直方瓦斯株式会社取締役
4　広方長七＝麻生家調理兼雑務
5　木月マツ＝麻生家女中

一鑵[汽]車中仙石・仲村学士[中村武治][1]（鯰田）同車ス、直方ニテへ惣[麻生惣兵衛]ニ面会、田川坑区弐万円ニテ約束ノコトヲ話シアリタリ
一大崎君[邦太郎]来訪、製鉄所在勤中ノ規則書類一覧セリ

二月十四日　水曜

一加藤君来訪、許斐君[鷹介]死去ノ報アリタリ
一許斐氏ノ悔ミニ行キタリ
一金六拾七円現在ス
一許斐氏方ニ再度悔ニ行キ、中野・貝嶋両君協義ノ上、会葬者賄料二百人、寺廻金、棺一式、津波黒坑山より出金ノ咄合ヲナシ、且可成[なるべく]賑々敷葬式ノ事ニ申合ナス

二月十五日　木曜

一午前商店へ出頭
一永江君[純一]来店、種々協義ス
一午前十一時五十八分ニ而飯塚警察署へ出頭、中野妹一件ニ付内談ス
一角不為生君[2]綿且[勝]ニ而会面[ママ]ス
一川波君同断、桂川村長ノ咄アリタリ
一本家へ一泊

二月十六日　金曜

一午前九時発ニ而藤棚へ着ス
一貝嶋君来訪、昼飯会席ス
一十八日上京ニ決定、野田[卯太郎]其他へ打電ス

一許斐君宅へ行ク
一藤棚第一坑水管坑道仕操之事ニ付、瓜生〔長右衛門〕・野見山〔米吉〕・御法川〔小三郎〕・内山〔福五郎〕・柴田〔百城〕・岡〔巳松〕・加藤ノ諸君ト会同評決ス
一岸本正降〔隆〕[3]来訪アリ
一塩屋[4]ノ家内来訪アリ、乳料金十円相渡ス
一いせ・すゑ[5]両人参ル

二月十七日　土曜

一野見山・瓜生来訪セリ
一金壱百円、岸本〔正隆〕上京費ニ渡ス、瓜生より送付ナサシム
一金五円、菓子代払、立寄五軒分入用
一許斐君葬式会葬ス
一古田茂造〔ママ〕・庄野金三郎両氏、古田栄一ノ事ニ付相談アリタリ

二月十八日　日曜

一西野来訪、山内坑新坑口着手ノ事ニ付協義ス、野見山・瓜生立会ノ上正確ナル調査ヲナシ着手決定スルコト

1　中村武治＝三菱鯰田炭坑副長
2　角不為生＝元戸長、元飯塚町長
3　岸本正隆＝船主（遠賀郡若松町船頭町）
4　塩屋＝塚本家（久留米市通町）
5　いせ・すえ＝麻生家女中

一加藤敬介《［輔］》君相見へ、中泉[1]欠落ノ地仕戻シ及岡森養水路[2]ノ件ニ付協義ス
一小林《［要次郎］》君相見へ、藤棚第二坑不用鎎《［汽］》鑵及不用鉄管ノ事ニ付協義ス
一金五百円、商店受取
一金百十円余、上京ニ付懐中ス
一午後三時発ニ而上京ス

三月三十壱日

一午前本店出務
一午前十二時津田村長《［寿七郎］》[3]岡森養水路ノ件ニ付藤棚舎宅へ訪問、郡長《［戸田健児］》内命ノ旨伝達アリ
一加藤《［研一］》坑長訪問、昼飯会喰ス
一御法川・高木《［忠雄］》[4]両氏分担ヲ命ス、御法川ハ藤棚全部、高木ハ豆田・上三緒・山内トシ、各自不在ノトキハ其ノ代便ヲナスコト
一團《［琢磨］》氏来坑ノコトヲ貝嶋君より電話アリタリ

四月一日　日曜

一松尾伴七郡吏及津田村長、郡長ノ内命ニテ岡森養水路ノ件ニ付来店アリタルニ付、内意之通ニ而工事着手スルコトニ決定ノ返答ヲナシ、同時ニ加藤敬介《［輔］》君出張先キニモ通報セリ
一第二《［藤棚］》坑十二片ヱバンス《［ポンプ］》三台ノ外、壱台ハ第二ホンプ座ノ三台ノ内壱台使用スルコトニ内定、小林・相羽両君ト協義ス
一三十九年採掘上ニ付方針ヲ定メ、其ノ財料《［ママ］》ヲ店長《［野見山米吉］》へ示シタリ
一午後七時直方発ニ而本家へ帰ル

四月二日　月曜

一嘉穂銀行重役会ニ出席ス

一製工所へ二度行キタリ

一午後六時飯塚発ニ而直方開月[5]ニ團氏一行招戴会ニ列シ、清徳[6]ニ團氏ヲ送リ、貝嶋・牧北[牧田環]君等一同十二時過キ迄遊ヒ、午前一時頃藤棚へ帰ル

四月三日　火曜

一團氏直方清徳へ訪問ス

一團氏藤棚第二坑へ相見へ、坑外巡視セリ

一午前十時発ニ而若松へ行カル、直方停車場へ見送タリ

四月四日　水曜

一午前八時永江[純一]君出店アリ、第二坑一同巡視セリ

一第二坑左科[斜]延長及採掘年限等ニ付、計画ノ大方針ヲ瓜生・御法川・相羽三君へ協義ス

1　中泉＝地名、鞍手郡福地村
2　岡森養水路＝遠賀川支流彦山川の鞍手郡上境村の岡森堰から鞍手郡遠賀郡の村々を灌漑する養水路
3　津田寿七郎＝鞍手郡下境村長
4　高木忠雄＝麻生商店主事補坑務、翌年芳雄山内鉱業所長
5　開月＝料亭（鞍手郡直方町殿町）
6　清徳＝旅館（直方町古町）

一午後一時半萱牟田坑[1]火災ノ報ニ接シ、丁度貝嶋本宅ヘ訪問中ニ而、直チニ直方火消組ヲ召集ス、鎮火ノ報ニ接シ
中止ス
一午後二時開月ニ於テ遠賀川改修工事之件ニ付、上京委員貝嶋・佐藤・栗田・伊藤・坂口等一同報告ス、麛〔正義〕田郡長
ノ挨拶アリ

四月五日　木曜

一午前山内第三坑ニ行キ、第二坑排水本坑よりハイプ継キニテ排水之件ヲ調査ノ義、高木・西野ノ両君ヘ申付置キ
タリ
一第三坑底組ヨリ弐尺ニ縫通、弐尺ニテ本坑道ヲ廻〔進カ〕行ノ件ニ付取調方ヲ申付ケ置キタリ
一午後十二時五十五分発ニテ藤棚ヘ着ス
一午後五時直方発ニテ博多ヲ経而馬関ニ行キ、井上伯訪問ノ為メナリ

四月十一日　水曜

一若松築港会社重役会ニ出席ス

四月十二日　木曜

一井上伯三池発ニ而直方ヘ御出ニ付、中間停車場ヘ伊藤・麛〔麻生〕十郎同供出迎ナシタリ
一直方貝嶋君ヘ御一泊
一午後九時過キ金子・栗田ト沖野君清徳ヘ一同訪問ス
一午後十時過キ藤棚ヘ帰ル

五月十二日　土曜

午前十一時三十分（直方）発ニ而門司九鉄ヘ行キ、配置標準已前之通ニ引直シ方、仙石社長ヘ懇談之末、能ク意味

貫徹シ、重而常議会相開キ、書面ヲ以正式ニ申込事ニ而承諾セリ、門司三時四十分発ニ而帰店ス
一平嶋〔仲次郎〕[2]・中村両君来訪、坑業上ニ付種々異見申述タリ（午後九時頃より十一時過キニ至ル）
一午前ハ商店ニ出頭ス

七月三十日　月曜

一八郎〔麻生〕・靍十郎両人米国行ノ出発シタリ、午後二時発ニ而太郎〔麻生〕モ東京迄同供セリ、飯塚停車場ニハ多数ノ見送リアリ
一直方停車場ニモ同様多数ノ見送アリ
一折尾・文司〔門〕迄見送多数アリ
一下ノ関発午後七時ニテ出発セリ
一三井小林〔正直〕氏送別ノ為メ小戸〔門〕長保楼へ行キ、同夕大吉楼へ一泊ス
一野見山・長岐〔ママ〕両君へ出席ス

七月三十一日　火曜

一午前十時発ニ而藤棚へ帰ル

八月一日　水曜

一午前藤棚一坑ニテ加藤〔研二〕・瓜生・岡諸君ト立会、坑内延長方法研究ナシタリ
一武谷受負株ハ、同人より従来関係ノ権利明瞭ナル証書ヲ認メサセ、且受負金壱万斤ニ付十五円トシテ、此内より

1　菅牟田坑＝貝島鉱業菅牟田炭坑（鞍手郡宮田村）
2　平島仲次郎＝麻生商店本店、のち久原鉱業所長、元小学校教師、製鉄所二瀬出張所

五十銭ハ借越金ノ内ニテ払込ナスコトニテ、本人へ談判ノ事ニ申合ナシタリ
一内山[福五郎]君ハ、ヱバンス十二インチ一台第三ニ増加シ且ツシンプレキスホンプ調査ノ為メ、糸田・明治両坑へ出張ノ事ヲ申談タリ
一午後三時十九分ニテ、飯塚塩長へ郡長より集会照合ニ付出頭ス

八月二日　木曜

一午前十時四十分ニテ鯰田へ松田[武一郎]君へ面会ノ筈ナリシモ、停車場ニテ前車ニ而他行ト聞キ直行中、直方ニ而面会ス
一寄付金ノ事ヲ協義ノ末、原案調造ノ事ヲ松田君より相談アリタリ
一鉄[製]工所ニテ、山内ノ排水器械要水シテモ指問ナキ設備ナスコトヲ萩野[荻野勇]君へ申付タリ
一藤棚第二坑第一分配所友原長兵衛、鞍手郡植木町ノ人解雇ニツキ、親シク将来ヲ注意ナシタリ

九月十三日　木曜

一午後六時平嶋・中村両君へ面会、瓜生立会ノ上、親シク坑業上ニ付相談ナシタリ

九月十四日　金曜

一中西四郎平君[1]相見へ、有吉又一君貝嶋関係坑区ノ件ニ付相談アリタリ
一野見山・瓜生・加藤研一君ト、坑業上及行員転任等ノ事ニ付打合ヲナシタリ

九月十五日　土曜

一内藤新吾君[2]来訪アリ
一九鉄関係ノ事ニ付、上田君ト協義ナシタリ
一午後一時より直方本宅貝嶋君へ行キ、仙石[貢]君ニ面会、横倉[英次郎][3]及御法川等ノ存意内分ニテ聞取タリ
一金壱百円、本店より吉浦[勝熊]君代印受取タリ

九月十六日　日曜

一長綱〔長網好勝〕[4]君来訪、明治坑ニ対スル件ニ付中裁〔ママ〕ノ依頼アリ

一午後三時発ニ而門字〔司〕及博多へ行キタリ

日記補遺

一月十二日追加

一金五円、鉄道会社配置掛橋本君外一名、野見山へ一泊ニ付、直方へ買物ノ為メニ長七へ為持遣ス

一金百五十円、本店吉浦君へ電話シテ白土〔純一〕[5]より同夜受取、懐中ス

一加藤〔研二〕坑長坑夫募集ノ事ニ付相見へ、晩喰ス

一月十七日追加

一鍼〔汽〕車中貝嶋・伊藤両君同車シテ、博多瓦斯会社[6]ハ貝嶋ノ分百株、伊藤ノ分五十株、百五十株ニ而持株ノ事ニ決定ス、手続キハ追而可致候コト

一一列車折尾ニテ待合候為メ、遠賀炭田之事ニ付貝嶋君より懇々中止ノ勧告アリタリ

1　中西四郎平＝太吉親族、坑区斡旋業（遠賀郡芦屋町山鹿）
2　内藤新吾＝元久留米市長、元衆議院議員、
3　横倉英次郎＝麻生商店、のち貝島鉱業採鉱技師長、元古河鉱業
4　長網好勝＝赤地炭坑・高松炭坑主
5　白土純一＝麻生商店本店出納会計、一八九七年入店
6　博多瓦斯株式会社＝一九〇五年設立（福岡市外千代村）、社長伊藤傳右衛門

四月四日追加

一宴会ノ催シアリタリ

一戸長・郡長より慰労ノ挨拶アリ、午後六時四十分散会ス

一午後七時発ニ而本家へ帰ル

一停車場ニテ貝嶋・野見山両君へ面会ス、火災見舞ノコトヲ咄シタリ

八月一日追加

一塩長ニテ郡長より之相談ハ、坑主へ金六百七十四円ヲ負担ヲ乞、坑夫及坑所ニハ出金セザルコトニ申向ケアリタリ

一松田君ト協義ノ上報知スルコトニ分袖ス

一黒瀬元吉[1]来問シ、買物四十五円ナシタリ

一金弐百八十円仙石〔亮〕[2]氏ニ掛物代送金セシニ、金一百円ハ返入シキタリ

一探幽ト永徳ト取換ノ書面達シ来リタリ

1906（明治39）藤棚

1 黒瀬元吉＝古物商（福岡市上新川端町）

2 仙石亮＝金田炭坑長（田川郡神田村）

一九〇七（明治四十）年

一月一日　火曜

一在宿

一熊本学生滞在

一月二日　水曜

一在宿

一昨年中ノ書類未定ノ分、調査ノ上整理ス

一熊本学生山猟ニ行ク

一月三日　木曜

一藤棚坑へ出発

一熊本学生午前六時発ニ而帰途ニツク

一午前七時半より製工所[1]へ行キ、午前十時発ニ而藤棚へ着ス

一鑵《〔汽〕》車中水田《〔倭子磨カ〕》・宮川《〔宮河良一カ〕》・秋本等ト面会ス

一月四日　金曜

一第一坑撰炭機械修繕并ニ鑵《〔汽〕》鑵・下水管取換ニ付、内山《〔福五郎〕》[2]・柴田《〔百城〕》[3]ノ両氏ト打合ナシタリ

一月六日　日曜

一午後十二時廿分藤棚より帰宅ス

一上田《〔穆敬〕》[4]君相見へ、営業規約ノ草案ス

一月七日　月曜

一午前八時本店[5]へ出頭、永江《〔純一〕》[6]君ト面会、午後一時直方発ニ而帰宅

一上田相見へ、営業規約ノ草案ス
一田中〔冑二〕[7]坑長・麻生屋[8]相見へ、午後十一時頃帰坑セラル、
一月八日　火曜
一商店ノ規則ノ草案調製済
一午前十二時発ニ而、代議士連知事招待ニ付、福村屋〔家〕[9]ニ而宴会ニ付出席ス
一月九日　水曜
一上田穏敬出博ニ付、松崎〔三十郎〕氏[10]へ商店営業規則草案ノ研究ヲ乞タリ
一月十日　木曜
一午前十一時発ニ而博多出発、福間より下車シテ宮地嶽神社[11]へ参詣ス、午後六時過キ帰宅ス

1　製工所＝麻生商店、一八九四年設立、機械製造・コークス製造・精米目的（飯塚町立岩）
2　内山福五郎＝麻生商店藤棚坑機械掛、この年藤棚一坑機械課長
3　柴田百城＝麻生商店藤棚一坑機械課主任、一八九六年入店、のち直方瓦斯株式会社取締役
4　上田穏敬＝麻生商店本店庶務係長、この年三月庶務部長、一八九五年入店
5　本店＝麻生商店本店（鞍手郡下境村）、この年七月芳雄製工所（嘉穂郡笠松村）内へ移転
6　永江純一＝三池銀行頭取、一九〇五年より井上馨の推挙により麻生商店・貝島鉱業監督代理、のち相談役、元衆議院議員
7　田中冑二＝麻生商店芳雄上三緒坑長、元飯塚収税署長・豆田税務署長、のち嘉穂銀行監事、一八九八年入店
8　麻生屋＝麻生太七＝太吉弟、麻生商店重役・店長代理、嘉穂銀行取締役、元飯塚町長
9　福村家＝料亭（福岡市東中洲）
10　松崎三十郎＝弁護士（福岡市天神町）
11　宮地嶽神社＝宗像郡津屋崎町

一月十一日　金曜
一豆田坑へ出張ス
一月十二日　土曜
一午前十時十二分発ニ而大竹〔勝一郎〕[1]君ノ件ニ付貝嶋〔太助〕[2]君ヘ相談ノ為メ罷越、同夜藤棚へ泊ス
一月十三日　日曜
在宿
一犬塚〔信太郎〕[3]氏母公〔福子〕相見候為メ滞在セシモ、相見へ不申ニ付、上三緒坑へ出張シテ石炭置場ノ事ニ付協義ス
一月十四日　月曜
在宿
一花村久助氏[4]相見へ、離縁ノ事ヲ相咄タリ
一月十五日　火曜
一犬塚氏母親・峠〔延吉〕[5]両君相見へタリ
一お竹〔吉田竹子〕[6]・女・金次[7]等ノ連中参リタリ
一月十六日　水曜
一犬塚氏母親公及峠氏滞在
一月十七日　木曜
一犬塚氏母親午前十時ニテ出発ニ付、停車場へ見送ル
一帰途製工所へ行キタリ
一銀行〔嘉穂銀行〕臨時重役会出席ス

一月十八日　金曜

一在宿ス

一豆田積入場ノ事ニ付瓜生〔長右衛門〕[8]来訪、午後六時ニテ帰宅ス

一月十九日　土曜

一午前若松森本外一人古物商来訪ス

一午前より上三緒一坑へ行、帰途山内第二坑ニ行キ、高木〔忠雄〕[9]・西野〔長五郎〕[10]両氏ニ面会、石炭置場ヲ巻場より西側ノ泉ケ谷[11]ノ方ニスルカ芳ケ浦[12]巻場ノ浦〔裏〕ノ方ニスルカ、又ハ溜池下ノ方ニスルカ、取極メ方ニ付取調ノ事ヲ申付ケ置キタリ

一犬塚氏妹子〔輝子〕来遊ノ電話ニ接シ、帰宅ス

一銀行ノ事ニ付倉知〔倉智伊之助〕[13]支配人上三緒坑へ相見ヘタリ

1　大竹勝一郎＝麻生商店商務部主事、のち三井物産、同社石炭部東京支部長等
2　貝島太助＝解説参照
3　犬塚信太郎＝南満洲鉄道株式会社理事、元三井物産門司支店長
4　花村久助＝太吉親族、麻生商店と笹原炭坑共同経営、のち飯塚町会議員
5　峠延吉＝貝島鉱業合名会社、のち同株式会社監査役・取締役
6　吉田竹子＝博多琵琶師
7　金次＝博多水茶屋券番芸妓
8　瓜生長右衛門＝麻生商店重役主事、この年三月より理事兼鉱務長
9　高木忠雄＝麻生商店主事補坑務、この年三月より芳雄山内鉱業所長、のち朝鮮総督府技師
10　西野長五郎＝伊之吉、麻生商店主事補芳雄山内坑務課長、一八八八年入店
11　泉ケ谷＝地名、嘉穂郡庄内村有井
12　芳ケ浦＝地名、嘉穂郡笠松村立岩
13　倉智伊之助＝嘉穂銀行支配人

一月二十日　日曜

在宿

一大竹〔勝一郎〕君面会時刻聞合ノ為メ、峠君ハ数回電信ニ而乞合ヲ乞、廿五日朝大坂ニ而面会ノ事ニ取極メ、廿四日午後二時半下ノ関発ニ〔而脱〕上京ノ事ニ取極ム

一正恩寺[1]転寺一件、書類相認ム

一豆田停車場沈降一件、九鉄回報書面認ム

一月二十四日　木曜

午前八時発ニ而中泉[2]出発ス

一折尾ニテ接続ナキ為メ一列車待合ス

一午前十二時門司港着、川卯[3]ニテ中喰ス

一三井物産中丸〔一平〕[4]・吉弘〔素郎〕[5]両氏ニ面会ス

一下ノ関午後二時半発ニ而出発ス

一月二十五日　金曜

一午前八時半大坂梅田駅ニ着ス

一停車場ニ而大竹君ニ面会ス

一北浜金森旅館ニ滞在ス

一東京末広〔清次郎〕[6]氏ニ井上伯〔馨〕御所在地電信ニテ乞合、興津[7]滞在ノ返信アリ

一午後十一時大坂発ニ而興津ニ向ケ出発ス

一月二十六日　土曜

一午前十一時興津ニ着ス

一東海ホテール旅館[8]ニ泊ス

一井上伯御別荘ニ伺ヒ、晩喰ス

一藤田四郎[9]氏上京日、西京大可楼ヘ乞合候処、三十日上京ノ返信来ル

一月二十七日　日曜

一午前八時井上伯ニ相伺、藤田氏三十日上京ノ事ヲ申上候末、西京ヘ行ク事ニナリタリ

一午前十一時井上伯御上京ニ付、停車場ニ御見送申上タリ

一海上ヨリ雪〔鉄〕舟寺[10]・観富士寺[11]等ニ行キ、三緒〔保〕の松原ヲ眼下ニ観〔ママ〕ミ、冨士山ヲ正面ニ観テ、午後七時頃東海ホテー

1 正恩寺＝麻生家菩提寺（嘉穂郡笠松村川島）
2 中泉＝九州鉄道中泉駅（鞍手郡福地村）
3 川卯＝旅館、川卯支店（門司市）、本店は下関市
4 中丸一平＝三井物産門司支店長代理
5 吉弘素郎＝三井物産門司支店石炭掛第一部主任
6 末広清次郎＝井上馨家執事
7 興津＝井上家別荘長者荘（静岡県庵原郡興津町）
8 東海ホテル＝静岡県興津町清見寺前
9 藤田四郎＝井上馨女婿、台湾精糖株式会社長、貴族院議員、元農商務省事務次官
10 鉄舟寺＝静岡県有渡郡不二見町村松
11 観冨士寺＝龍華寺（静岡県有渡郡不二見町村松）

ルニ帰ル
一午後九時興津ヲ発、静岡発十一時ノ急行ニテ西京へ向ケ出発ス

一月二十八日　月曜

一午前六時西京停車場ニ着スト同時ニ、藤田氏ハ柊屋[1]ナリト、大竹君より電信ニ接シタリ
一木屋町大可楼ニ滞在ス
一柊屋ニ藤田氏ニ面会ノ末、田中君へ招〔紹〕介状ヲ貰、大坂ニ行ク事ニナリタ
一赤松連城君[2]ニ正恩寺転寺問題ニ付協義シ、願書見合ノ事麻生屋へ打電ス
一稲荷神社[3]ニ参詣ス
一午後三時発ニテ大坂ニ出発、金森[4]ニ滞在ス
一火災保検〔険〕会社ニ而田中・林両氏ニ面会ス

一月二十九日　火曜

一廿九日、終日金森ニ滞在ス
一馬生〔金原亭〕ト申咄シ家ヲ呼ヒ種々咄ヲ聴キ、金森主人・主婦・おはりさんのはやしニテ、下女ノおたか外二人がうたいタリ踊リタリシテ大諭〔愉〕快ヲ極メタリ、隣の客人も堪リ兼見物ニ参リタリ

一月三十日　水曜

一午前八時急行ニテ大竹君ト興津へ向ケ出発ス、午後五時過静岡ニ着ス
一午後七時静岡発ニ而興津ニ行キタリ
一東海ホテルニ着ス
一大坂うずら四十并ニ小供のけしふ〔化粧〕道具ヲ買求、土産ニ持参、井上伯ニ進呈ス

一月三十一日　木曜

一午前八時大竹君ト同供、井上伯御別荘ニ相伺候処、広間ニテ大竹君ト一同御会見ヲ得タリ

一右ニ付帰途ニツク事ヲ申上、分袖シタリ

一午前九時五十分発ニテ帰途ニツク

一静岡より貝嶋〔太助〕・永江・峠ノ三氏ニ打電ス

一大竹君鏇〔汽〕車費及其他宿料等一切、大坂出発後ハ自分より仕払タリ

二月中行事予記

接〔摂〕津郡〔国〕川辺郡山本[5]、坂上翠香園〔阪上牡丹園〕

果樹花卉苗木養成販売所

二月一日　金曜

一午前二時半下ノ関ニ着、直チニ帰途ニツキ、午後七時帰着ス

二月二日　土曜

午後四時発ニ而藤棚ニ行キ、貨車配置ノ事ニ付野見山〔米吉〕[6]へ電話シ、尚面談ス

1　柊屋＝旅館（京都市中京区麩屋町）
2　赤松連城＝真宗本願寺派僧侶、元大学林綜理
3　稲荷神社＝伏見稲荷大社（京都市伏見区深草藪之内町）
4　金森＝旅館（大阪市北浜）、太吉定宿
5　川辺郡山本＝地名、兵庫県川辺郡長尾村
6　野見山米吉＝太吉妹マス夫、麻生商店重役店長、この年三月理事兼事務長

二月三日　日曜

一藤棚滞在
一横倉〔英次郎〕[1]君へ本店ニ而面会シ、坑業上大体ニ付図面ヲ示シ懇談ナシタリ

二月四日　月曜

藤棚第一坑へ行キ、岡〔巳松〕[2]君へ事業上ニ付話合ス
一花村久助君金談ノ件ニ付出店ニ付、本店ニ出頭、野見山一同協義ス
一質屋より竹田〔田能村〕ノ幅物正否取調方相談ヲ受ケタリ
一午後十二時三十分直方発ニテ帰途ニツク
一鎎〔汽〕車中中野〔徳次郎〕[3]君へ面会、岡藤〔美之助〕[4]氏ニ金融ノ事懇談アリ、銀行臨時会儀〔ママ〕ヲナシ融通ニ決ス

二月五日　火曜

岡藤・吉武〔吉之進〕・鶴田〔正義〕・井上〔叩端〕[5]住職等来訪アリタリ

二月六日　水曜

一本家[6]滞在
一嘉穂銀行重役会ニ出席ス

二月七日　木曜

一午後二時十分ニテ出店ス
一監督官出張ニ付面会ス

二月八日　金曜

一午後十二時三十分発ニテ本家へ帰ル

一永江君帰県ニ付、堤氏〔尚彦〕[7]ニ商店規則ヲ為持、門司ニ遣ス

二月九日　土曜

一堤氏、商店規則ニ付永江君ノ見込ノ廉々報告ニヨリ、訂正シテ清書ヲ托ス
一太郎〔麻生〕[8]病気ノ手紙相達シタルニ付、白土〔純一〕[9]熊本ニ遣シタリ
一栄屋[10]婦人靏ヲ持参ナシタリ
一黒瀬〔元吉〕[11]注文品持参セリ
一福岡奥村七郎[12]氏相見へ、西海鉄道賛成ノ事ニ付相談アリタルモ、断リタリ
一靏田〔正義〕郡長へ、小倉地所ハ第二候補地一反歩五十円ノ方、一区域凡弐万坪余買入ノ事ヲ協義ス

1　横倉英次郎＝麻生商店、のち貝島鉱業採鉱技師長、元古河鉱業
2　岡巳松＝麻生商店藤棚一坑鉱務課長、のち三井本洞炭礦
3　中野徳次郎＝解説参照
4　岡藤美之助＝貝島太助甥、本高江炭坑主、博多瓦斯株式会社取締役、元貝島鉱業本店
5　井上叩端＝麻生家菩提寺正恩寺住職
6　本家＝麻生本家（嘉穂郡笠松村立岩栢森）
7　堤尚彦＝麻生商店主事補庶務、この年三月より監査兼調度部長
8　麻生太郎＝太吉三男、のち株式会社麻生商店取締役
9　白土純一＝麻生商店本店、出納会計
10　栄屋＝旅館、倉成久米吉（福岡市橋口町）
11　黒瀬元吉＝古物商（福岡市上新川端町）
12　奥村七郎＝弁護士、のち博多商工会議所会頭

二月十日　日曜

一大竹君午前十二時過キ相見ヘタリ

一午後七時過キ長岐〔繁〕[1]君相見ヘタリ

一同時ニ太郎・白土帰着ス

一午前八時紅卯[2]へ電話シ、太郎病気ニ付、稲田〔龍吉〕[3]・熊谷〔玄旦〕[4]ノ両氏ニ診察ヲ乞ハセタリ

二月十一日　月曜

大竹・長岐等ノ諸氏ト中途迄行キタルモ大雪の為メ製工所ニ引返シ、同所ニテ横倉・堤ノ両君ト会見、一同本宅ニ而昼飯ヲ喰ス

一午後大竹・長岐等ノ一行山内坑山行キアリ

一午前十時発ニ而太郎帰熊ス

一大竹・横倉・長岐ノ三氏泊ス

一金三十円、篠木〔真造〕[5]品物代及貸付金

一同十円、太郎渡ス

二月十二日　火曜

一大竹〔勝一郎〕君へ辞令ヲ付与ス

一靏田氏来訪、小倉ノ地所高価ニ付当時中止ス、尤養鶏ハ靏田氏一己ニ而経営ノ事ヲ咄合ス

四百円ノ内三十円花田、五十五円八木岡〔春山〕[6]、残リ三百十五円入、現在ス

二月十五日　金曜

一午前十二時発ニ而門司より三井ノ舟ニテ大吉楼[7]へ行キタリ

宴会ヲ催シ、三菱南部〔球吾〕・江口〔定条〕・三谷〔一二〕[8]ノ諸氏ト酒宴ス

二月十六日　土曜

午後三時発ニ而藤棚へ帰ル

一金五十円連中、金十円金次、金弐十円一丸

一同二十円寄付口、金廿円おきん・靏葉、十五円八郎口

一同十円鑛〔汽〕車賃　〆金百四十五円

二月十七日　日曜

一金三百円本店より入

二月二十四日　日曜

一午前十時発ニテ豆田坑へ行キ、積入場計画ニ付協義ナシタリ

二月二十五日　月曜

一本店出頭

1 長岐繁＝麻生商店会計、この年三月より会計兼商務部長
2 紅卯＝旅館（福岡市廿家町）
3 稲田龍吉＝京都帝国大学福岡医科大学教授
4 熊谷玄旦＝医師（福岡市天神町）
5 篠木真造＝骨董店（飯塚町西町）
6 八木岡春山＝亮之助、日本画家（東京）
7 大吉楼＝旅館（下関市阿弥陀寺町）
8 南部球吾＝本社鉱業部長、江口定条＝本社鉱業副部長、三谷一二＝若松支店副長

一送炭ノ件ニ付長岐・林田〔普〕[1]等打合ナシタリ

二月二十六日　火曜

一早川徳太郎君藤棚へ来訪、身上ニ付依頼アリタリ

一本店出頭

二月二十七日　水曜

一本店出頭ス

一下境村々長〔津田寿七郎〕小学校新築費寄付ノ件ニ付打合ノ末、勝野村[2]ト賦課税ノ件ニ付協義ノコトヲ打合ナシタリ

二月二十八日　木曜

一築港会社[3]重役会ニ午前十時中泉発ニテ出席ス

一午後三時発ニテ帰坑ス

三月四日　月曜

一午前九時発直方より乗車、貝嶋君一同戸畑へ行キ、土地ヲ踏査ス

一小倉一時発ニテ博多福村屋〔家〕へ行キタリ

一午後六時一方亭知事[4]〔寺原長輝〕招戴会ニ出席ス

一牧北〔牧田環〕[5]・中野〔徳次郎〕両人ト十二時過キ迄一方〔亭脱〕ニテ遊ビタリ

三月五日　火曜

一福村屋ニテ貝嶋君ト協義ナシタリ、藤棚坑区交換、菅牟田不毛〔ふけ〕坑区買入、長網〔好勝〕[6]坑区買入等ノ事ナリ

一高等女学校[7]ニ再度行キ、米〔麻生〕[8]へ面会ス

一午前十一時三十分発ニ而津屋崎[9]へ行キ、塩湯ニテ土師山ニ面会、実地踏査ス

一宮地へ参詣、晩喰ス、十円払

一午後福間[10]九時発ニ而出発、十二時過キ藤棚へ帰着ス

三月六日　水曜

一本店ニテ坑長会議ヲナシ、出席ナシタリ

一宮柱〔喜代太〕[11]転任之義ニ付打合之末、山内坑へ当時転勤ナシシメタリ

一午後萩野〔荻野勇〕[12]氏舎兄相見へ、身上ニ付懇話ス

一津屋崎塩田ノ件ニ付、曽根塩田[13]地質実地家畑中貞吉外一人ト長岐君ト協義ナナ〔ママ〕シタリ

1　林田普＝麻生商店商務部
2　下境村・勝野村＝鞍手郡
3　若松築港株式会社＝一八八九年設立、太吉は一九〇〇年以降取締役、元常議員・監査役
4　一方亭＝料亭、黒川清三郎（福岡市外東公園）
5　牧田環＝三井鉱山九州炭礦部次長、のち三井合名理事・三井鉱山会長、團琢磨女婿
6　長網好勝＝高松炭坑・第二赤地炭坑経営者
7　高等女学校＝福岡市立福岡高等女学校（福岡市因幡町）
8　麻生ヨネ＝太吉三女、のち有田（麻生）義之介妻
9　津屋崎＝地名、宗像郡津屋崎町、麻生家別荘所在地
10　福間＝九州鉄道福間駅（宗像郡津屋崎町）、この年七月国有化
11　宮柱喜代太＝麻生商店人事掛主任心得
12　荻野勇＝麻生商店芳雄製工所機械課長兼芳雄山内豆田鉱業所機械課長
13　曽根塩田＝企救郡曽根村

三月七日　木曜

一午前八時中泉発ニ而本宅へ帰ル

一午前十二時半仙石亮[1]君相見へ、午後四時発ニ而帰坑アリ

一竹田[田能村]・岡田半江・秋輝[暉]掛物弐百十円ニテ買入、百五円ハ懐中、百五円ハ家内より受取タリ

一午後七時鞍田郡長相見へ、小倉ノ畑地三町歩、一反五十円ニテ買入ノコトヲ諾シタリ

三月八日　金曜

一上三緒坑へ出張致、排水機械取付順序及貯炭場順序、貯炭ノ積入順序上[ママ]打合、筆記書ヲ乞置候

一古物屋飯塚弥平外一人参リ、三十円買入タリ、代金ハ岡松[金次郎][2]より仕払セリ

一午後七時頃黒瀬元吉参リ、買物ノ仕約メヲナシタリ

一上三緒坑出坑中、上穂波・内野[3]ノ村債貸与方ニ付、貸付ノ筈ヲナシタリ（倉知[智]支配人より電話）

三月十七日　日曜

一博多紅卯へ一泊ス

三月十八日　月曜

一博多紅卯へ一泊ス

三月十九日　火曜

一博多紅卯へ一泊ス

三月二十日　水曜

一午前十一時博多発ニ而久留米塩屋[4]へ一泊ス

一久留米ニ而千原[与二]氏ノ幅物一見ナシタリ

一千原氏ノ幅物買入ナシタリ
一藤田《謙三郎》[5]氏へ面会、千原氏債権譲受ニ付研究ナシタリ

三月二十一日　木曜

一午後五時発ニ而久留米出発、熊本研屋支店[6]へ一泊ス
　八郎《麻生》[7]・黒瀬《元吉》・八木岡《春山》等ノ諸君アリ
一午前久留米ニ而掛物買入ナシタリ

三月二十二日　金曜

一午後四時熊本発ニ而博多へ帰ル

三月二十三日　土曜

一午後一時三十二分発ニ而博多より八木岡君ト帰村ス
一午前ハたての屋ニ而掛物買入ナシタリ

1　仙石亮＝金田炭坑長、元小坂鉱山所長
2　岡松金次郎＝麻生商店庶務・麻生家執事、元嘉穂郡役所書記、のち穂波村助役
3　上穂波・内野＝村名、嘉穂郡
4　塩屋＝久留米商人塚本家（久留米市通町）
5　藤田謙三郎＝弁護士（久留米市櫛原町）
6　研屋支店＝旅館、本店（熊本市洗馬町）
7　麻生八郎＝太吉弟

三月二十四日　日曜

一午前九時発ニ而下ノ関ニ井上伯出迎ニ行キ、大吉楼へ一泊

三月二十五日　月曜

一午前六時下ノ関停車場ニ早川〔千吉郎〕[1]専務理事出迎ニ行キタリ

四月五日　金曜

一下ノ関午前七時発ニ而藤棚へ帰リ、午後十二時卅五分本宅へ帰ル

四月六日　土曜

一上三緒坑へ出坑ス

四月七日　日曜

一綱分坑野水湧水ニ付出坑ス

四月八日　月曜

一午前十二時飯塚発ニ而本店へ出頭ス

一直方病院へ野見山病気ヲ見舞ナシタリ

一佐伯〔梅治〕[2]氏出店、コーク販売及若松出張所取扱方ニ付協義ス

一花村久助氏出店、販売炭ノ事ニ付協義ナシ、終列車ニテ帰ラル

四月九日　火曜

一午前八時発ニ而貝嶋君ト安川〔敬一郎〕[3]氏へ面会ノ為メ行キ、石炭一手販売ノ事ニ付協義ス

一午後一時発ニ而帰坑ス

一金十二円、焼物代弥平へ払タリ

四月十五日　月曜

一午前貝嶋君へ面会、藤棚不毛・三井坑区交換ノ件并ニ宮田[4]長綱〔網〕所有坑区貝嶋君買入之件協義ス

一筑豊線[5]払下ケノ件及若松築港拡張ヲ見合ノ件等協義ス

一本店へ出頭

一午後六時発ニ而本宅へ帰ル

四月十六日　火曜

一新築へ麻生八郎移宅ス

一午前十時飯塚発ニテ坑業組合[6]常議〔員脱〕会ニ出席ス

一高橋達[7]君へ松田武一郎[8]君ト一同会談シ、興津ニテ井上伯へ若松拡張案下調査ノ件ヲ懇話ス

一午後三時若松発ニ而藤棚舎宅へ帰リ、午後八時ニ直方清徳[9]ニ永江〔純一〕君へ面会ス

1　早川千吉郎＝三井銀行専務理事、のち三井合名副理事長、南満洲鉄道株式会社社長
2　佐伯梅治＝麻生商店若松出張所長、のち大阪出張所長、一九〇三年入店
3　安川敬一郎＝解説参照
4　宮田＝地名、鞍手郡宮田村
5　九州鉄道、この年七月一日国有化
6　坑業組合＝筑豊石炭鉱業組合、一八八五年結成、太吉常議員、のち総長
7　高橋達＝若松築港株式会社総支配人、翌年若松築港株式会社取締役、元日本郵船横浜支店
8　松田武一郎＝三菱合資鯰田炭坑長より満鉄撫順炭礦長へ転出
9　清徳＝旅館（直方町古町）

四月十七日　水曜
午前九時直方発ニテ出博、平岡良助君[1]常盤館[2]宴会ニ列ス
一午後七時福村屋〔家〕ニテ松本〔健次郎〕[3]・中野〔徳次郎〕・貝嶋等石炭一手販売ノ事ニ付協義ス
四月十八日　木曜
一午前八時博多発ニ而藤棚舎宅へ帰リ、金五十円小川、金十五円福村屋
一藤棚第一坑撰炭機械改造協義ス
四月十九日　金曜
一本店出頭
一花村久助君仕約ナシタリ
四月二十六日　金曜
一坑業組合惣会ニ付門司へ行キ、倶楽部〔門司倶楽部〕[4]ニテ惣会ヲナシ、議長ヲシテ早ク議事ヲ片付、午後三時門司発ニ而帰宅ス
四月二十七日　土曜
一古賀外一人相見ヘ、千原氏債権譲受ノ件ニ付協義ナス
一午前十時飯塚発ニテ藤棚舎宅へ行ク
四月二十八日　日曜
一松田武一郎君送別宴会ニ直方十一時発ニ而門司倶楽部ニ行キ、三時門司発ニ而帰宅ス
四月二十九日　月曜
一午前八時発ニ而、貝嶋君ト運賃二厘下ケ之件ニ付、植村〔俊平〕[5]・仙石〔貢〕[6]両君へ面会ス
一午後一時発ニ而本宅へ帰ル

四月三十日　火曜

一嘉穂銀行[7]重役会ニ列ス

五月十一日　土曜

一午後八時中泉発ニテ出博シ、鎎[汽]車中一丸連ニ逢ヒ、ビナ歌ヲ聞、参謀長モ同道、金十円一丸連ニ遣ス

五月十二日　日曜

一福岡日々新聞[8]宴会ニ出席ス

一小林其他知人ニ逢ヒタリ

一藤崎君[信次郎]へ面会、大宰府製糸場[9]之件ニ付咄シアリタリ

一小三亭[10]ニテ貝嶋・柏木[勘八郎][11]等ト会談ス

1　平岡良助＝浩太郎長男、豊国炭鉱経営者、のち福岡市会議員
2　常盤館＝料亭（福岡市外水茶屋）
3　松本健次郎＝安川敬一郎二男、明治炭坑取締役、翌年明治鉱業株式合資会社副社長、のち石炭鉱業聯合会長
4　門司倶楽部＝一九〇三年開館、筑豊石炭鉱業組合・門司石炭商組合・西部銀行集会所・九州鉄道を主体とした社交場
5　植村俊平＝九州鉄道株式会社支配役兼総務課長
6　仙石貢＝九州鉄道株式会社社長、元筑豊興業鉄道社長、のち鉄道院総裁、鉄道大臣、南満洲鉄道株式会社総裁
7　嘉穂銀行＝一八九六年開業（飯塚町）太吉頭取
8　福岡日日新聞＝一八八〇年筑紫新報を引継ぎ設立（福岡市）
9　太宰府製糸場＝太宰府製糸株式会社（一八九六年設立）カ
10　小三亭＝貸座敷、根本アキ（福岡市外西門橋）
11　柏木勘八郎＝井上馨の甥二郎熊の義父、この年八月真静と改名、福岡県農工銀行取締役

一金三十円、小三亭へ貸付アリ

五月十三日　月曜

一午前六時博多発ニ而藤棚舎宅ニ帰リ、午後壱時頃藤棚坑不毛・三井坑区交換ノ件ニ付協義ス

五月十四日　火曜

藤棚第一坑卸シ科〔斜〕卸シニ過失ノ為メ発火セシモ、直チニ慎〔鎮〕火セリ、午前十時五十分中泉発ニ而嘉穂銀行へ行ク

七月二十七日　土曜

千原与一カ山本兵九郎ニ対スル債権七千円并ニ三千六百円、四十年四月廿六日譲受登記申請ノ際、脱漏ノ分更正登記申請ノ委任状一通

上田〔穏敬〕[1]より請求ニテ花村徳右衛門[2]渡ス

八月二日　金曜

一午前八時発ニ而出博ス

一紅卯方ニテ占部太平[3]氏へ面会、地所壱町歩二百卅円ニテ買求依頼ス

一中学校ノ件ニ付郡長・有松〔滋三郎〕[4]・坂口〔栄〕[5]・大屋〔久〕[6]・田生〔正次〕[7]等ノ諸氏ト会談ス

八月三日　土曜

一午前九時博多発ニ而帰宅ス

一本宅ニハ岩倉某・佐藤〔雄之助〕法学士等八郎ノ友人一泊セリ

一金弐百円、黒瀬へ渡置候事

一金弐十円ハ、紅卯八十円ニ弐十円ヲ添へ百円ニテ返却セリ

十月六日　日曜

一熊本研屋支店ニ而前夜一泊シ、左記之通挨拶ヲナシタリ

十六円五十銭　反物一　懐中より相払

十六円三十銭　同

右ハ太郎義、兼而尽力ニ預リタル保証人及堤君両人へ礼トシテ上田一同差遣ス

一金五円廿六銭　研屋支店出立際車賃等相払

一午前十一時出発、午後三時紅卯方へ着ス

1　上田穏敬＝麻生商店本店庶務部長

2　花村徳右衛門＝麻生商店製工所、のち浜の町別荘・津屋崎別荘管理者

3　占部太平＝醬油醸造業（宗像郡津屋崎町）のち重光と改名

4　有松滋三郎＝福岡県会議員

5　坂口栄＝福岡県会議員、のち嘉穂郡千手村長

6　大屋久＝翌年嘉穂郡千手村長

7　田生正次＝大隈町長、翌月から福岡県会議員

一九〇九（明治四十二）年

一月一日　金曜

一早朝礼拝ヲ済マシ、後膳部ニテ礼式ヲ終ヱタリ

一嘉穂銀行[1]へ行キ、祝賀ヲナシタリ

一各坑山より祝賀人へ一々答礼ナシ、祝宴ヲ開キタリ

一月二日　土曜

一開店〔麻生商店〕ヲナシタリ

一猟師召連、遊猟ニ行キタリ

一月三日　日曜

一碓井坑[2]へ行キ、瓜生〔長右衛門〕[3]同道、帰途ハ降雨中ナルモ、平恒[4]付近ノ連続坑区ヲ視察セリ、忠隈[5]前より迎ノ人力〔車脱〕ニ乗リ帰ル

一月四日　月曜

一午前十一時赤間嘉之吉[6]氏朝鮮談ヲ聞ク為メ臨時重役会ヲ開キ、出席ナス〔シ〕タリ

一月五日　火曜

一午前八時発ニ而津屋崎[7]へ行キタリ

一午後四時発ニ而出福、紅卯[8]へ行キタリ

一月六日　水曜

一午前九時緒方〔道平〕[9]氏へ鴨六羽持参、柏木〔真静〕[10]氏ノ縁談相談ナシタリ

一午前九時発ニ而津屋崎へ行キ、山猟ヲナシタリ

一同夜津崎〔ママ〕屋海水館[11]へ一泊ス、飯塚猟師二人・麻生茂[12]氏相見ヘタリ

一占部太平氏[13]ヲ博多より同供シ、懇談ナシタリ、弁当ヲ貰ヒタリ

一月七日　木曜

一午前七時発ニ而赤間[14]へ行キ、鎎[汽]車中伊藤傳右衛門[15]・瓜生ニ面会、新手坑山、下方示談ノ得策ナルコトヲ協義シ、赤間より博多へ行キタリ

一紅卯ニテ、柏木ト緒方氏ノ会同ヲ聞キ候為メ、終日相待チタリ

一別府貝嶋氏[太助][16]ニ打電セリ

1　嘉穂銀行＝一八九六年開業（飯塚町）太吉頭取
2　碓井坑＝麻生商店下臼井炭坑、のち吉隈炭坑
3　瓜生長右衛門＝麻生商店理事兼鉱務長、嘉穂電灯取締役、この年八月飯塚町会議員、のち福岡県会議員
4　平恒＝地名、嘉穂郡穂波村
5　忠隈＝地名、嘉穂郡穂波村
6　赤間嘉之吉＝伊藤（傳右衛門）商店総支配人、のち衆議院議員
7　津屋崎＝麻生家別荘（宗像郡津屋崎町渡）
8　紅卯＝旅館（福岡市廿家町）
9　緒方道平＝福岡県農工銀行頭取、元福岡県書記官
10　柏木真静＝元勘八郎、井上馨の甥二郎熊の義父、福岡県農工銀行取締役
11　海水館＝旅館、安部ヨネ（宗像郡津屋崎海岸）
12　麻生茂＝酒造業（飯塚町）のち飯塚町会議員
13　占部太平＝津屋崎活洲株式会社長、醬油醸造業（津屋崎町）
14　赤間＝地名、宗像郡赤間町
15　伊藤傳右衛門＝解説参照
16　貝島太助＝解説参照

一月八日　金曜

一知事[寺原長輝]反物壱疋、折原[巳一郎][1]部長□[輔カ]六ツ、稲田反物壱疋、桜井[高尚][2]反物壱疋等ノ諸氏、年始ニ伺ヒタリ

[欄外]○ミ[九三][3]より買入タリ

一藤井[和三郎][4]歯医ニ診察ヲ乞タリ

一午後七時発ニ而飯塚合併問題ニ付、東町・鷹田[5]両区停車場、遠賀川橋梁ノ件ニ付説明致呉レ候様瓜生[長右衛門]より電話ニ付、帰宅ス

一金弐十円紅卯へ茶代、并ニ十円下女へ遣ス

一足袋代十円おそのへ渡シ置キタリ

一浜野[ママ]町屋敷へも瓜生・上田[穏敬][6]一同出浮キタリ

一月九日　土曜

一昼頃より飯塚綿且[勝][7]へ出浮、午後二時より塩長[8]ニテ東町区民・鷹田区民凡六十人計リ集合、部長并ニ伊藤[熊五郎][9]助役立会、飯塚停車場変更セザル理由、遠賀川改修工事ニ付、橋梁架設ノ場合ハ東町区ノ希望ノ通尽力ナシ、其ノ成否ハ官庁ノ事ニ付保証セザルモ、十分微力ヲ尽ス旨ヲ申向ケ、合併ニ決定ノ確報ヲナシ、晩飯ヲ出シ、午後十二時過キ引払、高野・西等滞在シ、午前一時半頃帰宅ス

一月十日　日曜

一午前十時出店

一月十一日　月曜

一午前八時津屋崎へ行キ、花村徳右衛門[10]殿同道、石垣ノ差図ヲナシ、午後六時福間[11]発ニ而帰宅ス

一月十二日　火曜

一午前八時より嘉穂銀行重役会ニ出席ス

一銀行出務掛本店ニ立寄リ、金三百円吉浦〔勝熊〕[12]氏より受取タリ

一綿且ニ而談判シテ相片付タリ

一中野〔徳次郎〕[13]・金光〔豊吉〕[14]等ノ諸氏ト綿且ニ而遊ビタリ

一月十三日　水曜

一在宿

1　折原巳一郎＝福岡県内務部長

2　桜井高尚＝福岡県警務長

3　丸三＝呉服店（福岡市博多麹屋町）

4　藤井和三郎＝福岡県歯科医師会会長（福岡市天神町）

5　東町＝地名、飯塚町。鷹田＝地名、飯塚町菰田

6　上田穏敬＝麻生商店本店庶務部長、一八九五年入店

7　綿勝＝旅館（飯塚町向町）

8　塩長＝料亭（飯塚町東町）

9　伊藤熊五郎＝飯塚町助役、この年三月から六月まで三ヵ月間飯塚町長

10　花村徳右衛門＝太吉親族、麻生商店、浜の町別邸・津屋崎別荘管理者

11　福間＝国鉄福間駅（宗像郡福間町）

12　吉浦勝熊＝麻生商店本店主計出納

13　中野徳次郎＝解説参照

14　金光豊吉＝嘉穂銀行取締役、前副頭取

一黒瀬元吉[1]滞在ニ付、同人より買入物取調ヲナシタリ
一平恒坑区ニ付、篠崎《〔団之助カ〕》[2]氏面会ノ為メ麻生屋[3]・野見山《〔米吉〕》[4]両人綿且へ出浮タリ

一月十四日　木曜

一午前八時製工所[5]ヲ経而本店出務ス
一山内十二吋《〔インチ〕》巻器械修繕ノ件ニ付、西野《〔長五郎〕》[6]・高野等立会、且製工所掛員取調ヲナシタリ
一篠崎氏相見へ、平恒坑区三千円ニ而買入ノ契約ナシタリ、草案篠崎氏ニ送ル

一月十五日　金曜

一午前十時発ニ而若松坑業組合常議員会ニ出席、運賃上ケノ協義ヲナシタリ
一午前菊地《〔保次〕》[7]・飯塚《〔弥〕》[8]や平幅物持参、買入ナシタリ、周信《〔狩野〕》・豊彦《〔岡本〕》其他茶椀《〔ママ〕》類数品
一午後四時発ニ而帰宅ス
一鏇《〔汽〕》車中鯰田坑中村《〔武治〕》[9]氏ト、綱分坑ノ下タ石交換採掘ニ付協義ス

一月十六日　土曜

一午前八時本店[10]出頭、豆田坑壱万五千屯減掘ニ付、経費減額ノ協義、福間《〔勝次郎〕》[11]・入江《〔松太郎〕》[12]両人ト協義ナシタリ
一奥村七郎[13]氏相見へ、米商会所[14]ノ新株引受ノ懇談アリシモ、相断タリ
一製工所四十二年一月より六月迄ノ仕事・予算調造方、萩野《〔荻野勇〕》[15]氏へ協義ス
一大隈篠原・博多ノ吉原《〔敬助〕》両人来訪アリ、篠原ハ掛物、吉原ハ岩権[16]ノ家屋買受ノ件ナリ
一嘉穂銀行惣会ニ付出席

一月十七日　日曜

一惣会ニ付、合屋利吉[17]氏辞任之件、株主及重役より申立アリ

一吉川おあき結婚セリ[18]

一月十八日　月曜

一本店出頭

一午前十二時発ニ而出福、緒方氏ニ農[工]行銀行ニテ面会シ、縁談ノ件懇談シ、午後五時発ニ而帰宅ス

1　黒瀬元吉＝古物商（福岡市上川端新町）
2　篠崎団之助＝福岡県会議員（嘉穂郡桂川村天道）
3　麻生屋＝麻生太七、太吉弟、麻生商店理事、嘉穂銀行取締役、元飯塚町長
4　野見山米吉＝太吉妹マス夫、麻生商店理事兼事務長
5　製工所＝麻生商店、一八九四年設立、機械製造・コークス製造・精米目的（飯塚町立岩）
6　西野長五郎＝伊之吉、麻生商店主事補芳雄山内坑務課長、一八八八年入店
7　菊池保次＝骨董商（福岡市橋口町）
8　飯塚弥平＝骨董商
9　中村武治＝三菱鯰田炭坑長
10　麻生商店本店＝製工所内（飯塚町立岩）
11　福間勝次郎＝麻生商店豆田鉱業所長、一九一二年退職後山口県須恵炭坑
12　入江松太郎＝麻生商店、豆田鉱業所坑務掛
13　奥村七郎＝株式会社博多米穀取引所理事長、弁護士（福岡市天神町）
14　米商会所＝株式会社博多米穀取引所（福岡市下鰯町）、一八九三年設立
15　荻野勇＝麻生商店製工所機械課長兼芳雄山内豆田鉱業所機械課長
16　岩権＝骨董店（福岡市橋口町）
17　合屋利吉＝嘉穂銀行取締役、この年十一月取締役辞任、元穂波村長
18　吉川あき＝麻生商店麻生彦三郎と結婚

一月十九日　火曜

一午前六時発ニ而、売炭ノ件ニ付門司三井物産会社へ行キ、中丸一平氏[1]ニ面会ス

一午後五時発ニ而、野見山・長岐[繁][2]氏ト帰村ス

一瓜生[長右衛門]へ直方ニテ常議員会[3]ニ出席ナサシム

一月二十日　水曜

一加藤研一[4]君昨夜より一泊、幹次[吉川][5]負債之件ニ付相談アリシモ、重要之事ニテ容易ニ口外出来ザルニ付、其旨含ミアルヨウ答テ置キタリ

一午前十二時発ニ而出福、福村屋[家][6]ニテ緒方氏ニ面会、縁談ノ件相談ナシ、来ル五日別府へ出浮之義咄合ナシタリ

一帰途中間駅より伊藤傳右衛門君へ同車シ、新手坑山大決心之内意、注意セリ

一郡長[谷保馬]より飯塚・笠松[7]合併之件ニ付電話アリ、従来行掛ノ通、第一着手ニ上伸シ、二瀬・穂波[8]と協義ノ得策ナル旨答へ置キタリ

一月二十一日　木曜

一在宿、旧十二月卅日ナリ

一月二十二日　金曜

旧正月元日

一山猟ニ行キ、靏三緒[9]近傍及高山西側川土手より又々靏三緒近傍ニ立寄、午後六時帰宅ス

一飯塚鍛冶屋弟へ津崎屋[ママ]行ト一同金十円遣ス

一月二十三日　土曜

在宿

一合屋利吉外三人相見へ、合併ノ件ニ付協義ノ末、飯塚・笠松成立上伸ノ上直チニ着手シ、合儀ノ上ハ同一ノ合併ニ相成候様県庁へ尽力方申向ケ、其ノ方針ニ而進行ノ事ニ而一同帰宅セラル

一若松へ火災アリ、福間久一郎[10]直チニ見舞ニ遣ス

一月二十四日　日曜

一午前仙石亮[11]氏相見へ、幅物之件ニ付面会ス

一午後一時頃より〔上野〕甚四郎[12]等ト下ノ山并ニ鯰田本坂[13]等ニテ兎狩ヲナシタリ

一月二十五日　月曜

飯塚・笠松合併ノ件ニ付、綿〔勝〕且ニ午前十二時頃より出浮、伊藤〔熊五郎〕助役・中野〔徳次郎〕・合屋〔利吉〕・麻惣〔麻生惣兵衛〕[14]・瓜生〔長右衛門〕等ノ諸君ト協義シ、

1 中丸一平＝三井物産門司支店長
2 長岐繁＝麻生商店会計兼商務部長
3 常議員会＝筑豊石炭鉱業組合常議員会、太吉常議員
4 加藤研一＝太吉親族、三井鉱山本洞炭坑、元麻生商店藤棚第一鉱業所長
5 吉川幹次＝太吉親族、元藤棚炭坑経営者
6 福村家＝料亭（福岡市東中洲）
7 笠松＝地名、嘉穂郡笠松村
8 二瀬・穂波＝地名、嘉穂郡二瀬村・穂波村
9 鶴三緒＝地名、嘉穂郡下三緒村
10 福間久一郎＝麻生商店本店兼麻生本家
11 仙石亮＝金田炭坑長（田川郡神田村）
12 上野甚四郎＝順四郎とも、麻生家猟師兼雑務
13 鯰田本坂＝地名、嘉穂郡笠松村、この年六月飯塚町と合併
14 麻生物兵衛＝飯塚町会議員、嘉穂銀行取締役

尚飯塚町会議員一同トモ午後十二時過キ迄協義ナシタリ

一月二十六日　火曜

午前十二時発ニ而別府ヘ縁談ノ件ニ付、貝嶋君之処ニ出浮キタリ

一鑵〔汽〕車中行橋ニテ緒方・柏木〔真静〕ノ両氏ニ面会、中津迄同伴、両氏ハ中津ニ下車セラル

一直方より金田[1]・行橋ヲ経而宇佐ヘ午後六時過キ着、二人引[2]ニテ立石[3]谷屋ニ一泊ス

一月二十七日　水曜

一午前七時発ニテ谷屋ヲ立チ、二人引ニテ午前十二時別府別荘[4]ニ着ス

一緒方・柏木両氏モ午後四時頃着

一一泊ス

一月二十八日　木曜

一午前より縁談ノ事ニ付協義ス

一一泊ス

一宇美[5]小林〔作五郎〕[6]老母死去ノ報知ニ接ス

一月二十九日　金曜

一午前十一時頃出発、二人引ニテ緒方・柏木両氏同道出発ス

一宇佐午後五時発ニテ乗車シ、柏木氏ハ行橋ニテ、緒方氏ト一同小倉ヲ経而川卯[7]ニ着ス

一川卯ニテ大吉〔楼脱〕[8]より芸者ヲ呼ヒ、おきん外弐人参リ、一泊ス

一緒方氏ト一同一泊ス

一月三十日　土曜

一午前九時門司発ニテ博多紅卯ニ着ス
一午後十二時二人引ニテ宇美小林氏老母ノ葬義ニ列ス
一帰途小三亭[9]ニ立寄、緒方・柏木ノ両氏ト晩喰ス（女中壱〇〇　女女[中]頭五〇）
一紅卯ヘ一泊ス
一おきんヘ弐〇〇、芸者ヘ壱〇〇ツヽ、川卯女中ヘ五〇相渡シタリ

一月三十一日　日曜

一午前八時発ニ而博多紅卯より帰村ス（五〇女中
一午後三時鯰田福間[久三郎]老母之葬式ニ列ス

二月一日　月曜

嘉穂銀行重役会ニ出席

1　金田＝地名、田川郡神田村
2　人力車
3　立石＝地名、大分県速見郡立石町
4　別荘＝麻生家田の湯別荘（大分県速見郡別府町）、元五六庵
5　宇美＝地名、福岡県糟屋郡宇美村
6　小林作五郎＝酒造業、地主、元福岡県会議員
7　川卯支店＝旅館（門司市）、本店は下関市
8　大吉楼＝旅館（下関市阿弥陀寺町）
9　小三亭＝貸座敷、根本アキ（福岡市外西門橋）

一二瀬合併ノ件ニ付、郡長・中野［徳次郎］・森崎屋[1]・伊藤助役等加嶋屋[2]ニテ会同ス

一合屋利吉君相見へ、重役一件ニ付懇望之次第モ有之候も、利害徳［得］失ヲ弁明ナシタリ

二月二日　火曜

一田中［青二］氏相見へ、筑後十文字[3]ニハ楠種壱石五斗、松苗弐三十万本仕立ニ付、取調ノ事ヲ申向ケ置キタリ

一笠松県道実地踏査シテ、有井[4]ニテ昼飯ヲ仕舞、帰途猟ヲシテ帰ル

二月三日　水曜

一前年諸書類調査ニ付、在宿

一午前十二時田生正次外[5]三人、宮野[6]道路改修費補助之義ニ付相見へ候付、懇考ノ上確答ノ旨申向ケタリ

二月四日　木曜

一愛岩［宕］神社道路作リ検査ス

一午後本店出務

二月五日　金曜

午前十時発ニ而津屋崎へ出張、午後六時ニテ帰村ス

二月六日　土曜

午前八時出店

一麻生屋・福沢［武雄］等同供、飯塚町地所検査

一午後鯰田山林、福沢ト一同巡視ス

二月七日　日曜

一午後四時郡［嘉穂］役所へ出頭、合併ノ件ニ付郡長ニ面会ス、二瀬合併困難ノ件聞キ取リタリ

二月八日　月曜

一山林調査ニ付、鯰田・有井等ノ山林境界調査ス

二月九日　火曜

一在宿

一伊藤熊五郎君来訪アリ

一篠崎団之介君[7]来訪アリ

一田川林芳太郎[8]君、小沢泰介幅物買入ノ相談アリタルモ、断タリ

一上穂波村長〔林辰雄〕外三人相見へ、学校ノ事ニ付種々寄付ノ申入アリタリ

二月十日　水曜

一本店出務

一阿部坑区[9]実地踏査之事ヲ命ス

1　森崎屋＝木村順太郎、酒造業、麻生太七女婿
2　加島屋＝旅館（飯塚町本町）
3　筑後十文字＝麻生商店筑後十文字出張所（三井郡大刀洗村）、一九二三年頃廃止
4　有井＝地名、嘉穂郡庄内村
5　田生正次＝大隈町長兼福岡県会議員
6　宮野＝地名、嘉穂郡宮野村
7　篠崎団之助＝福岡県会議員
8　林芳太郎＝元福岡県会議員
9　阿部坑区＝阿部市兵衛経営阿部鯰田炭坑（嘉穂郡笠松村鯰田）

一飯塚へ行キ、木村君ニモ面会、伊藤助役町長撰挙ノ事ヲ協儀ス

一二瀬村合併不同意（伊支須〔ママ〕・相田・伊川）ノ旨、区長より伊藤助役へ返事アリタルニ付、出飯、郡長ニ面会協義ス

二月十一日　木曜

一午前八時発ニ而馬関〔下関〕へ出発ス

一井上〔勝之助〕[1]大使へ草煙〔ママ〕一箱進呈ス、并ニ小沢〔富熊〕[2]氏へ菓子（川卯より取リタリ）進呈ス

一井上大使、大吉〔楼脱〕へ貝嶋氏ト一同招待ス

二月十二日　金曜

一下ノ関大吉〔楼脱〕滞在

一伊藤〔博文〕[3]公御着ニ付、藤野[4]へ伺〔候〕公ス

一安川〔敬一郎〕[5]君出関アリ

一中丸〔一平〕等ノ諸氏ト撫順炭ニ付協義ス

二月十三日　土曜

一下ノ関滞在

一安川・貝嶋・麻生三人ニテ伊藤公一行ヲ大吉ニ招待ス
　伊藤公・朝鮮内大臣・室田〔義文〕[6]・井上大使
　吉冨開一・山口県知事〔渡辺融〕・小山学士・国部
　上枝大佐・村田〔経芳〕小〔少〕[7]将等ノ諸氏

一午後四時半三井小蒸気ニテ、五時廿五分門司発ニ而、午後八時過キ帰宅

二月十四日　日曜

一午前十時発ニ而若松坑業組合事務所[8]ニ而有志会ニ出席ス、中村〔武治〕・吉田〔良春〕[9]・中野〔徳次郎〕等同車ス、折尾より貝栄〔貝島〕氏モ同車ス

一撫順炭売込ノ件ニ付、協義ノ末、来ル十七日より安川〔敬一郎〕・麻生〔太吉〕上京ニ決定ス

一午後四時若松発ニ而福岡浜の町ニ一泊ス

二月十五日　月曜

一午前中福岡浜の町ニテ、修繕等ノケ所高山ト協義ス

一午後三時発ニ而津屋崎ニ立寄、福間午後六時ニテ安川・瓜生・花久〔花村〕・福間久一〔市カ〕等ノ諸氏ト同車ス

一折尾より馬関お千代等ニ面会シ、金三十円ヲ遣シタリ

一午後八時過帰宅ス

一停車場ニテ河野〔河内野弘道カ〕[10]氏ニ面会、小林ノ病気聞キ取リタリ

1　井上勝之助＝井上馨養子、駐独大使
2　小沢富熊＝井上馨甥、元貝島炭鉱満之浦炭坑長
3　伊藤博文＝公爵・韓国統監、元総理大臣
4　藤野＝旅館春帆楼（下関市阿弥陀寺町）
5　安川敬一郎＝解説参照
6　室田義文＝元釜山領事・百十銀行頭取、翌年北海道炭礦汽船株式会社会長
7　村田経芳＝村田銃の発明者
8　若松坑業組合事務所＝筑豊石炭鉱業組合若松事務所（遠賀郡若松町修多羅）、太吉常議員のち総長
9　吉田良春＝住友若松炭業所支配人、筑豊石炭鉱業組合常議員、のち住友合資理事
10　河内野弘道＝医師、直方病院長

一瓜生・福間久一［市カ］氏来訪アリ

二月十六日　火曜

一午前本店出務

一豆田坑ホヲリング計画協義之為メ、福間［勝次郎］・入江［松太郎］・浦［英夫］[1]等ノ諸君出店アリ

一綱分坑売込炭ノ為メ、野見山［米吉］・長岐［繁］出門

一郡内村長会議アリ、九洲日報[2]記事ノ事ニ付評決アリ、へ惣［麻生惣兵衛］より交渉アリタルモ、新聞ニハ記載ナキ様注意ナシタリ

一笹原坑ノ事ニ付、花久［花村久助］[3]氏相見へ、若松室［宝カ］部へ瓜生より電話ス

一津や［ママ］屋崎ノ鯛味噌六十箱持参セリ

三月二十二日　月曜

一午前十時発ニ而若松石炭坑業組合会議ニ出席ス

一午後四時発ニ而帰村ス

一鎎［汽］車中中村［武治］・堀［三太郎］[4]・中根［寿］[5]・仙石［亮］・井上［定次］[6]等ノ諸氏ト概略方針ノ会談ス

三月二十三日　火曜

一午前十二時発ニ而門司へ行ク

一三井物産会社連中、大吉楼ニテ招待ス

一上田［穏敬］[7]帰宅、祝会十四日ニ内定ノ旨柏木家ニ電報シ、緒方氏ニ書面ニ而照合之通報ス（電話）

一瓜生才次郎[8]母霊へ参伺ス

六月一日　火曜

一清国人（売麻衛［城売街］石室前吉［対面］多里十九号、[9]梁国［泰脱］）并ニ子息梁其興同供、三井物産会社員付添、豆田・芳雄両坑実検ノ為メニ罷越、昼飯ヲ饗応セリ、外ニ古備前恵比須・大黒ノ置物、梁其興へ送リタリ、箱書シテ呈ス（此清国人ハ豆田・芳雄販売人ナリ

六月二十四日　木曜

午前八時博多発ニ而家内ト一同帰途ニツキ、午前十一時帰宅、鎎［汽］車中折尾より直方迄貝嶋氏・上野［英太郎カ］[10]君ト会談ス

本店へ出頭ス

芳雄駅ノ問屋、直接監理方協商ス

直方堀［三太郎］氏ニ、電話ニテ廿五日新手坑中裁［ママ］延期ノコトヲ通報ス、并ニ松本［健次郎］[11]氏モ同様ナリ

中野君ニも電話ス

1　浦英夫＝麻生商店豆田鉱業所
2　九州日報＝玄洋社機関紙『福陵新報』として一八八七年創刊、一八九八年改題
3　花村久助＝太吉親族、前年まで麻生商店と笹原炭坑を共同経営、飯塚町会議員
4　堀三太郎＝解説参照
5　中根寿＝貝島鉱業合名会社、この年貝島鉱業株式会社常務取締役
6　井上定次＝古河鉱業会社、筑豊石炭鉱業組合常議員
7　上田穏敬＝麻生商店庶務部長、一八九五年入店
8　瓜生才次郎＝麻生商店笹原坑坑務
9　城売街＝地名、広東省
10　上野英太郎＝貝島鉱業合名会社
11　松本健次郎＝安川敬一郎次男、明治鉱業株式合資会社副社長、のち石炭鉱業聯合会長

六月二十五日　金曜
午前八時より出店ス
一種々店務ニ付協商ス
一長岐君ハ門司へ土産物持参、販売炭一件ニ付指図ス
七月二日　金曜
午前八時発ニ而貝嶋・中野・柏木ノ三氏一同帰途ニツキ、直方町堀三太郎氏ニ立寄、新手中裁[ママ]ノ打合ナシ、来ル四日ニ日延ノ事ニナリ、福岡桜井氏[高尚]より電話ニ付、午後一時ニテ出福ス
一中洲生洲[活][1]ニテ桜井氏ト会合ス、飯塚町長藤森[善平][2]警部氏承諾ノ旨内報アリ、月俸五十円、表面ニ町民惣代より交渉ヲナサシムルコトヲ約シタリ、生洲ニテ金百円同家へ相渡シタリ、同夜福村屋[家]ニ一泊ス
七月三日　土曜
一午前八時博多発ニ而帰宅ス、鑛[汽]車中原[嘉道]弁護士へ面会、□□田弁護士ノ異論防禦ノ事ヲ申向ケ、報洲[酬]金直接送布方ノ内意ヲ洩シ置キタリ
三井岡本[勧][3]外二人ニ面会ス
一郡役所ニテ郡長[谷保馬]ニ面会、来ル七日、飯塚町将来ノ方針ニ付協義会ヲ約シタリ
一綿且[勝]ニテ占部太平外一人ニ面会、生洲会社[4]増資ノ事ニ付打合ナシタリ、一千五百円ノ事ハ違法ニナキ限リハ承諾ス
七月四日　日曜
午前十時発ニ而、直方町堀三太郎氏宅ニ於而新手坑山争訟[ママ]事件中裁[ママ]ス
伊藤傳右衛門、相手方宮川[宮河良一]并ニ芳野[吉野港][5]親族会員三名調印ス、中裁裁断書ヲ発ス

松本・中野・中根・堀・瓜生ト立会ノ上処理ス
午後九時五十分発ニ而帰宅ス

七月五日　月曜

金子〔堅太郎〕子爵[6]・山中立木[7]・岡田三吾[8]ノ三氏ニ、新手事件中裁ニ服シ調印ノ旨打電ス
浜の町太郎〔麻生〕[9]へ寛一郎〔加藤〕[10]入院ノ電話ス

八月二十七日　金曜

本店へ出務
帰途製工所ニ行キ、材木囲方之件ニ付田中〔冑二〕[11]君及本店員不注意電話ス
本店ニテ楠材処分方申談置候コト

1 活洲＝料亭（福岡市東中洲）
2 藤森善平＝この年九月より飯塚町長、元飯塚警察署長
3 岡本勧＝三井銀行
4 生洲会社＝津屋崎活洲株式会社、一九〇八年設立（宗像郡津屋崎町）社長下沢善右衛門、太吉大株主
5 宮河良一・吉野港＝第二新手炭坑（遠賀郡長津村）鉱業権者
6 金子堅太郎＝枢密顧問官、元農商務大臣・司法大臣
7 山中立木＝黒田家執事、元福岡市長
8 岡田三吾＝十七銀行取締役、黒田家別邸
9 麻生太郎＝太吉三男、のち株式会社麻生商店取締役
10 加藤寛一郎＝加藤敬輔子、太吉五高学資を援助
11 田中冑二＝麻生商店製工所長、元豆田税務署長、元芳雄上三緒鉱業所長、のち嘉穂銀行監事

材木現品、現代金之通ニ而片付候時ハ取引ナスモ、若万一其侭ナレハ今後取引中止スルコト
電機場コークス場トシ、煙筒ハ目下ノ棟瓦煙筒ヲ使用スルコト
コークス場ハ、別ニ煙筒ヲ築設ノ目論見スルコト

九月四日　土曜

嘉穂館ニテ警察署新旧署長送迎会アリ、別紙ノ旨意ニヨリ挨拶ス
松月[1]ニテ二次会ヲ開キ、若竹[2]ニテ三次会ヲナシタリ
帰途綿且〔勝〕ニ立寄ル

九月五日　日曜

一飯塚町々長藤森〔善平〕君趣〔就〕任ニ付、嘉穂館ニテ午後四時半、別紙書抜之旨意ニ依リ挨拶ヲナシタリ、并ニ午後二時藤森君停車場へ迎ヒリ
一若竹ニテ二次会ヲナシタリ
一午後八時過キ帰宅ス

九月二十五日　土曜

午前九時発ニ而長崎へ行キ、午後三時半上町三浦屋へ着ス
荘田〔平五郎〕[3]氏ニ電話ニ而廿六日午前九時面会ノ事ヲ協定ス

九月二十六日　日曜

一午前八時半より造船所へ行、荘田氏ニ面会ス、同氏ト会談ノ旨意左ノ如シ
運賃下情〔請〕願ハ、坑業者ノ希望ノ二銭モ高過キタル感アリ、乍併鉄道院も一ケ年五十万円内外ノ収入減額ハ随分難物ナルベシ、右ニ付他ノ質〔貨〕物并ニ坑山経費・運賃及本船積入迄ノ費用明瞭書ヲ調製スルコト尤〔最〕必要ナリ

組合ヲ代表シテ地方代人者ノ上京陳情スルハ、尤穏当ナリトノコト
一午後一時発ニ而帰途ニツキ、浜の町ニ泊ス
一鳥栖より三宅・伊藤ノ両氏同供ス

九月二十七日　月曜

浜の町滞在
三宅〔速〕[4]氏ニツキ診察ヲ乞

九月二十八日　火曜

午前九時四十分発ニ而帰村ス
一花村光太郎[5]君葬式ニ会ス
一三井物産河原林〔樫一郎〕[6]氏中学生ノ事ニ付折尾より同車ス

九月二十九日　水曜

一午前十時発ニ而、直方町開月[7]ニ而坑業組合常議員会ニ出席ス

1　松月楼＝料亭、井ノ口松之助（飯塚町中小路町）
2　若竹楼＝料亭、古川喜代吉（飯塚町中小路町）
3　荘田平五郎＝三菱管事、元長崎造船所長
4　三宅速＝京都帝国大学福岡医科大学教授
5　花村光太郎＝元嘉穂郡笠松村長
6　河原林樫一郎＝三井物産門司支店石炭掛第一部
7　開月＝料亭、平野伊之吉（鞍手郡直方町殿町）

一運賃下情〔請〕願、暫ク進達猶予ノ事ニ決定ス
一午後三時発ニ而帰途ニツキ、飯塚加嶋屋ニ而芝居場ノ協義ス、第一着手ニ是迄ノ分取約メ、弥地所狭キ為メ許可ナキ場合ニ、更ニ起スコト
一若竹ニ而藤森外六人ト晩喰ス

九月三十日　木曜

一午前八時より本店出勤
一製工所ニ行キ、コークス粉抹機器調査ノ事ヲ申談ス
一山内坑ニ出坑
一川端屋敷（麻生長次郎屋敷ナリ）建次キノ計画ナスコト
一野見山〔米吉〕・広方[1]長七別府ニ行キタリ

1909（明治 42）

1

広方長七＝麻生家調理兼雑務

一九一〇（明治四十三）年

一月一日　土曜

晴天ニ而氏神へ参拝ス

午前十二時嘉穂銀行[1]へ新年祝盃ヲ催シ、一場之訓示ヲナシタリ

午後二時十分嘉穂館[2]ニ於テ名刺交換会ニ出席シ、夫より淀川〔良之助〕[3]署長・藤森〔善平〕[4]〔町〕署長・森崎屋[5]へ行キタリ

松月楼[6]及若竹[7]ニ於テ小宴会ヲ催ス

一月二日　日曜

午前十時頃より飯塚猟師両人共ニ、下三緒浦より赤坂[8]近傍ニ狩猟ニ行キ、帷〔雉〕子壱ツ・鳩壱ツ、上三緒坑へ狩猟連ニ遣ス

一月三日　月曜

午前十時より愛岩〔宕〕下より本村浦・川嶋裏[9]等へ狩猟ニ行キ、不猟ニテ帰ル、飯塚猟師二人参リタリ

一月四日　火曜

一午前十時本店[10]開キニ付出頭ス
　店員一同ト祝盃ヲ催シ、帰宅ス

一諸取調ヲナシ、整理ス

一月五日　水曜

在宅

占部〔太平〕[11]氏并ニ医師〔吉永開〕訪問アリ、活洲会社[12]ノ事ニツキ咄シアリタルモ、修繕費金ニ留メラレ候様注意ス、増資ハ見込ナキ旨相答〔ママ〕タリ

一飯塚町役場并ニ町会議員年始ニ相見ヘタリ

一月六日　木曜

一午前十時より平恒[13]山林踏査ニ行キタリ
松岡〔芳右衛門〕[14]并ニ猟師〔三浦兵次〕同供ス

一午後四時五十分ニテ出福ス

一月七日　金曜

福村屋〔家〕[15]ニテ永江〔純一〕[16]君招待ス（午後五時より

1 嘉穂銀行＝一八九六年開業（飯塚町）、太吉頭取
2 嘉穂館＝公会堂（飯塚町明治町）
3 淀川良之助＝飯塚警察署長、警部
4 藤森善平＝飯塚町長、元飯塚警察署長、のち福岡県会議員
5 森崎屋＝木村順太郎家、麻生太七女婿、酒造業
6 松月楼＝料亭（飯塚町中小路町）
7 若竹楼＝料亭（飯塚町中小路町）
8 下三緒浦＝地名、飯塚町下三緒、赤坂＝地名、嘉穂郡庄内村
9 本村＝地名、飯塚町立岩。川嶋＝地名、飯塚町
10 本店＝麻生商店本店（飯塚町立岩・製工所内）
11 占部太平＝のち重光と改名、津屋崎活洲株式会社取締役、醬油醸造業（宗像郡津屋崎町）
12 活洲会社＝津屋崎活洲株式会社、一九〇八年設立（宗像郡津屋崎町）、社長下沢善右衛門、太吉大株主
13 平恒＝地名、嘉穂郡穂波村
14 松岡芳右衛門＝麻生商店山林技手、のち吉隈鉱業所
15 福村家＝料亭（福岡市東中洲）
16 永江純一＝麻生商店・貝島鉱業株式会社相談役、三池銀行頭取、衆議院議員

一昼ハ永江・征矢野〔半弥〕[1]両氏ト昼喰ス
一フミ　〇三〇〇

　一月八日　土曜

一午後五時柏木〔真静〕[2]氏ノ知事〔寺原長輝〕・折原〔巳一郎〕[3]氏等招待会ニ列シ、福村屋〔家〕へ行キタリ
一朝より浜の町[4]ニ滞在

　一月九日　日曜

一午前福村屋〔家〕ニ行キ、貝嶋太一〔市〕[5]・峠〔延吉〕[6]両氏会談ス
一瓜生新七福村屋ニテ会談ス
一午後五時より寺原知事・折原書記官・佐藤〔平太郎〕[7]市長・佐藤〔勤〕[8]警部長〔警察部長・警務長〕・桜井〔高尚〕（旧警部〔務〕長）・緒方〔道平〕[9]・柏木・野田〔卯太郎〕[10]ノ諸氏新年宴会ニ招待ス（貝嶋君ト共同）、浜の町ニ帰ル、チヱコ

　一月十日　月曜

一午前十一時急行ニテ遠賀鳥〔島〕門村添田寿一[11]老母ノ会葬ニ行ク、鏮〔汽〕車中柏木・緒方・貝嶋・奥村〔七郎〕[12]等ノ諸氏同供ス
一午後三時四十分ニテ遠賀川駅[13]より又々出福、浜の町ニ一泊ス

　一月十一日　火曜

一浜の町ニ滞在
一石田虎雄君[14]来訪、飯塚定席旧来ノ処ニ尽力致シ呉レ度ノ希望アリ、又幅物買入方相談アリタリ、右幅物ハ鑑定六ツケ敷ニ付、黒瀬〔元吉〕[15]ヲ以返ス
一黒瀬元吉より買物ナシ、日六一切浜の町ニアリ

一月十二日　水曜

午前九時発博多ノ順〔準〕急行ニ乗リ、津屋崎建築場ニ行キ、生〔活〕洲等ニ立寄、福間午後六時発ニテ帰宅、午後八時半過キ帰着

一鑛〔汽〕車中貝嶋六太郎[16]・野村久一郎[17]等同車、福間駅ニテ下車ス、折尾より上田〔穏敬〕[18]同供、農事主任者片田〔豊太郎〕[19]君推挙ノ人物

1 征矢野半弥＝福岡日日新聞社長、元衆議院議員
2 柏木真静＝福岡県農工銀行取締役
3 折原巳一郎＝福岡県内務部長
4 浜の町＝麻生家別邸（福岡市浜の町）
5 貝島太市＝太助五男、貝島鉱業株式会社総務部長、のち社長
6 峠延吉＝貝島鉱業株式会社監査役
7 佐藤平太郎＝福岡市長
8 佐藤勧＝福岡県警察部長・警務長
9 緒方道平＝福岡県農工銀行頭取、元福岡県書記官
10 野田卯太郎＝衆議院議員、のち逓信大臣、商工大臣
11 添田寿一＝日本興業銀行総裁、元大蔵次官、のち鉄道院総裁
12 奥村七郎＝弁護士（福岡市天神町）、博多米穀取引所理事長、この年十二月博多商工会議所会頭
13 遠賀川駅＝遠賀郡島門村
14 石田虎雄＝弁護士（福岡市）
15 黒瀬元吉＝古物商（福岡市上新川端町）
16 貝島六太郎＝貝島太助弟、貝島鉱業株式会社監査役
17 野村久一郎＝元若松築港株式会社取締役
18 上田穏敬＝麻生商店庶務部長、一八九五入店
19 片田豊太郎＝福岡県農事主任、太吉に川田十（麻生商店山内農場主任）を紹介

ニ取極メタリ
一月十三日　木曜
午前花村久助[1]君来訪、笹原坑ノ銀行担保ノ事ニ付咄シアリタリ
一本店ニ出頭ス
篠崎与四郎、有安坑区採掘方ノ件ニ付咄シヲ聞キタリ
電機所・倉庫兼詰所、一坪ニ付廿五円ニテ受負ナサシム
永末利一郎[2]地所付口米七十五円・畑山林七十円ニテ他ニ売却シ、残リハ受負債、残余ハ長男へ相渡ス、又家
屋敷モ同様長男へ譲リ▨〔条カ〕件、世話人福間久一〔市〕[3]氏ナリ
一月十四日　金曜
一午前八時本店出務
一午後二時半より綿且〔勝〕[4]方ニ行キ
酒屋〔麻生惣兵衛〕[5]・久留平〔久留米屋平右衛門〕[6]参リタリ、一二百〇〇ス、二〇カヨ、一〇ハナ
鶏鯛等ニ而湯豆腐ノ料理アリ
一午後八時帰宅ス
一月十五日　土曜
一本店へ出務
一午前十二時発ニ而、よね〔麻生〕[7]同道出博ス
一鏇〔汽〕車中麻生太郎〔多次郎カ〕[8]へ面会、電車ノ事ニ付会談ス

一月十六日　日曜

一福岡滞在

一瓜生新七・山中某来訪ス

一麻生太〔多〕次郎来訪ス

一月十七日　月曜

一福岡滞在

一桜井君来訪、水電株弐百株引受ノ事答ヘタリ

一渡辺与三郎[9]・鶴田多門[10]両氏来訪アリ、博多倉庫・電車布設ノ件会談ス

一月十八日　火曜

一午前八時発ニ而福岡より帰宅

1　花村久助＝笹原炭坑経営者、飯塚町会議員、元麻生商店と笹原炭坑共同経営
2　永末利一郎＝太吉親族、のち麻生商店製工所、一九一三年利光と改名
3　福間久市＝飯塚町会議員
4　綿勝＝旅館（飯塚町向町）
5　麻生惣兵衛＝嘉穂銀行取締役、飯塚町会議員
6　久留米屋平右衛門＝江藤平右衛門、雑貨商（飯塚町上町）
7　麻生ヨネ＝太吉三女
8　麻生多次郎＝新宅、太吉従兄弟、元飯塚町長・飯塚町会議員・福岡県会議員
9　渡辺与三郎＝紙与合名会社代表社員（福岡市博多上西町）
10　鶴田多門＝九州工務所長（福岡市西中洲）、のち両筑軌道株式会社取締役

一伊藤〔傳右衛門〕君[1]・赤間嘉之吉君[2]相見へ、農学校[3]寄付ノ件ハ設備費七千円内外、一ケ年千二百円内外ニ而寄付ノ件

一合屋・篠崎・高取新七等相見へ、伊藤君寄付ノ義ニ付懇談アリタリ

一伊藤君より松月より電話ニ付、晩喰ス

一月十九日　水曜

午前在宿

一午後より本店出務

買米之件ニ付瓜生新七手代呼寄厳談ス

一藤森〔善平〕町長出店、町政上ニ付打合ナシタリ、定席建築・里道開鑿費町費トスル等ノ事ナリ

一古竹堂[4]より買物シテ、懐中より三十五円仕払ナシタリ

一家内〔麻生ヤス〕へ百円、太右衛門〔麻生〕[5]へ卅円、出福ニ付遣ス

一月二十日　木曜

一午前木村順太郎氏[6]相見、幅物調査ヲ乞タリ

一加藤研一君[7]来訪、吉川幹次[8]ノ件ニ付相談アリタリ

一郡役所へ出頭、郡長〔谷保馬〕へ面会、県道并ニ米ノ山越県道開鑿及電鉄ノ布設ノ件ニ付会談ス

一帰途本店ニ而瓜生新七へ面会、買付米引受方ニ付協義ス

一月二十一日　金曜

午前本店出頭

一豆田坑新坑開鑿ノ件ニ付瓜生〔長右衛門〕[9]・御法川〔小三郎〕[10]ノ諸氏ト会談、着手スルニ決定ス

一午前十一時半より幸袋工作所[11]会議ニ出席ス

資本金二十万円ノ株式ニスルコト
利益金十六万円ノ内より弐万三千円ヲ（西葛氏《〔葛西徳一郎〕》[12]等ノ賞与）引去リ、十三万七千円ハ払込金ニ対シ株金ニ充当スルコト

一午後五時過キ帰宅ス

一月二十二日　土曜

一在宿、幅物等取調ヲナス

一午後四時大橋氏相見ヘタリ

一瓜生《〔長右衛門〕》・荒木《〔典次郎〕》[13]両君一同会喰ス

1 伊藤傳右衛門＝解説参照
2 赤間嘉之吉＝伊藤（傳右衛門）商店総支配人、のち衆議院議員
3 農学校＝嘉穂郡立農学校（飯塚町菰田）、この年設立、のち一九二三年県立移管
4 古竹堂＝美術商、岸本休治（下関市阿弥陀寺町）
5 麻生太右衛門＝太吉長男
6 木村順太郎＝太七女婿、酒造業、飯塚町会議員
7 加藤研一＝太吉親族、三井本洞炭坑、元麻生商店藤棚第一鉱業所長
8 吉川幹次＝太吉親族、加藤研一兄、元藤棚炭坑経営者
9 瓜生長右衛門＝麻生商店理事兼鉱務長、飯塚町会議員、翌年福岡県会議員
10 御法川小三郎＝麻生商店鉱務部長
11 合資会社幸袋工作所＝一八九六年設立（嘉穂郡大谷村）、業務担当社員伊藤傳右衛門・松本健次郎・麻生太吉・中野徳次郎
12 葛西徳一郎＝合資会社幸袋工作所支配人
13 荒木典次郎＝医師（飯塚町）

一八郎〔麻生〕・太郎〔麻生〕[1]モ会ス

一栢森区定格米、其他区内ノ事件、区長并ニ麻生屋[2]・瓜生等協義ス

一月二十三日　日曜

一大橋氏滞在

一午前十一時より銀行惣会出席

一賞与金八十一円受取

一荒木氏及木村氏方ニ大橋氏一同招待アリタリ

一午後八時より松月楼ニテ小宴会ヲ設ク

一午後十二時過キ帰宅ス

一月二十四日　月曜

一本店出務

一野見山〔米吉〕[3]・長岐〔繁〕[4]両君、販売炭ノ件ニ付門司三井物産会社へ出張ス

一淀川〔良之助〕警部相見へ、寄付金（赤十字社惣会）ノ件ナリ、其序、定席建築宮ノ下ハ到底不能ザル旨明言アリ

［欄外］百五十円

□□〔自分カ〕六十円

伊□〔藤カ〕四十五円

中の〔徳次郎〕[5]四十五円

〆

一午後七時野見山帰店、販売炭ノ復命アル

芳雄　切六万屯　三円
塊壱万五千屯　三円廿五銭　綱分　壱万八千屯　二円八十二銭五厘
平均三円五銭　（塊三円五十銭
粉二円三十銭）
豆田　塊　一万五千屯　三円七十五銭
切込壱万五千屯　三円
水粉二万屯　三円三十五銭
豆田平均三円三十六銭五厘
〆十四万三千屯

［欄外］坑業組合伊吹［政次郎］監［幹］事へ共同販売ノ件ニ付、三井・三菱等東京本店より通知アルカ否、問合ノ事電話ス

一月二十五日　火曜

本店出務
一売炭ノ件ニ付打合ナシ、野見山・長岐出門

1　麻生八郎＝太吉弟、のち麻生商店山内・上三緒鉱業所長。麻生太郎＝太吉三男、のち株式会社麻生商店取締役
2　麻生屋＝麻生太七、太吉弟、麻生商店理事、元飯塚町長のち株式会社麻生商店取締役
3　野見山米吉＝太吉妹婿、麻生商店理事兼事務長
4　長岐繁＝麻生商店本店会計兼商務部長、元三井物産三池出張所勘定出納用度係
5　中野徳次郎＝解説参照

一電機取付、大塚〔万助〕主任トナリ武田〔伊之吉〕[1]監督之義

一花村〔久兵衛〕[2]・武田立会申付ルコト

一病院敷地、予定ノ通、西ノ堀ニ計画ノ事、矢野へ申付ケタリ

一飯塚町長相見へ、高等〔小脱〕学校寄付ノ家屋ノ件ニ付、従来ノ通ニスルカ、今回農学校ヘナリタルニ付譲渡スカノ事ニ付、可然評決ノ事ヲ申向ケタリ

一午後花村己〔和〕一郎方へ会葬ス

一黒瀬参リ幅物整理ス、午後六時発ニ而帰博ス

一月二十六日　水曜

本店出頭

一久原坑[3]ノ営業方針ニ付取調ナス

一豆田坑福間〔勝次郎〕[4]君ト面会、坑業上ニ付不況気ノ点ト、又壱方ハ将来廃坑ニナラザル様ト、両様ノ方針ニ付懇談ス

一正恩寺[5]井上〔叩端〕住職、本願寺勘定依託ノ事ニ付協議アリタリ、二月廿五六日頃入込ノ予定

一平右衛門〔久留米屋〕方へ見舞ニユク

一臼井坑区八千円迄付直ス（吉隈[6]倉知某）

一河知野〔河内野弘道〕[7]先生平右衛門病気見舞、明日午後一時

一月二十七日　木曜

一午前七時半芳雄工場[8]へ行キ、コークス釜・煙筒建設及煙道修築ノ事、并ニ水撰場洗水再仕用ノ申談ナシタリ、田中〔胄二〕[9]・福間〔久米吉〕[10]・西ノ〔権蔵〕[11]三君ナリ

一本店出頭

病院設立場計画、堤防払下ケ願ニ関スル事柄、申談ス
栢森区整理、久原坑営業方針、豆田粉抹コークス焚ノ件
一柴田・井上両大尉、浅田〔信興〕[12]師団長別府別荘二月初旬より月末迄借リ入ノ為来訪アリ、承諾ス

二月二日　水曜

浜の町ニ滞在
榊〔保三郎〕[13]先生太右衛門診察アリタリ
一掛医士〔ママ〕青木〔道雄〕[14]氏ニ電話シ、長尾一時発ニ而出福アリ、浜の町ニテ喰事済後、紅卯旅館[15]へ一泊セラル

1 武田伊之吉＝麻生商店製工所機械課長
2 花村久兵衛＝嘉穂電灯主任技術者、のち麻生商店上三緒坑機械課長
3 久原坑＝一九〇八年共同買収、一九〇九年単独経営（佐賀県西松浦郡西山代村）
4 福間勝次郎＝麻生商店豆田鉱業所長、一九〇六年入店、のち須恵炭坑（山口県厚狭郡）
5 正恩寺＝麻生太吉家菩提寺（飯塚町川島）
6 吉隈＝地名、嘉穂郡桂川村
7 河内野弘道＝医師、直方病院長
8 芳雄工場＝麻生商店製工所、一八九四年設立、機械製造・コークス製造・精米目的（飯塚町立岩）
9 田中冑二＝麻生商店製工所長、元芳雄上三緒鉱業所長、元豆田・日田税務署長、のち嘉穂銀行監事
10 福間久米吉＝麻生商店製工所
11 西権蔵＝麻生商店製工所
12 浅田信興＝陸軍中将、久留米第十二師団長、のち大将
13 榊保三郎＝京都帝国大学福岡医科大学教授
14 青木道雄＝医師、飯塚医師会副会長
15 紅卯旅館＝福岡市廿家町

一瓜生・麻生屋〔麻生太七〕買入米、十一円廿八銭五厘ニテ解合ス
一向嶋へ泊ス

二月三日　木曜

一青木氏紅卯旅館へ行キ、榊氏へ訪問ノ事ヲ報告シ、同方へ直チニ行カル
一紅卯ニテ朝飯ス（女中へ五円遣ス）
一浜の町ニテ青木氏ト会ス、昼喰後一時卅分発ニテ帰途ニツク
一津崎や〔ママ〕[1]ニ立寄、福間六時発ニ乗ル、車中貝嶋栄三郎[2]・辻等ノ諸氏ト同車ス

二月四日　金曜

午前滞在
久原坑経営方針ニ付調査ス、御法川・平嶋〔仲次郎〕[3]・瓜生三人ナリ
午後四時より久留米〔屋脱〕平右衛門葬式ニ列ス

二月五日　土曜

本店出務
福間勝次郎・相羽虎雄[4]ノ両君出店ニ付、経営上ニ付親シク打合セナシ、営業方針取調方申談シ置キタリ
鯰田官林払下ケニ付、溜池堤防より東ニ向ヒ引分ケ、栗尾より希望ニ而、福間勝次郎君ノ希望ニ付承諾ス

二月六日　日曜

一飯塚連茶話会、松月〔楼脱〕・若竹〔楼脱〕両家ニテ相催シタリ、来客ハ茶会連ト淀川・藤森、其他福間等ノ諸君ナリ
午前より諸器具相運、午後十一時頃退散ス
松月・若竹十四人ノ女中ニ各二円ツヽ、両家ニ二十円、茶代ヲ払ヒ方麻生屋へ頼ミタリ

二月七日　月曜

午前八時発ニ而出博

大名町松本邸[5]ニ於テ安川〔敬一郎〕君ト左ノ記事ノ事項会談ス

原〔嘉道〕[6]・野田〔卯太郎〕ヘ謝礼ノ為メ、坑業組合積立金ハ其侭ニ存置スルコト

議会済次第上京、尽力之各方面ヘ招待スルコト

頭師〔図師民嘉〕[7]君ハ顧問トシテ雇入ナスコト

共同販売ニ付至急会同スルコト

安川君辞退ニ付惣長[8]引受内談アリシヲ、押而留任ノ事申向ケ置キタリ

午後五時発ニ而帰村ス、堀三太郎[9]君同車ス

二月八日　火曜

午前本店出務

1　津屋崎＝麻生家別荘（宗像郡津屋崎町渡）
2　貝島栄三郎＝貝島鉱業株式会社常務取締役副社長
3　平島仲次郎＝麻生商店久原鉱業所長、元小学校教員、製鉄所二瀬出張所
4　相羽虎雄＝麻生商店、元藤棚第二鉱業所長、のち鉱務部長
5　松本邸＝松本健次郎邸（福岡市大名町）
6　原嘉道＝弁護士（東京）のち枢密院議長、司法大臣
7　図師民嘉＝一九〇九年鉄道院経理部長退職、のち帝国鉄道協会理事
8　惣長＝筑豊石炭鉱業組合総長
9　堀三太郎＝解説参照

久原坑ノ営業方針ニ付、御法川・平嶋等終日打合ノ上、大体ニ於而一番採掘スルコトニ予定ス
芳雄積入場之事ニ付、駅長乞合ノ旨田中〔青二〕君へ申付タリ

二月九日　水曜

占部太平氏一泊、麻生惣兵衛[1]君相見へ、活洲会社ノ事ニ付会談ス
　社債金五千円嘉穂銀行より借リ入ノコト

本店出頭
森崎屋〔木村順太郎〕ニ行キ、彦山より掛物持参リタルニ付□〔買カ〕入タリ
吉浦〔勝熊〕[2]君より弐百円両度受取、弐百廿円ハ掛物及ツキ建代ニ払ヒタリ
地租八厘下ケ協定ノ打電、冨安〔保太郎〕[3]君より来タリ

二月十日　木曜

在宅
一掛物其他整理ス

二月十一日　金曜

午前八時ヨリ飯塚猟師三浦〔兵次〕一同、枝国山より花瀬[4]前ノ山へ猟ス、森崎屋連ト合同ス、兎一疋・サギ四羽獲ル
一猟〔師脱〕へ三人ニ五円、甚四郎〔上野〕[5]へ弐円ト酒代五十銭遣ス

二月十二日　土曜

一在宅
一従来ノ諸帳簿・書類調査ス

二月十三日　日曜

一午前九時飯塚綿且〔勝〕方ニ行キ谷郡長〔保馬〕ト会談ス、要件ハ農学校・女子工芸学校[6]・赤十字社加名問題ナリ、綿且方ニ而昼飯ス

一藤森〔善平〕君も後レテ来リ、会喰ス

一白土千枝〔秋〕[7]氏ニ綿且ニ於而面会、女子工芸学校々長ノ件ニ付打合セナシタリ、筑紫郡ノ方ハ断書面出サレ候様注意ス

一長崎実業新聞社員来訪アリ、会談シ、上田応接ス、塩長[8]ニテ晩喰ナサシム

一松月ニテ市松〔一松定吉〕[9]・淀川〔良之助〕・藤森〔善平〕・荒木氏ト会喰ス、午後十一時帰宅ス

二月十四日　月曜

一午前瓜生来訪

1　麻生惣兵衛＝嘉穂銀行取締役、飯塚町会議員
2　吉浦勝熊＝麻生商店本店主計出納兼麻生本家、元主計貸付係長兼本家
3　冨安保太郎＝衆議院議員、のち貴族院議員
4　花瀬＝地名、嘉穂郡鎮西村
5　上野甚四郎＝順四郎とも、麻生家雑務兼猟師
6　女子工芸学校＝嘉穂郡立技芸女学校、伊藤傳右衛門の寄付でこの年設立（飯塚町西町）、のち嘉穂郡立実科高等女学校
7　白土千秋＝元小倉師範学校教諭
8　塩長＝料亭（飯塚町東町）
9　一松定吉＝飯塚区裁判所検事

一八幡田〔ママ〕中〔仲〕野利惣〔荘〕[1]ノ長男〔秀吉〕来リ、坑区ノ事ニ付依頼アリシモ断リタリ

一午後出店出務

一農学校ヲ大谷[2]ニ仮定シ、飯塚高等小学校ヲ女子工芸学校ニ三四ケ年仮定ノ件、藤森・麻惣〔麻生惣兵衛〕・瓜生〔長右衛門〕ト協義シ、其結果郡長へ内談スルコトニ決ス

二月十五日　火曜

一本店出務

一郡役所ニ而郡長へ面会

前ノ協義ノ学校ノ件ニ付会談シ、郡長も別段異儀ナキニ付、幸ヒ村町長会ニ而相試ミラル、旨ヲも洩サレタリ

二月十六日　水曜

一午前十二時発ニ而伊藤君〔傳右衛門〕へ右打合ノ為メ出福ス、途中津崎屋〔ママ〕ニ立寄、午〔後脱〕八時浜の町ニ一泊ス

一午前石田虎雄君来訪

一伊藤君訪問シ、学校ノ件ニ付会談ス

大谷ノ仮定学校ハ我田引水論ノ恐レアリ、却而女子工芸学校ノ方ニ変更致度位ナリトテ、右他ノ疑念左〔ママ〕サヱナケレバ別段異儀ナキトノ意味洩シタリ

一黒瀬〔元吉〕へ八十円、林へ二十円買物シ、懐中より仕払ナシタリ

一帰途堀〔三太郎〕・井上〔定次〕[3]（古川〔河〕）・白土善太郎[4]等ノ諸君ト同車シテ帰ル

二月十七日　木曜

一午前本店出務

一嘉穂銀行重役会ニ出席

一谷《〔保馬〕》郡長へ農学校・女子工芸学校ノ件ニ付面談シ、来ル十九日委員会開設セラル事ニナリタ
一帰途本店ニ出頭
一午後七時頃家内心臓病ニテ一時大ニ心配ナシ、各医師へ急報招待ス

二月十八日　金曜

一午前在宿
一靏《〔麻生〕》十郎[5]碑文下地取調ニ付、堤《〔尚彦〕》君[6]来家アリ、取調ナス
一岡高来訪、金五十円遣ス
一午後本店出頭
一午後八時頃より綿且《〔勝〕》方へ行キ、十時過キ迄遊ビタリ

四月二十二日　金曜

一午前十一時発ニ而博多発ニ而、門司川卯[7]方ニ而柏木氏等会合シ、蔵内《〔次郎作〕》[8]九洲《〔鉄道〕》訴訟事件ニ付用談ス

1　仲野利荘＝元鞍手郡頓野村会議員（遠賀郡八幡町）
2　大谷＝地名、嘉穂郡大谷村、のち幸袋町
3　井上定次＝古河鉱業会社西部鉱業所長、筑豊石炭鉱業組合常議員
4　白土善太郎＝明治鉱業株式合資会社明治一坑長、のち常務取締役
5　麻生鶴十郎＝太吉次男、一九〇八年三月米国留学中死去
6　堤尚彦＝麻生商店監査兼調度部長、一九〇五年入店
7　川卯＝旅館、川卯支店、本店は下関市
8　蔵内次郎作＝峰地炭坑（田川郡後藤寺町）経営、衆議院議員

一午後六時より春帆楼[1]ニ於而團〔琢磨〕[2]氏一行送別会ヲ催ス
一大吉楼[3]ヘ一泊ス

四月二十三日　土曜

一團氏ヲ初三井家洋行ヲ見送リ、本船ヘ行キタリ
一午後一時三井元ノ〔之〕助[4]・有賀長文[5]・室田〔義文〕[6]氏等昼飯会ヲ催ス
一大吉楼方ヘ泊ス

四月二十四日　日曜

一貝嶋〔太助〕[7]氏方ノ招待会ニ列ス
一室田・貝嶋太郎〔助〕・中根寿[8]ノ三氏ニ、松田氏ノ縁談ノ件ニ付、長府ヘ足労ヲ乞タリ、鹿児嶋より帰府ノ上返報ス
ルトノ返事ヲ得テ帰ラル
一貝嶋・中根両氏ト中丸〔一平〕[9]・吉弘〔素郎〕[10]氏等晩飯会ヲ催ス
四月二十五日　月曜
一午前九時門司発ニ而帰村ス
一飯塚綿且〔勝〕方ニテ町村長并ニ郡会議員会合ニ付、電機鉄道布設ノ件ニ付会合ス
　創立費ハ一切一時出金、成立ノ上会社より申受ノコト
　株主ハ郡内ノ希望外ハ一切尽力ナスコト
　出願ノ許可并ニ県道開鑿ニツキ、郡会ニ於テ費用ヲ要シラレ尽力ノコト
　此ノ三用〔ママ〕点ニテ協義ス
一金弐百円、唐画五幅・古代床置台ニ黒瀬〔元吉〕ヘ貸ス（懐中より）

四月二十六日　火曜

一麻生屋同供、午前十時発ニ而直方町貝嶋氏ニ、室田氏出浮ニ付縁談ノコトニ付相談ス
縁談ハ承諾ナキ旨、松田氏より返答アリタリ

一直方町午後二時発ニ而帰村ス

一山内[11]、八郎[麻生]社宅実地ニ参リタリ

四月二十七日　水曜

午前八時飯塚発ニ而直方町開月楼ニテ常議会[貝脱]出席、引続キ坑長会ニ列ス
共同販売ニツキ、政府当局并ニ三井・三菱ニ於而も一言ノ下ノ不同意ハ無之、尤共同販売具体的ノ立案ハナキモ、何等カノ協定研究スル価直[値]アルコトハ一同ノ意向ナリト報告ナシタリ

1　春帆楼＝旅館（下関市阿弥陀寺町）
2　團琢磨＝三井合名会社参事、のち三井合名会社理事長
3　大吉楼＝旅館（下関市阿弥陀寺町）
4　三井元之助＝伊皿子家、東神倉庫株式会社社長、元三井鉱山社長
5　有賀長文＝三井合名会社参事兼理事、元農商務省工務局長
6　室田義文＝この年五月北海道炭礦汽船株式会社会長、元釜山領事、元百十銀行頭取
7　貝島太助＝解説参照
8　中根寿＝貝島鉱業株式会社常務取締役、のち貝島合名会社理事
9　中丸一平＝三井物産門司支店長
10　吉弘素郎＝三井物産門司支店長代理
11　山内＝麻生商店山内鉱業所（飯塚町下三緒）

惣長[1]留任勧告ノ為メ、仙石〔亮〕[2]外二人訪問ノ筈ニナリタ

四月二十八日　木曜

一午前八時飯塚発ニテ津屋崎別荘ニ、長七〔広方〕[3]随行ス

一午後六時三十分発ニ而博多ニ行キ、浜の町別荘ニ一泊ス

一津屋崎滞在中、工事ノ指図ヲナシタリ

四月二十九日　金曜

一午前八時博多発ニ而築港会社[4]重役会ニ列ス、引続キ惣会ニ列ス

重役会ニ而安川〔敬一郎〕君ニ壱万円ト壱万円ノ品物ト両品送呈スルコトニ決定

一戸畑四時十二分急行ニ而福岡へ行ク

戸畑九州コークス場[5]ヲ巡視ス

博多午前八時発ニ、元文部大臣牧野〔伸顕〕[6]氏来県、帰途同車ス、乙種農学校[7]ハ民間ノ尤〔ママ〕適当ノ学校ニテ、中学校ノ不適当ノ理由ヲ述弁ス

原野畑等ノ地所ヲシテ、教育ノ力ニヨリ田地ノ半位ニ対スル収穫ヲ得ルコトノ出来タルトキハ、税金ヲ免カレ実収ノ大ナル事等陳弁セリ

四月三十日　土曜

午前六時発ニ而鯰田より下車シ、山本多氏[8]ニ面会ノ為メ同人出張先キ鴨生炭坑ニ行キ、山本君ニ面会シ、松田氏ノ令女縁談ノ件ニ付内談ス

午後六時飯塚発ニ而出福シ、浜の町ニ一泊ス

五月一日　日曜

福岡県斯民会発会式[9]ニ列ス、会場共進会[10]内ニアリ、会長祝詞、農商務参事官祝詞等アリ、式後宴会ニ列ス

午後一時高等女学校ニテ講話アリ

五月二日　月曜

午前九時塩水撰種紀念除幕式ニ列ス（旧農学校跡会場）

午後一時より議事堂ニ於テ農業大会ニ列ス、講話アリタリ

保検〔険〕会社階上ノ書画展覧会ヲ視ル

午後六時公会堂[11]ノ宴会ハ欠席

午後七時より生〔活〕洲[12]ニ於而宴会ニ列ス、知事〔寺原長輝〕・横井〔時敬〕[13]等ノ諸氏ナリ、四十名余アリ

1　惣長＝筑豊石炭鉱業組合総長、安川敬一郎翌年辞任、前年若松築港株式会社取締役辞任
2　仙石亮＝金田炭坑長、筑豊石炭鉱業組合常議員
3　広方長七＝麻生家調理兼雑務
4　若松築港株式会社＝一八八九年設立、一八九三年株式会社と改称、太吉取締役
5　九州コークス場＝九州コーク株式会社、社長赤尾元一、一八九〇年設立、太吉取締役
6　牧野伸顕＝翌年農商務大臣、のち外務大臣
7　乙種農学校＝嘉穂郡立農学校（飯塚町菰田）、この年設立
8　山本多＝三菱鯰田炭坑副長
9　福岡県斯民会＝一九〇五年設立の報徳会の地方組織
10　共進会＝第一三回九州沖縄八県連合共進会（於福岡市肥前堀埋立地）、この年三月十一日から五月九日まで開催
11　公会堂＝福岡県公会堂（福岡市西中洲）
12　活洲＝料亭（福岡市東中洲）
13　横井時敬＝東京帝国大学農科大学教授、元福岡農学校教諭、塩水選考案、のち東京農業大学学長

お菊方ニ立寄、女中へ五、生洲[活]女中一、お浜三[1]、遣ス、おふみ〇、其他五六人参ル

五月三日　火曜

一午前八時発博多発ニ而帰途ニツク

一午後一時嘉穂銀行重役会ニ列ス

一重役会ノ重立[ママ]タル事項

　百一円以上ノ公債五万円売却ノ件

　岩権[2]家九千五百円ニテ売却報告ノコト

　重役会決議録十日迄ニ整理ノコト

　金光[豊吉][3]元重役へ千五百円送布ノコト

五月四日　水曜

一午後一時工[電カ]灯工事竣工ニ付祝宴会[4]開キタリ、来会者五百七十名余ナリ

一式済後、宴会ニ移リ、其後本家へ来遊者アリ、四十名余リ

五月五日　木曜

一山内坑跡農園場ニ巡視ス

　里芋植等ヲ命シタリ

一花村久助・松岡由[芳]右衛門両人相見、本村第二ノ農園場買入等ノ手続打合アリ、漸次買入ノ事ヲ申向ケ置キタリ

一横山寅次郎氏来方[訪]、国光保検[険]会[5]社名誉員ノ相談アリタリ

一筋田可荘[6]ノ共同醤油醸造ノ事ニ付、上田[穏敬]・―[ママ]ノ両氏立会、契約証ヲ整理ス

五月六日　金曜

在宿、書類整理ス

一午後徳前[7]社宅建設場巡視ス

一坑業組合伊吹〔政次郎〕君へ電話ニ而、平井〔晴二郎〕[8]副惣裁・安川惣長送別会ノ事ニ付協義ス、平井氏十六日、安川氏十二日ト決定ス

五月七日　土曜

一午前本店出務

（鑵〔汽〕罐売却中止ノコト（他日煙筒ニ使用ノ積リ）
付属品新製ニ仕用ノコト

〆

正恩寺石台台〔ママ〕注文ノコト

1　お浜＝後藤ハマ、お苑（桑原ゑん）とともに馬賊芸者の元祖
2　岩権＝骨董店、有住義太郎（福岡市橋口町）
3　金光豊吉＝嘉穂銀行取締役、一九一〇年四月退職
4　祝宴会＝嘉穂電灯株式会社開業式、一九〇八年設立、太吉社長
5　国光保険会社＝国光生命保険相互会社、一九〇八年設立、社長佐竹義理
6　筋田可荘＝太吉親族、醬油醸造業（遠賀郡浅木村）
7　徳前＝地名、飯塚町
8　平井晴二郎＝鉄道院副総裁

一午前十二時郡役所出頭、電機ノ事ニ而郡長へ面会ス
一綿且[勝]ニテ午後十時迄遊ビタリ

五月八日　日曜

一午前十二時飯塚発ニ而津屋崎ニ行キ、午後六時三十分発ニ而博多ニ行キ一泊ス
一永江純一氏浜の町ニ来訪アリ
国光保険会社賛助員ノコト
其他板垣氏ノ寄付、共同販売等ノ事ニ付協義ス

五月九日　月曜

福岡滞在

五月十日　火曜

一午前八時博多発ニ而帰途ニツク
一嘉穂銀行重役会ニ列ス
支配人倉知[倉智伊之助]君、岩権家ノ件ニ付不始末考慮ノ事ヲ申談シ置キタリ
一鏃[汽]車中松本健次郎氏[1]ト同供シ、惣長辞退見合、且ツ北海道ノ件ニ付会談ス

五月十一日　水曜

一本店出務
一午後二時頃より綿且方ニ行キ、定席ノ事ニ付和田三吾[賛][2]・藤村[森]町長ト会談シ、其ノ結果東町[3]兵八一己引受ノ事ニ決定ス
一西町有志者惣代・区長并ニ伊藤ニハ其成行ナルヲ以相断リタリ

一本村畑地ノ買入ノ事ニ付、松岡［芳右衛門］へ申付タリ
一午後六時松月ニテ会喰ス（瓜生）
一本店より金一百円受取

五月十二日　木曜

一午前八時出発、下ノ関大吉楼安川氏送別会ニ列スル為メ乗車ス

五月十三日　金曜

一午前九時発ニ而門司ヲ発シ、津屋崎ニ行キ一泊ス

五月十四日　土曜

一午後六時発ニ而帰途ニツク
一早朝より津屋崎滞在ス

五月十五日　日曜

一山内農場[4]より麻生屋［麻生太七］へ行キ、古□［械カ］品ヲ見テ本店へ行キ、坑業上ニ付打合ヲナス
一午後飯塚へ行キ、社宅ヲ巡視ス

1　松本健次郎＝安川敬一郎次男、明治鉱業株式合資会社副社長
2　和田賛吾＝翌年設立の演劇場株式会社飯塚栄座取締役
3　東町＝地名、飯塚町、西町も飯塚町
4　山内農場＝麻生商店石炭廃鉱地試験農場、一九〇八年設立

五月十六日　月曜

一午前六時飯塚発ニ而安川[敬一郎]氏見送ノ為メ門司へ行ク

一午前十二時平野丸出帆ス[1]

安川・平賀[義美][2]・原[嘉道]　[空白]　・熊手[嘉久平][3]・　[空白]　ノ六氏ニ送[ママ]ル、大吉楼へ中ノ[徳次郎]・伊藤[傳右衛門]三人ノ名義ナリ

一大吉楼ニ而中野・伊藤・堀[三太郎]ト宴会ス

一大吉楼ニ泊ス

一金壱百円、商店より持参ス

五月十七日　火曜

一午前七時発ニ而門司より博多ニ向ケ行ク

一伊藤君へ悔[4]ニ行ク

一火葬ニ列ス

一午後六時より野田[勇][5]署長観[歓]迎ニ列ス、宴会ニテ挨拶ス

五月十八日　水曜

午後壱時発ニ而帰途ニツキ、幸袋伊藤君へ悔ミニ行ク

一午前平岡良介[6]君へ見舞ニ行ク

五月十九日　木曜

嘉穂銀行臨時重役会ヲ会ス

一二十日臨時休業[7]ニ決ス

五月二十日　金曜

一佐谷道哉君[8]ノ件ニ而検事ヲ訪問ス

一午後判事ヲ伺問ス（午後十時迄研究シ帰宅ス、芹沢氏も相見ヘタリ

一綿且〔勝〕方ニ而佐谷・野見山〔米吉〕三人ニテ晩喰ス

五月二十一日　土曜

一伊藤君葬式ニ列ス

一松崎〔三十郎〕[9]氏面会ニツキ、佐谷ノ件ニ付研究ヲ乞タリ

五月二十二日　日曜

一午前本店出頭

一午前八時発ニ而津屋崎へ行キ、同所ニ而清水〔壮佐久〕[10]先生・〔麻生〕太郎ノ両人ト昼飯ヲ会喰ス

1 平野丸＝日本郵船貨客船、欧州航路、三菱長崎造船所製
2 平賀義美＝工学博士、明治専門学校協議員、大阪織物合資会社業務担当社員、翌年株式会社として副社長
3 熊手嘉久平＝福岡県農会、日英博覧会視察に渡英
4 伊藤傳右衛門妻ハル死去
5 野田勇＝福岡鉱山監督署長
6 平岡良介＝鉱業家（福岡市天神町）
7 故英国皇帝陛下御葬儀当日につき弔意を表するため休業
8 佐谷道哉＝嘉穂郡会議員、医師、のち嘉穂郡医師会長、元碓井村長
9 松崎三十郎＝弁護士（福岡市天神町）
10 清水壮佐久＝福岡地方裁判所判事、麻生太郎の家庭教師、のち検事

一石井・松本等ノ諸君ト同道ス、松本氏ハ津屋崎へ行カル
一午後四時四十分ニ而福岡へ行ク
一午後七時廿八分発ニ而帰途ニツク、飯塚停亘場ニ而藤森君へ面会ス、佐谷ノ件ニ付協義ス

五月二十三日　月曜

在宿
一県道工事ニ付野見山・瓜生等打合ノ結果、下三緒長七等へ工事受負ナサシムルコトニ決定ス
一福田梅之介〔助〕[1]氏佐谷君之件ニ付訪問ス
一野田及柏木ノ両氏ト電信ノ往復ス
一午後六時五十分発ニ而上京ノ途ニツク
一金壱千円、本店より受取持参ス

五月二十九日　日曜

午前本店出頭
一午後一時より枝郷区民会ニ列ス
一本店出頭中、町長相見へ、定席ノ事ニ付会談ス
一午後七時より検事・判事・署長〔淀川良之助〕[2]其他諸氏相招、松月楼ニ而晩喰ス

六月二日　木曜

一午前十時本宅在宿
一午前十一時頃より飯塚町役場へ行キ、遠賀川工事ノ件ニ付、藤森町長并ニ助役ト協義ス
一午後三時より役場ヲ退キ、本店ニ出頭ス

一午後四時帰宅
一午後五時半野田〔勇〕署長一行一泊セラル
　福間・相羽・御法川・上田一同会喰ス
　六月三日　金曜
一野田監督署長・有吉〔栄〕[3]・伊吹〔政次郎〕ノ諸君、午前十時芳雄コーク場并ニ上三緒坑山巡視セラル
一午前十時頃より仰徳婦人会[4]員集会セラル
　上三緒教元寺不参、其他相見へ、有安光厳寺布教セラル
　六月四日　土曜
一午前家装品取片付方ニ付、取扱方親シク申談ス
一午前十二時発ニ而津屋崎へ行ク
　九月九日　金曜
一午前神戸発ノ芝戸丸門司着、直チニ上陸、午前九時発ニ而福岡浜の町ニ着ス
一午後八時頃家内病気変体ニ付、稲田〔龍吉〕[5]・山田〔駒之輔〕[6]・戸早〔幾太郎〕[7]ノ三氏来診ヲ乞タリ

1　福田梅之助＝嘉穂郡碓井村長
2　判事＝喜多川清次郎飯塚区裁判所判事
3　有吉栄＝福岡鉱山監督署
4　仰徳婦人会＝浄土真宗本願寺婦人会
5　稲田龍吉＝京都帝国大学福岡医科大学教授
6　山田駒之輔＝医師（福岡市上名島町）
7　戸早幾太郎＝戸早病院長（福岡市外大学通）

九月十日　土曜

一午前十一時発ニ而帰途ニツキ、佐藤〔勧〕警部長并ニ征矢野〔半弥〕等ノ諸氏ト同車ス

一午後岩崎[1]へ見舞、午後七時過キ帰村ス

九月十一日　日曜

一午前山内工事場実地ニ臨ミ、夫より本店ニ行キ、午前十二時発ニ而出福、浜の町ニ泊ス

一午後七時頃栄屋旅館[2]へ野田〔卯太郎〕君ヲ訪ヒ、冨安〔保太郎〕も来会アリ、電車鉄道、大牟田港目的ニテ延長ノ事ヲ内談ス

一福村屋〔家〕ニ而貝嶋・伊藤両氏ト会談、午前十一時迄遊ヒ帰ル

一午後五時稲田氏来診アリタリ

九月十二日　月曜

一午前八時伊藤君訪問、控訴一件ノ咄シアリ

一貝嶋君も病人見舞アリ

一福村屋ニ而遊ビタリ

一午後一時二十分発ニ而下ノ関藤田〔虎力〕[3]局長歓迎会ニ出席ス

一同夜大吉楼ニ一泊ス、中野〔徳次郎〕・牧北〔牧田環〕[4]氏等ハ遊タリ

九月十三日　火曜

一十三日滞在

九月十四日　水曜

一滞在

一古竹堂[5]より古画一幅六十円、巻絵〔蒔カ〕築立〔衝立カ〕一個六十円、袋戸四枚三十円ニ而買入タリ

九月十五日　木曜

一午後三時発ニ而帰村ス

一帰着、麻惣〔麻生惣兵衛〕来訪アリ、銀行ノ間違ノ一件協義ス

一松崎氏ニ電話セリ

一赤間君より電話アリ（控訴一件、高木君〔忠雄カ〕より電話ノ事ナリ）

一鐶〔汽〕車中寺原〔長輝〕知事ニ面談ス、電車ノ事ヲ咄ス

一瓜生〔長右衛門〕来家アリ、縁談ノ件会談ス

九月十六日　金曜

一高木氏ニ電話セリ

九月二十六日　月曜

一午後十二時飯塚発ニ而出福ス

一金弐百円、商店より本家へ受取、夫レヲ直チニ受取タリ、受取証ハ直チニ相渡シ、尚出入帳簿ニモ直筆ニ書記シ置キタリ

1　岩崎＝野見山米吉家（嘉穂郡稲築村岩崎）

2　栄屋旅館＝福岡市橋口町

3　藤田虎力＝鉄道院九州鉄道管理局長

4　牧田環＝三井合名鉱山部九州炭礦事務所長、のち三井鉱山取締役、三井鉱山会長

5　古竹堂＝古美術商、岸本休治（下関市阿弥陀寺町）

一金五百円、浜の町ニ持参ス、本店門前ニ而受取持参ス

九月二十七日　火曜

安川氏へ訪問シ、不在中ノ組合ニ関スル始末惣而報告シ、尚今後ノ方針ニ付懇談ス

井上〔馨〕侯爵并ニ益田〔孝〕[1]氏ノ進呈物実見セリ

一午後六時広沢〔泰〕[2]氏葬式ニ列ス

九月二十八日　水曜

午前十一時福村屋〔家〕ニ於而、貝嶋・安川・伊吹等水害寄附金之件ニ付協義ス

午後六時より共進亭[3]ニ於而、榊〔保三郎〕先生御一行ヲ招待ス

榊先生御夫婦・氏原氏并ニ家族一同ナリ、費金弐十弐円ヲ懐中より相払ヒタリ

一福村屋より金五十円借リ入タリ

九月二十九日　木曜

一午前十一時二十分発ニ而博多発シ、津屋崎へ行キタリ

一家番并ニ卯市〔花田卯一〕[4]ノ採払工事差図ス

一浜の町滞在中

金三十円、黒瀬ニ買物代払（受取証浜の町ニアル

九月三十日　金曜

津屋崎滞在

野田〔卯太郎〕君午後三時来訪、六時卅分ニ而帰村ス、其要談左ニ

一水害寄附、組合ノ名儀ヲ以寄付ノ事相談ス

一九洲炭田・筑豊鉄道・製鉄所・撫順坑合同大会社設立ニ付異見ヲ吐露シ、懇談ナシタリ
一矢野来津、塩田[5]埋立ニ関スル調査ス

十月一日　土曜

津屋崎より午前十二時廿分福間発ニ而帰宅ス
一滞在中卯市日役給料八円廿七銭五厘分、五円ハ前夜、三円廿七銭ハ出発之時、政次〔花田政治〕[7]家内ニ相渡ス
〔一〕[6]
一嘉穂銀行より支配人電話ニ而、小竹支店長心得弐十五円、大隈支店長心得ヲ支店長ニ命ス
一坑業組合伊吹君、水害寄付之儀ニ付、野田君より照合ノ事ヲ安川君打合ノ事ヲ協話ス
一金三円、酒屋ノ頭〔空白〕ノ家内ノ仏前ニ供ス

十月二日　日曜

一午前本店出頭
一午前十二時飯塚発ニ而的野〔半介〕氏葬式[8]ニ列ス

1　益田孝＝三井合名会社顧問、元三井物産社長・三井鉱山専務理事
2　広沢泰＝太吉親族（福岡市大名町）、広沢泰母死去
3　共進亭＝西洋料亭（福岡市西中洲）
4　花田卯一＝麻生家津屋崎別荘
5　塩田＝津屋崎塩田（宗像郡津屋崎町）
6　津屋崎別荘工事
7　花田政治＝麻生家津屋崎別荘管理者
8　的野半介（衆議院議員）妻政葬儀

一午後五時十二分発ニ而博多ニ行キタリ
一浜の町ニ一泊ス
一港[湊]町[1]ノ建築場へ行キタリ

十月三日　月曜

一安川[敬一郎]君歓迎会ニ出席ス
一午前一[ママ]時博多発ニ而、汽[汽]車中平賀[義美]博士等同車ス

十月四日　火曜

一席上平賀・安川両氏来賓ニ而、外ハ坑主・常議員ナリ
一馬関滞在

十月五日　水曜

一午後五時仙石[貢]氏送別会催ス
一馬関滞在
一午後八時廿五分下ノ関着ノ後藤[新平][2]惣裁出迎ニ停車場へ出浮タリ
一午後三時頃、惣裁別府行見合ノ事ニ決定ノ通知アリ

十月六日　木曜

一大吉楼滞在

十月七日　金曜

午前七時廿分発ニ而門司出発、馬関より帰ル
一道中南[ママ]西氏・大谷氏・牧田氏等同行ス

一大吉楼ニ而弐十円并ニ十五円女中ニ遣ス

現在三百三十円懐中ス

一若松築港会社より手当金百円（四十三年前半期）、会計掛大久保より本店ニ而受取

一野田[卯太郎]・冨安[保太郎]・古賀[庸蔵]3ノ三氏演舌会ニ出席、夫より松月楼宴会ニ列ス

十月八日　土曜

一金四十円福岡広沢家葬式ノ時百円相渡シ候分六十円相払、残金受取

十月九日　日曜

一午前十二時飯塚発ニ而出福、松崎[三十郎]氏へ訪問ス、不在

一清水[壮佐久]先生ニ面会ス

一滞泊ス

十月十日　月曜

一午前浜の町滞在

一午後一時二十分博多発ニ而、直方町貝嶋氏方ニテ柏木氏ト倉内[蔵内次郎作]ノ九鉄一件ニ付打合ナシ、結果弥断念ノ事ニ決定ス

一松崎氏ニ電話ニテ打合ヲナシ、資[試]掘セシ分ハ特許権者ニ責任アリノ事ナリ

1　湊町＝地名、福岡市
2　後藤新平＝逓信大臣・鉄道院総裁、元南満洲鉄道株式会社総裁、のち東京市長
3　古賀庸蔵＝衆議院議員

一直方発七時五十八分発ニ而、帰途綿且〔勝〕ニ立寄、午後十一時過キ帰ル
　十月十一日　火曜
一本店出頭（午後一時頃
一黒瀬参リ、金三百円相渡ス、買物代
一松本健次郎氏ニ、倉〔蔵〕内九鉄事件ハ到底平和之希ハナキ旨ヲ以返事ナス（電話ナリ）
　十一月十四日　月曜
一午前六時弐十五分発ニ而福岡へ行キ、停車場ニ而野田君へ面会ス、直チニ政友会支部ニ行キ、午後三時発ニ而永江〔純一〕君ト一同上坂スル事ニ協定ス（鐱〔汽〕車中古賀〔庸蔵〕代議士へ同車ス）
浜の町ニテ黒瀬へ金十円相払タリ、又小川へ十五円送リタリ
一午後三時四十分博多発ニ而上坂ノ途ニツキタリ
一下ノ関午後七時発ニ而乗車ス、中丸〔一平〕・藤田〔虎力〕局長等同車ス
一中丸君へ、安川ノ残炭、古川〔河〕・住友ノ残炭引受ラレ、其ノ為メ損害セシ時ハ貝嶋ト協義ノ上応分ノ出金ナスベクニ付、価格維持ノ事ヲ相談ナシタリ
　十一月十五日　火曜
一午後一時大坂着、北浜金森方[1]へ泊ス
一梅田停車場ニ而伊藤君ニ面会ス
一永江・伊藤両氏ト一同網嶋藤田〔伝三郎〕邸[2]ニ惣理〔桂太郎〕ヲ訪問ス、午後五時ホーテールニテ面会ノ旨電話アリ
一中嶋ホテールニテ桂惣理へ面会ス
　一今回ハ東京ヲ去ルト云フハ、惣事件ノ発生セシニ付、陛下ノ奉対不相済ニ付、明春ハ堅九洲へ参ルベクト約

シタリ

一海陸連継ハ後藤［新平］惣裁ト協義ナシ着手スルコトニナス筈ナリ

右ノ両要点ニテ談話終リ、分袖ナシタリ

十一月十六日　水曜

一午前六時半大坂出発、帰途ニツク

金森へ金四十五円十七銭之処ニ五十円相預ケ置キタリ

一永江氏ハ大坂停車場ニテ離レ神戸へ行カル、又伊藤君ハ今夜七時ニテ京都へ行カル

一午後八時下ノ関着、風波ノ為メ連継船出帆セザルニ付、大吉楼へ一泊ス

金五十五円、今回大坂行ニ而、鎎［汽］車賃及途中寝台并ニ喰費ニテ相払ヒタリ

十一月十七日　木曜

一午後三時四十分門司ニテ帰途ニツク

一直方ニテ峠君へ面会候ニ付、大坂ノ要談貝嶋君へ通知ノ事相頼ミタリ

一仙石［亮］氏ニ直方ニテ面会、安川君ノ不実ノ口気承リタリ

一午後六時半帰宅ス

十一月十八日　金曜

本店出頭

1　金森＝旅館（大阪市北浜(三丁目)、太吉定宿

2　網嶋＝地名、大阪市北区網島町

一午前ハ川嶋[1]より山内へ廻リタリ
一町役場へ行キ、町長へ面談ス
　鯰田区官林払下、幾分町名寄付ノ事町長より相話シタリ

十一月十九日　土曜

一午前本店ニ出頭、鯰田国有林払下ケニ関スル上田ノ遣リ方不法ノ事ニ付、野見山米吉・麻生太七ノ両人ト協義ナシタリ
一午後二時より各坑業所長及部長本家ニ而集合、坑業上整理ニ付協義ナシ、備忘録記載ノ通ナリ
一村社ノ建設方ニ付、第一着石ノ据付、第二神殿ノ引退キ、第三渡リ殿及神殿ノ檜皮葺着手ノコトヲ高山へ申付タリ

十一月二十日　日曜

一午前本店出頭
一午前十時綿旦[勝]ニ而中野徳次郎君ト会同ス
一午後二時ヨリ松月楼ニ而赤間嘉之吉君ノ宴会ニ列ス、来賓代表シテ挨拶ナス
一午後六時綿旦ニテ中野・野見山・麻生屋ト会合ス
一午後六時五十分飯塚発ニ而福岡へ行キ、浜の町ニ一泊ス

十一月二十一日　月曜

一午前九時博多停車場ニ而野田君待受セシモ、乗車ナキニ付鳥栖へ行キ、同所より同車シ博多駅ニ而下車ス、山口恒太郎[2]・九鉄本荘ノ両君ト同車ス
一二日市駅より多田作兵衛[3]君ト同車ス、例ノ米検査之事ニ付異見ヲ問ワレ候ニ付、検査ヲ厳ニ[シ脱]テ米品ヲ善シク[ママ]シ、

米価ノ高キノ利益ヲ説明ス
一博多停車場ニ而森田君〔正路〕[4]へ面会ス
一午後一時半貝嶋栄三郎君来訪アリ、野田君面会ノ要点ヲ報ス、同社ノ販売ニ付、三井トノ手ヲ切ル事ニ付蜜談アリ
一瓜生新七相見へ、十一月限十四円二十銭より五銭内外ニテ仕切ノ事ヲ相談アリ、承知ス

十一月二十二日　火曜

一午前十二時発ニ而久原坑[5]へ野見山・御法川ノ両君ト出坑ス
一午前九時牛嶋君相見候ニ付、一時買入機械ノ設備スルトキハ収支甚タ憂慮ノ点アリ、目下ノ処ニテ持続ノ方可然、株主売却ノトキハ買入可申旨申答置キタリ
一岩城商会[6]ノ宮城君来訪アリ、販売ニ付前直〔値〕より減シノ出来ゼル理由ヲ陳シ、商店へ乞合ノ上返事スル事ノ旨申答へタリ
一午後三時半伊万里ニ着シ、小蒸鑵〔汽〕ニ而久原坑へ行キ一泊ス
一石井君同車ス

1　川島＝地名、飯塚町
2　山口恒太郎＝博多電灯株式会社長、福博電気軌道取締役、元福岡日日新聞主筆、のち衆議院議員
3　多田作兵衛＝元衆議院議員
4　森田正路＝立憲政友会福岡県支部、元福岡県会議員、のち衆議院議員
5　久原坑＝麻生商店（佐賀県西松浦郡西山代村）
6　岩城商会＝貿易業（神戸・芝罘）岩城卯吉経営

十一月二十三日　水曜

一午前久原坑ノ坑業上ニ付平嶋[仲次郎]へ親シク協義シ、予算調整ノ筈、日計ハ商店ノ筆記アリ、備忘録ニ記ス

一伊万里警察署長古賀敏雄君相見へ、武徳会寄付ノ相談アリ

一中尾[敬太郎][1]村長相見へ、鯛一尾外一品進呈アリ

一製塩者弐人并ニ尾上君も相見へタリ

一午後二時過キ小蒸鎎ニ而伊万里ニ帰リ、三時四十分発ニ而帰途ニツク、鎎車中鉄道院長尾半平[2]・□井大坂市役所員等ニ面談ス

一金五円茶代、弐円女中へ遣ス（自分より遣ス）

一金弐十五円事務員一統へ遣ス（野見山・御法川出金アリ、仕払ノコト）

一帰途鎎車賃ハ（自分より野見山・御法川ノ分モ出金ス）

［欄外］海面埋立ノ区域拡張、中尾君も賛成セリ

［図面有り、次頁参照］

十一月二十四日　木曜

一終日在宿、佐々坑区[3]ノ件ニ付、大崎[邦太郎][4]立会調査ス

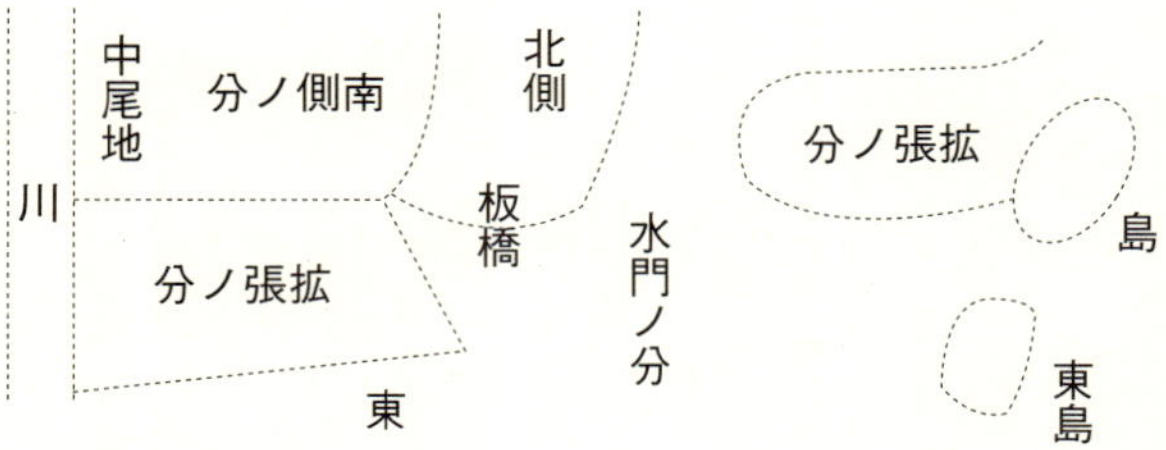

1　中尾敬太郎＝佐賀県西松浦郡西山代村長

2　長尾半平＝鉄道院技師、元台湾総督府土木局長、のち九州鉄道管理局長、衆議院議員

3　佐々坑区＝長崎県北松浦郡佐々村

4　大崎邦太郎＝麻生商店本店

一九一一（明治四十四）年

一月一日　日曜

一朝来拝礼ヲナシ、□〔店カ〕員ノ年始ニ訪問者ト会談ス

一嘉穂館ノ名刺交換会ニ列ス

一嘉穂銀行[1]拝賀式ニ列シ、夫より例年ノ通祝盃ヲ催シタリ

一和田屋[2]・木村両家[3]へ行キ、饗応ヲ受ケタリ

一松月楼[4]ニ参リ、帰宅ス

一月二日　月曜

一立岩浦[5]近傍ニテ山猟ス、獲物三羽アリ

一月三日　火曜

一下三緒・上三緒浦[6]、山猟ス

一月四日　水曜

一午前十時商店[7]開キノ式ヲナシタリ

一月五日　木曜

一在宅

一月六日　金曜

一在宅ス

一月七日　土曜

一在宅ス

一月八日　日曜

一午前九時飯塚発ニ而直方町貝嶋〔太助〕[8]氏宅ニ訪問ス

一三井藤村〔義朗〕[9]・中丸〔一平〕[10]等ノ諸氏ト訪問、祝宴ニ列シ〔ママ〕

一午後一時発ニ而一方亭[11]ニ藤村氏等招待ス、野見山〔米吉〕[12]・瓜生〔長右衛門〕[13]も参

一一方亭ニ金三十円、召使中・おとも二十円、外ニ弐十円仕払タリ

一月九日　月曜

一浜の町ニ滞在

1　嘉穂銀行＝一八九六年開業（飯塚町）太吉頭取
2　和田屋＝和田六太郎家、醤油醸造業・呉服太物商（飯塚町本町）
3　木村両家＝木村順太郎、麻生太七女婿、酒造業、飯塚町会議員・木村謙三郎、麻生太七女婿、嘉穂銀行
4　松月楼＝料亭（飯塚町中小路町）
5　立岩浦＝地名、飯塚町
6　下三緒・上三緒浦＝地名、飯塚町
7　商店＝麻生商店本店（飯塚町立岩、製工所内）
8　貝島太助＝解説参照
9　藤村義朗＝三井物産参事、のち取締役
10　中丸一平＝三井物産門司支店長
11　一方亭＝料亭（福岡市外東公園）
12　野見山米吉＝太吉妹マス夫、麻生商店理事兼事務長
13　瓜生長右衛門＝麻生商店理事兼鉱務長、飯塚町会議員、この年福岡県会議員

一知事〔寺原長輝〕・折原〔巳一郎〕[1]・小林〔新三郎カ〕・佐藤〔勧〕[2]諸氏新年宴会ニ招戴ス、貝嶋〔太助〕・堀〔三太郎〕[3]三人ナリ

緒方・高木・伊藤ノ招キタリ

一福之助ニ要談ス

一月十日　火曜

一浜の町ニ滞在

一福村屋〔家〕[4]ニ遊ヒタリ、貝嶋・堀・中野〔徳次郎〕[5]・伊藤〔傳右衛門〕[6]

一福村屋ニ而金一百円并ニお菊へ三十円遣ス

一月十一日　水曜

一午前七時福村屋ニテ貝嶋君へ面談ス

一荒戸[7]ニ行キ、午後七時ニテ帰宅ス

一月十二日　木曜

一嘉穂銀行重役会ニ列ス

一綿且〔勝〕[8]方ニテ遊ヒタリ

一月十三日　金曜

一嘉穂銀行臨時重役会ニ列ス

一月十四日　土曜

一午前八時より鯰田坑山近傍ノ所有山林実地踏査ス、福沢・松岡〔芳右衛門〕[9]両人ナリ

一月十五日　日曜

一午後一時幸袋工作所[10]ノ会議ニ列ス

別紙ノ決議ス、貝嶋・松本〔健次郎〕[11]・伊藤・中野ノ四氏ナリ

一松本氏ニ、中野所有坑区貝嶋買入ノ件ニ付会談ス

一綿且ニテ、午後十二時過キ迄中野・綿且〔寺坂勝右エ門〕ト遊ヒタリ、松月楼より両人参リタリ

一月十六日　月曜

一佐谷〔道哉〕[12]・花村〔久助〕[13]両人笹原坑ノ事ニ付来訪アリ、他人へ営業方依頼アリタリ

一同件ニ付、両氏より登記料・仕操費貸与方申込アリシモ、断リタリ

一午後本店へ出頭

1　折原巳一郎＝福岡県内務部長
2　佐藤勧＝福岡県警察部長・警務長
3　堀三太郎＝解説参照
4　福村家＝料亭（福岡市東中洲）
5　中野徳次郎＝解説参照
6　伊藤傳右衛門＝解説参照
7　荒戸＝地名、福岡市
8　綿勝＝旅館、寺坂勝右エ門（飯塚市向町）
9　松岡芳右衛門＝麻生商店山林技手
10　合資会社幸袋工作所＝一八九六年設立、業務担当社員伊藤傳右衛門・松本健次郎・麻生太吉・中野徳次郎
11　松本健次郎＝明治鉱業株式合資会社副社長
12　佐谷道哉＝嘉穂郡会議員、碓井村会議員、元碓井村長、のち嘉穂郡医師会長
13　花村久助＝飯塚町会議員、元麻生商店と笹原炭坑共同経営者

一月十七日　火曜

一午前在宿

一午後木村家事件ニ付出飯シ、午後十時過キ帰宅ス

一月十八日　水曜

一午後一時松崎弁護士相見へ、木村氏事件、肥前坑区事件、鯰田[1]山林払下ケ事件ニ付研究ナシタリ

一午後六時発ニ而帰福サレタリ

一水足[慎太郎][2]税務署長へ訪問シ、木村家ノ事件ニ付懇談ナシタリ

一月十九日　木曜

一鯰田地内国有林払下ノ分、代金飯塚町ニ利子付ニテ貸付、其ノ利子金ヲ以立木ヲ買入ル、手続ニ付町長より協義ノ件、及鯰田区より譲受クベキ秣場ヲ払下受ケタル官地ト交換ナスコトニ付、瓜生へ申談シタリ

一木村氏相見へ、酒造ノ手造[ママ]ノ件ニ付打合ナシタリ

一麻生屋[麻生太七][3]及田川中村武夫[文カ][4]氏も相見へタリ

一中村氏ハ、電車布設費百八十円余ノ由ニ付、半額出金ノ旨申答へ置キタリ

六月三日　土曜

六月三日午後五時吉塚駅発ニ而津屋崎[5]へ行キ泊ス、当日ハ一方亭ニテ貝嶋・伊藤・中野ト会合ス

一鏁[汽]車中貝嶋君ト合同一件ニ付懇談ス、又来ル十日貴族院議員撰挙会済後、上京ノ件も協義ス

六月四日　日曜

津や崎滞在、地網ヲ引、大嶋[直道][6]君奥方・太郎[麻生][7]等参リタリ、帰途ヲ[ママ]生鯛ヲ買入送リタリ

六月五日　月曜

一女中きよ給料三十円相渡ス、金十円ハ家番政二〔花田政治〕[8]へ渡ス、五円ハ徳蔵仕払金ニ渡ス、三円ハ田嶋君餞別、五円ハ料
　理人二人へ渡ス
午後宮地様[9]へ参詣シテ、午後三時三十分発ニ而福間駅[10]より帰村ス

　六月六日　火曜

本店出頭、貴族院議員候補者之儀ハ、店員皆賛成ニ付承諾ノ事ニ決定ス
一瓜生十二時発ニ而福岡へ行キ、庄野氏〔金十郎〕[11]ニ右承諾ノ旨申答タリ、但競争者アレバ相断候旨申置キタリ
大隈町[12]中益坑区廿九万三千百六十三坪、四十年三月九日更正願採発第四〇九号、大隈町坑区八万二千二百十四坪
ノ坑区弐図面大崎へ渡シタリ

1　鯰田＝地名、飯塚町
2　水足慎太郎＝飯塚税務署長
3　麻生屋＝麻生太七家、太吉弟
4　中村武文＝酒造業（田川郡猪位金村）、田川銀行取締役
5　津屋崎＝麻生家別荘（宗像郡津屋崎町渡）
6　大島直道＝福岡県書記官、のち佐賀県警察部長、警視庁官房主事
7　麻生太郎＝太吉三男、のち株式会社麻生商店取締役
8　花田政治＝津屋崎別荘管理者
9　宮地＝宮地嶽神社（宗像郡津屋崎町）
10　福間駅＝宗像郡福間町
11　庄野金十郎＝弁護士（福岡市外）、元福岡県会議員、翌年福岡日日新聞社長
12　大隈町＝嘉穂郡

書類夫々整理ス
六月七日　水曜
嘉穂銀行へ行キ、若松和田喜三郎[1]へ面会シ、同人へ金八千円貸付、担保競売之末銀行へ落札セシ分其後壱万五百円ニ売却セシニ付、残余相談ニツキ、残額百八十円内外ハ重役会相談ノ上返事ナスト答へ置キタリ
一綿且〔勝〕ニテ中野等面談ス

1911（明治44）

1

和田喜三郎＝若松築港会社発起人、元若松築港株式会社監査役

一九一二（明治四十五／大正元）年

一月二日　火曜

一午前ヨリ立岩浦・鯰田浦・下三緒浦ヲ猟ニ行キ、本村[1]上ニテ兎壱疋ヲ取リタリ、甚四郎〔上野〕・水上〔渡〕[2]召連タリ
太郎〔麻生〕[3]・太七郎〔麻生〕[4]モ同供ス

一月三日　水曜

一午前より飯塚浦ヨリ花瀬[5]辺迄ニ猟ニ行キ、飯塚西ニテ兎壱疋ヲ獲リタリ、甚四郎・善五郎〔高橋〕[6]召連タリ、飯塚鍛治屋二人連レ、金四円遣ス

一月四日　木曜

一午前十時開店[7]ノ為メ出店ス
一午後二時飯塚発ニテ吉塚停車場ニテ下車シ、一方亭[8]ニ行キ、貝嶋〔太助〕・堀〔三太郎〕・中野〔徳次郎〕[9]等会合ス
浜の町[10]ニ泊ス
伊藤傳右衛門[11]君ニ面会、十七銀行坑区買収ノ示談セシニ、三万円ノ即金トナリ居モ、千円位ハ直〔値〕引ノ旨申向アリタリ

一月五日　金曜

一浜の町ニ於テ、野見山〔米吉〕[12]ト平恒坑区ノ件ニ付出福ノ電話ス
一方亭ニ行キ、午後十時頃港〔湊〕[13]町ニ泊ス

一月六日　土曜

一浜の町ニ於テ、黒瀬〔元吉〕[14]より掛物三ツ、外ニ買入増加十円、四十八円浜の町家費より取かへセリ
一壱方亭ニ於テ金弐十五円貝嶋へ、金弐十五円中野君へ取かへセリ
浜の町ニ泊ス

一月七日　日曜

一午前九時博多発ニテ別府ニ向ケ発ス
鑛〔汽〕車中中村武治君[15]へ逢ヒ、若松築港ノ計画ニ付舟入場ノ関係ヲ談合ス
綱分坑区ニ付、申向ケアリタ
大嶋〔直道〕[16]事務官ニ面会ス、小倉ニテ分袖ス
小倉鉄道[17]起工式ニ社長宛ニ祝電ス

1　立岩浦・鯰田浦・下三緒浦＝地名、飯塚町。本村＝地名、飯塚町立岩
2　上野甚四郎・水上渡＝麻生家雑事
3　麻生太郎＝太吉三男、のち株式会社麻生商店取締役
4　麻生太七郎＝太吉四男、のち株式会社麻生商店監査役
5　花瀬＝地名、嘉穂郡鎮西村
6　高橋善五郎＝麻生家車夫兼雑事
7　店＝麻生商店本店（飯塚町立岩、製工所内）
8　一方亭＝料亭（福岡市外東公園）
9　貝島太助・堀三太郎・中野徳次郎＝解説参照
10　浜の町＝麻生家別邸（福岡市浜の町）
11　伊藤傳右衛門＝解説参照
12　野見山米吉＝太吉妹マス夫、麻生商店理事兼事務長
13　湊町＝地名、福岡市、元荒戸新町
14　黒瀬元吉＝古物商（福岡市上新川端町）
15　中村武治＝三菱鯰田炭坑長
16　大島直道＝福岡県書記官、のち佐賀県警察部長、警視庁官房主事
17　小倉鉄道株式会社＝一九一五年開業、牟田口元学社長、東小倉と田川郡上添田間石炭輸送鉄道

一別府ニ泊ス

一月八日　月曜

別府滞在中、回遊鉄道[1]創立事務所釘宮君・福沢ノ両人同行温泉各地ヲ踏査シ、亀川より人力車ニテ午後六時帰ル

○

一月九日　火曜

日出[2]地方ニ遊猟ス、甚四郎・仁平〔副田〕[3]同供ス

一月十日　水曜

一滞在中金弐十円相渡シ、目六ハ下女お久へ渡ス、甚四郎へ金四円ト日出ニテ金壱円ト相渡シ、金三十二銭過金受取タリ、外ニ金弐円相渡ス

一金四百円、福沢へ相渡シ、受取証ヲ取リタリ

一午前十時別府発ニテ門司ニ行キ、四時ニ着、直ニ三井物産ニ行キ会議ニ列シ、七時より小鎎蒸〔ママ〕ニテ大吉楼[4]ニテ催シノ三井ノ宴会ニ列ス

一貝嶋・高取〔伊好〕[5]等ノ販売関係ノ人ナリ

一懐中ニハ金百四十円ヲ懐中ス

一月十一日　木曜

一大吉楼ニ泊ス

一若松積入場ノ関係尚拡張ノ件ニ付、貝嶋・三井小林〔正直〕[6]君ト協義ヲナシタリ

一販売人一同より物産会社員小林君ヲ初メ一同招戴ス（反物ヲ来客ニ引キタリ）

一月十二日　金曜

一金四百円福沢渡ノ分、長岐〔繁〕[7]君より受取証引替ニテ仕払、外ニ百円受取タリ

一午前十時門司発ニテ博多一方亭ニ行キタリ

一安川〔敬一郎〕[8]・貝嶋〔太助〕・中野〔徳次郎〕・堀〔三太郎〕等若松拡張ニ付協義シ、松本〔健次郎〕[9]君ニ於テ進行方引受ヲ乞タリ、舟入場ハ艜業組合[10]補助ノ名儀ニ而整理スルコトニ約シタリ

一安川君勧〔歓〕迎会ヲ坑業組合[11]ヨリナシタリ

浜の町ニ泊ス

一月十三日　土曜

一浜の町より温泉廻〔ママ〕遊鉄道株式会社ニ岡田〔治衛武〕[12]宛ニ別電ヲ発ス

1　回遊鉄道＝別府温泉回遊鉄道、のち別府温泉鉄道株式会社（大分県速見郡別府町）、太吉設立に努力
2　日出＝地名、大分県速見郡日出町
3　副田仁平＝麻生家別府田の湯別荘管理人
4　大吉楼＝旅館（下関市阿弥陀寺町）
5　高取伊好＝杵島炭坑（佐賀県杵島郡）経営者
6　小林正直＝三井物産石炭部長、前年五月現在香港支店長
7　長岐繁＝麻生商店会計兼商務部長、元三井物産三池出張所出納用度係
8　安川敬一郎＝解説参照
9　松本健次郎＝明治鉱業株式合資会社副社長、のち石炭鉱業聯合会長
10　艜業組合＝筑豊艜業組合、一八八六年筑豊五郡川艜同業組合として設立
11　坑業組合＝筑豊石炭鉱業組合、一八八五年結成、太吉前年より総長
12　岡田治衛武＝武蔵電気鉄道株式会社専務取締役、のち同社社長、元東京電気鉄道株式会社社長、元衆議院議員

テンミタオサキニユキジッチミマシタ○グケンオハナシタキコトアルモ○ヤムナキヨウニテトウチニキタ○一八ヒタチシツキヨシオメニカカリタシソノチイツオタチカヘン

一壱方亭ニ行キ、中野へ金七十円、岩崎へ金四十一円取かへナシタリ

一壱方亭ニ一泊ス

［欄外］温泉廻遊［ママ］鉄道株式会社創立事務所

堀又五郎　別府港本町千八百八十八番地

遠藤洋人

一月十四日　日曜

午前五時発ニテ門司川卯[1]ニ行キ、朝喰ヲナシ、午前九時発ニテ別府ニ行キタリ

午後一時半別府着、ひなご［日名子］[2]宿泊ノ岡田［治衛武］君へ面会ス

鉄道布設ヲ跡ニ廻シ、地所ヲ先キニスルコト

定額ノ土地買入、十二町歩ハ公簿ナリト堀［又五郎］氏説明ス

金融ノ事ヲ岡田より相談アリタ

一午後六時廿五分発ニ而門司川卯ニ行キ、一泊ス

一月十五日　月曜

一午前七時ニテ、午前十一時飯塚ニ着ス

一本宅ニ帰リタリ

一［嘉穂］[3]銀行重役会ニ列ス

一温泉廻遊鉄道ノ事ニ付会談ス、重役二名・支配人ト創立事務所へ行クコトニ決シタ

一金九十円、四十四年十二月迄給料、銀行より受取
一綿且〔勝〕[4]ニテ伊藤・野見山ト会談ス
一藤村〔藤森善平〕[5]町長ニ面談ス、山林処分及荒木氏〔典治郎〕[6]関係ノ芝居地所ノ中〔仲〕裁ノ事ヲ咄シタリ
一製鉄所土地飯塚町有ノ分、買収ノコトヲ相談アリタリ、製鉄所ニ買収セザレバ買入ノ事ヲ咄ナシタリ

一月十六日　火曜

一在宅ス
一懐中金六百円現在セリ
一中村武治君へ明日出坑ノ電話ス
一松崎〔三十郎〕[7]君ト山本・白土ノ処分方ニ付協議ス

一月十七日　水曜

一午前十時鯰田坑山ニ行キ、中村〔武治〕君へ面会ス
若松積入拡張ノ件及艜業組合整理ノ件

1　川卯＝旅館川卯支店（門司市）、本店は下関市
2　日名子＝旅館（大分県別府町流川）
3　嘉穂銀行＝一八九六年開業（飯塚町）、太吉頭取
4　綿勝＝旅館（飯塚町向町）
5　藤森善平＝飯塚町長、株式会社飯塚栄座取締役、元飯塚警察署長、のち福岡県会議員
6　荒木典治郎＝医師（飯塚町）、株式会社飯塚栄座取締役
7　松崎三十郎＝弁護士（福岡市天神町）

綱分坑区ニ関スル件

一川嶋正恩寺[1]ニ依[寄]リタリ

一山本ノ関係鳥羽坑区ノ件ニ付咄ヲ聞キタリ、瓜生[長右衛門][2]ヨリ壱万二千円ト申居レリ

一月十八日　木曜

一午前七時ニテ太郎等一行上京ス

一幅物・茶器等、田山[クマ][3]さんへ日誌ヲ記シ相渡ス

一金五十円、上京費増野[奭熊][4]殿渡ス

一鳥越[5]へ屋敷撰定ス

一本家建築ノ変更図製ヲ命ス

一佐賀経吉[6]君相見ヘタリ

一月十九日　金曜

一午前上京ノ支度ヲナシタリ

一午後一時嘉穂銀行惣会ニ列シ、無事相済ミタリ、定式臨時会ヲ済マシ、大本営[7]ニテ成蹟上御下問ノ顛末ヲ報告ス

一伊藤君より綱分坑区ノ交換ノ咄アリシモ、平恒五万坪ニテ一段落ヲナシ、不日綱分坑区指定ノ壱万坪ニテ宜敷キ時ハ何時ニテモ交換ナス旨約シタリ

一荒木氏ノ件ハ藤森[善平]・淀川[良之助][8]・小生三人ニ一任セラレタリ

一県道工事上ニ付上田[穏敬][9]へ示シタリ

一野見山同供ニテ門司川卯ニテ、柏木[真静][10]・小林[正直]両氏ニ面会ス

一午後十一時四十分ニテ馬関[11]ヲ発ス

一月二十日　土曜

一鎎〔汽〕車ニテ午後六時神戸ニ着、二階ニテ喰事ヲナシ、嶋〔鵜カ〕沢氏ニ面会ス

一午後六時四十分発ニテ乗車ス

一月二十一日　日曜

一午前九時新橋ニ着ス、太郎等一行出迎ヲ受ケタリ

一風月楼〔堂カ〕[12]ニテ喰事ヲナシタリ、冨安君〔保太郎〕[13]・福沢桃介[14]君等相見ヘタリ

1 正恩寺＝麻生家菩提寺（飯塚町川島、浄土真宗）

2 瓜生長右衛門＝麻生商店理事兼鉱務長、福岡県会議員、飯塚町会議員

3 田山クマ＝麻生家茶道華道家庭教師兼執事、元小学校教師

4 増野奭熊＝麻生商店・麻生家、のち藤田組小坂鉱山

5 鳥越＝地名、嘉穂郡庄内村有井

6 佐賀経吉＝鉱山経営者、玄洋社員

7 明治天皇特別大演習のため久留米大本営に行幸

8 淀川良之助＝飯塚警察署長

9 上田穏敬＝麻生商店庶務部長

10 柏木真静＝福岡県農工銀行取締役、明治四十年八月隠居して勘八郎改名

11 馬関＝地名、下関市

12 風月堂総本店＝食堂（東京市京橋区南伝馬町）

13 冨安保太郎＝衆議院議員、元福岡県会議員

14 福沢桃介＝九州電気株式会社取締役、博多電灯軌道相談役、元福博電気軌道社長

一明石町益田[孝][1]氏方ニ参リ、午後十一時過キ帰リタリ

晒四百十八本

一月二十二日　月曜

一国見山[悦吉][2]参リ候ニ付、博多連ト一同風月ニ行キ昼喰ヲナシタリ

一午後六時より田中屋[3]ニ行キ安川・藤山・伊田ト遊ヒタリ、敗四百八十四

一月二十三日　火曜

一午前九時三十分ヨリ貴族院ニ列ス

一昼喰事ハ貴族院喰堂ニテナシタリ

一衆議院ニ午後三時迄傍聴ス

一午後四時より帝国座[劇場カ][4]ニ一行ト見物ニ行キタリ

一午後十一時帰ル

一月二十四日　水曜

一午前十時四十五分ノ鐡[汽]車ニテ大森[5]ニ訪問ス、昼喰事之御馳走ヲ頂キ、午後三時四十分ニテ帰ル

一月二十五日　木曜

一午前十時貴族院ニ出頭シ、予算会ニ列セシモ傍聴ノ承諾セザリシ

一月二十六日　金曜

一野田卯太郎君ヲ訪問ス

一赤十字ニ室田義文[6]君見舞ス

風月楼より菓子見舞ニ送ル

一井上［馨］侯爵訪問ス、團［琢磨］氏[7]ト会ス
一風月ニテ昼喰ヲナシタリ
一日光ニ太郎一行参詣シ、日帰リス

一月二十七日　土曜

一朝野通信社長土居貞弥君訪問ス、金壱百円遣ス
一午後六時田中屋ニ行キ、敗四百九十五、午後十一時帰ル
一太郎等ハ武田［三郎］[8]氏訪問ス
一野田氏（大森）訪問アリタ
一山際永吾[9]君相見ヘタリ

一月二十八日　日曜

一中村大学生参リタリ、中根寿[10]君ヘ紹介状ヲ出ス

1　益田孝＝三井合名会社顧問、元三井物産社長
2　国見山悦吉＝大関、この月引退
3　田中屋＝旅館（東京市京橋区木挽町九丁目）
4　帝国劇場＝洋風劇場（東京市麹町区丸内）、一九一一年開設
5　大森＝野田卯太郎邸（東京市外荏原郡大森町）
6　室田義文＝北海道炭礦汽船株式会社社長、この年八月退任、元釜山領事
7　團琢磨＝三井鉱山取締役、三井合名会社参事
8　武田三郎＝麻生太郎義兄、陸軍少将、のち中将
9　山際永吾＝農商務省鉱山局技師、のち入山採炭取締役所長
10　中根寿＝貝島鉱業株式会社常務取締役

一通信者田嶋〔社〕参リ、金十円遣ス
一自動車ニテ横浜ニ行ク

一月二十九日　月曜

一帝国ホテールニ午前十二時加納〔久宜〕[1]家御一同ヲ招戴ス

一月三十日　火曜

一午前十二時野田〔卯太郎〕・熊本〔寿人〕・冨安〔保太郎〕[2]ノ三氏ト帝国ホテールニテ昼飯ヲナシタリ

一月三十一日　水曜

太郎等午前八時発ニ而伊勢ニ参詣ス
一研究会[3]ニ午前十時ニ出頭、橋本〔圭三郎〕[4]次官ノ説明アリタ
一日高栄三郎[5]君ト風月ニテ昼飯ヲナシタリ

二月一日　木曜

一田中屋へ午後五時より遊ヒ、一千七百余敗セリ

二月二日　金曜

一午後四時半より新気楽安川〔喜〕[6]氏ノ宴会ニ列ス

二月三日　土曜

一午前九時発ニ而鎌倉ニ行キ、三井社長ノ御病気ヲ訪問ス
一小町園ニ行キ昼飯ヲナシ、午後二時ニテ帰途ニツキ、大船より中野〔徳次郎〕・梅谷〔清一〕[7]両氏ト同道帰ル

二月四日　日曜

一福沢桃介氏訪問アリ、佐賀水電[8]合併ノ件ニ付会談ス

一中山金三郎君訪問アリ
一小林正直君ト風月ニ昼飯ヲナシタリ
一午後五時過キ、明石町益田氏ニ行キタリ、敗五百六十四
一安川・松本両氏出発帰途ニツキ、築港会社[9]ノ件ニ付会談ス、大分坑区[10]ノ件ニ付懇談アリタリ

二月五日　月曜

一別府温泉廻遊鉄道創立者堀又五郎・塩谷ノ両氏相見ヘ、鉄道ニ付第一着手ニ許可ヲ受、其上ニ而第一ニ土地ヲ買入ナシ、若シ応ゼザレハ地所買入ノ方針ニ変更スルカ、又ハ解散スルカ両様ニ致スコトヲ懇談ス
一堀三太郎君訪問アリタ
一大竹勝一郎[11]君訪問アリ

1　加納久宜＝麻生太郎岳父、子爵、貴族院議員、元鹿児島県知事
2　野田卯太郎・熊本寿人・冨安保太郎＝福岡県選出衆議院議員
3　研究会＝貴族院の院内会派、加納久宜らが創設した政務研究会が源流
4　橋本圭三郎＝大蔵省事務次官、この年貴族院議員、のち石油会社社長等歴任
5　日高栄三郎＝漁業経営者、貴族院議員、元宮崎県会議員
6　新喜楽＝料亭（東京市京橋区築地三丁目）
7　梅谷清一＝九州水力電気株式会社取締役
8　佐賀水電＝広滝水力電気の後身九州電気株式会社、この年博多電灯軌道と合併して九州電灯鉄道株式会社となる
9　若松築港株式会社＝一八八九年設立、一八九三年株式会社と改称、太吉取締役
10　大分＝地名、嘉穂郡大分《だいぶ》村
11　大竹勝一郎＝三井物産石炭課長心得、元麻生商店商務部主事

一風邪ニテ外出見合セタリ
一下三緒約束ニ付、麻生屋[1]へ出状ス

二月六日　火曜

一堀君訪問アリタ
一決算委員会ニ列ス
一午後一時より芳野屋《〔家〕》ニ行キタリ
一山口・中野・堀氏等午後十一時過キ帰ル

二月七日　水曜

一午後四時より田中屋ニ行キ、飯田・中野等遊、千百四十一勝

三月九日　土曜

一方亭にて堀氏に七拾円貸す
一福博電機《〔軌〕》[2]ト博軌[3]ノ合併、福沢《〔桃介〕》君ト協議ノ必要アリ、上京スルコトニ決定ス
一方亭ニ於テ午後十時過キ、九州水電[4]より救済絶縁ノ通知セリト書面到来セリト、中野《〔徳次郎〕》より懇談アリタ

三月十日　日曜

一午前五時博多発ニテ上京ノ途ニツク
一鐵《〔汽〕》車中北崎《〔久之丞〕》[5]・河内《〔卯兵衛カ〕》[6]ノ両君同車ス

三月十一日　月曜

一午後二時十分新橋へ着ス
一午後六時惣理官邸ニ招待会ニ列ス

三月十二日　火曜

一團氏ヲ午後三時過キ三井鉱山部ニ訪問ス

田中屋ニ行キ、同所ニテ福沢君ニ面会ス、合併問題ニツキ協義ス

三月十五日　金曜

午後六時築地精養軒ニテ細川家々令村上〔義雄〕君ヲ初、高田〔早苗〕[7]代議士・永江純一[8]君ト会喰シ、農事上ノ件ニ付種々談話ス、

二十三円喰費トホーイニ遣シタリ

田中屋ニ行キ、カ〔勝〕百七十八、先日ノ敗百六十八、差引十勝

午前八時より研究会ニ行、撰挙問題研究ス

河内卯兵衛君訪問アリ、昼喰ヲナシタリ

三月十七日　日曜

一横井〔時敬〕農学博士相見ヘ、寄付ノ相談アリ、金壱千円ノ投資ノ承諾ス

一冨安君相見ヘ、博軌ノ咄ヲナシタリ

1　麻生屋＝麻生太七、太吉弟
2　福博電気軌道株式会社＝一九一〇年開業、翌一一年博多電灯と合併して博多電灯軌道株式会社となる
3　博多電気軌道株式会社＝一九一〇年設立（福岡市外警固村）
4　九州水力電気株式会社＝一九一一年設立（東京）、太吉翌年取締役、のち社長
5　北崎久之丞＝紙与合資会社（福岡市）支配人
6　河内卯兵衛＝福岡市会議員、博多電気軌道株式会社取締役
7　高田早苗＝早稲田大学長、元読売新聞主筆、のち文部大臣
8　永江純一＝麻生商店・貝島鉱業相談役、三池銀行頭取、衆議院議員

一芳野家七十円十五銭中野・堀三人分、外ニ金五十円ト弐十八円五十銭、合計百四十八円六十五銭、家内へ仕払ナシタリ、嶋屋[1]へ書付渡ス

四月五日　金曜

福沢君相見へ、来ル廿日株主会ニ付、下筑之上打合ノ事ニ咄シ合セリ

田中屋ニ行キ團・飯田・田口ノ三氏ト会合セリ、瓢屋[2]ニ於而百三十余及当日六十余、凡弐百ノ勝アリ、照葉ニ会ス、〇一〇〔ママ〕一田中屋ニ払ヒタリ

四月八日　月曜

野田卯太郎訪問アリ、会談ス

峠〔延吉〕[3]君訪問アリ

團氏訪問アリ、自動車ニ而明石町[4]へ行キ、四百六十七勝利

九月三十日　月曜

一若松石炭坑業組合伊吹〔政次郎〕[5]幹事へ、金弐千八百円ノ領収証ト三万壱千円安川・貝嶋連名ノ領収証ト送付ス、仮差入ノ受取証請求ノコト

一九月廿三日黒瀬へ金百円相渡、懐中より、外ニ本日懐中ニハ弐百円アリ、外ニ三苫〔惣吉〕[6]ニ十五円、家内へ十円相渡シタリ、懐中ノ金額ハ三百二十五円ナリ

一本店より金三百円東京行ニ付受取、上京ニ持参ス

十月二十四日　木曜

県会議員、郡ノ平和ノ為メ瓜生〔長右衛門〕ヲ候補者ニ承諾候様、田生正次[7]・横山近平[8]・小出太右衛門[9]外三氏相見ヘタリ、右ニ付中野〔徳次郎〕・伊藤〔傳右衛門〕両君ニ打電シ、返電ノ上確報スルニ返事ス、午後八時過キ

ホンジツ○ホングンチヨソンチヨウ○グンカイギイン○シユウカイアリ○ケンカイギインコウホジヤグンナイヘイワノタメ○ウリユウオスイキヨスルニツキ○シヨウダクノコトソウダンアリタ○グンナイヘイワノタメイツチニテソウダンアリコマリオルゴイコウニヨリケツテイシタシオミコミヘン

嶋屋方　中野・伊藤同文、午後九時半発

十一月三日　日曜

一午前十二時ニテ出福シ、浜の町ニ滞在ス

一午後九時頃三井物産会員招待会ニ一方亭ニ臨ミ、十時過キ帰ル

十一月四日　月曜

一午前十時発ニ而津屋崎別荘[10]ニ行ク

一安川君より電話ニ而、却而当方より出掛、八木山越電鉄社長承諾ノ懇談アリシモ、事業上ノ適否より自分ノ任務

1　島屋＝旅館、平野兼（東京市日本橋区数寄屋町）、太吉定宿・東京連絡所
2　瓢屋＝料亭（東京市京橋区築地）
3　峠延吉＝貝島鉱業株式会社取締役
4　明石町＝益田孝邸（東京市京橋区）
5　若松石炭坑業組合＝筑豊石炭鉱業組合若松事務所（遠賀郡若松町修多羅）、前年より太吉総長
6　三苫惣吉＝麻生家表具師
7　田生正次＝福岡県会議員、元嘉穂郡大隈町長
8　横山近平＝嘉穂郡大谷村長
9　小出太右衛門＝嘉穂郡頴田村長
10　津屋崎別荘＝麻生家別荘（宗像郡津屋崎町渡）

ニ難堪旨ヲ謝絶ス、安川君ハ事業ノ見込ナキ旨ノ口外アリシモ、自分ハ鸖原［定吉］[1]君へ返事之通ノ理由ニテ、承諾難
致旨断リタリ

十一月五日　火曜

津屋崎別荘ニ滞在中、占部［太平］[2]氏より塩田ノ事ニ付左ノ談話アリタ
塩田ハ政府より一反歩十三円ニ而払下ケアリ、二十円位ナラ買受出来ベク
溜池場所東側ニ沢山アル由

十一月六日　水曜

一午前九時二十分福間発ニ而帰宅ス
旧宅座敷移転ス
木下［淑夫］鉄道院科［課］長来県ノ電話アリタ

十一月十七日　日曜

喜多川［清次郎］[3]判事・幹［検］[4]事・精鉄［製］所林［嘉雄］[5]・成瀬［澄三郎カ］[6]其他午後四時より来遊ヲ乞、晩喰ヲ催シタリ
一博電合併披露宴会ニハ[7]浜口［吉右衛門］[8]君より案内アリタルモ、病気ニ付欠席、電信手紙ヲ出ス

十一月十八日　月曜

一官地廃川・廃堤地内ニ廻合セシ分処分方ニ付、瓜生へ親シク理由ヲ述へ方相含メタリ

1912（大正元）

1 鶴原定吉＝蓬莱生命保険相互会社長、中央新聞社長、衆議院議員
2 占部太平＝醬油醸造業（宗像郡津屋崎町）、元津屋崎活洲株式会社長
3 喜多川清次郎＝飯塚区裁判所判事
4 検事＝安藤茂九郎飯塚区裁判所検事
5 林嘉雄＝製鉄所二瀬出張所長事務取扱、のち出張所長
6 成瀬澄三郎＝製鉄所二瀬出張所副参事
7 博電＝博多電灯軌道株式会社、この年六月九州電気と合併して九州電灯鉄道株式会社となる
8 浜口吉右衛門＝九州水力電気株式会社長、貴族院議員

一九一三（大正二）年

一月一日　水曜
神仏ヲ拝シ及祖先ノ霊ヲ拝ス、諒闇中ニ而謹慎シ、新年ヲ祝ス
午後一時より地蔵山より岩愛山〔愛宕〕ヲ経而、本村ノ山[1]、鯰田ノ椎木山[2]辺迄遊猟ス
　但鍛冶屋三人・太郎〔麻生〕[3]・義之介〔麻生〕[4]等同供ス
　鍛冶屋兄弟ニハ金五円ヲ遣ス

一月二日　木曜
一午前十時飯塚発ニ而直方江浦眼科病院[5]ニ行キ、手術ヲ乞タリ、直方一時三十五分ニ而帰宅ス

一月三日　金曜
一義太賀〔麻生〕[6]及米子〔麻生ヨネ〕[7]全快ノ内祝トシテ宴会ヲ催シ、兄弟ヲ招キ諒闇中ニテ惣而謹慎して小宴ヲ催ス、有田広[8]・大屋〔唯雄〕[9]・金光〔芳太郎〕・野見山米吉[10]・麻生屋[11]・八郎〔麻生〕[12]等来会アリシ

一月四日　土曜
一午前十時開店ス
一午前十二時飯塚発ニ而直方江浦病院へ行キ、包帯ヲ解キ小部分ニ減ス

一月六日　月曜
一午前八時発ニ而福岡県庁元書記官佐柳〔藤太〕[13]知事午後三時ニ而出発ニ付、同氏見送リ之為メ出福ス
一浜の町[14]ニテ博多帯地代金十八円内外ノ分松井〔居〕[15]店より買入進物ス、春吉[16]自宅ニ訪問、午後三時ニ停車場ニ見送リタリ

一月七日　火曜
一壱方亭[17]ニ貝嶋〔太助〕・堀氏〔三太郎〕[18]等午後五時迄会合セリ

一壱方亭ニ行キ掛、黒瀬[元吉][19]ノ方ニ立寄、休息セリ
一的野半介[20]君浜の町別荘ニ午前八時相見へ、亡[ママ]吉川幹次[21]ノ事ニ付懇談アリタルニ付、目下ノ不正事サヱナクバ従来ノ通交誼ヲナシタキ旨相答タ[ママ]置キタリ

1 本村＝地名、飯塚町立岩
2 鯰田＝地名、飯塚町
3 麻生太郎＝太吉三男、のち株式会社麻生商店取締役
4 麻生義之介＝太吉女婿、旧姓有田、のち株式会社麻生商店取締役
5 江浦眼科病院＝院長江浦栄斎鞍手郡医師会長
6 麻生義太賀＝太吉孫、義之介ヨネ長男
7 麻生ヨネ＝太吉三女、義之介妻
8 有田広＝麻生義之介兄、嘉穂銀行監査役
9 大屋唯雄＝麻生義之介兄、嘉穂銀行、のち博済無尽会社支配人、嘉穂銀行大隈支店支配人
10 野見山米吉＝太吉妹マス夫、麻生商店理事兼事務長
11 麻生屋＝麻生太七、太吉弟、麻生商店理事、嘉穂電灯株式会社取締役
12 麻生八郎＝太吉弟、のち麻生商店山内上三緒鉱業所長
13 佐柳藤太＝滋賀県知事、翌年千葉県知事、のち熊本市長
14 浜の町＝麻生家浜の町別邸（福岡市浜の町）
15 松居店＝合名会社松居博多織工場（福岡市東中洲）
16 春吉＝地名、筑紫郡住吉町
17 一方亭＝料亭（福岡市外東公園）
18 貝島太助・堀三太郎＝解説参照
19 黒瀬元吉＝古物商（福岡市上新川端町）
20 的野半介＝衆議院議員、元九州日報社長
21 吉川幹次＝太吉親族、元藤棚炭坑経営者

一午後六時より県庁知事〔寺原長輝〕始メ一同、筑豊坑業組合[1]より宴会ヲ開キ、午後十一時過キ散会ス

一月八日　水曜

一壱方亭ニ午後一時頃より行キ、貝嶋・堀・牧〔牧田環〕[2]北氏ト会合ス

一午後六時より監督署々長[3]一同、筑豊坑業組合ノ宴会ヲ開キタリ

一月九日　木曜

一午前八時ニテ福岡より帰宅ス

一月十日　金曜

一午前十時飯塚発ニ而、院長撰挙[4]ノ事ニ付山川〔健次郎〕[5]大学惣長へ懇願ノ為メ大学本部ニ行キ面会ス、山川氏曰、三宅〔速〕[6]博士ハ普通ナレハ相断ルモ、事業ノ公益上ノ為メ援助致義ニ付、他日何分之返事スルコトニ答ヱアリタ、又三宅博士ニ対ス報洲〔酬〕之事如何ヤトノ事故、御満足ハ如何ト存スルも、此ノ点ニ於テハ是非相尽シ度決心ノ旨相答ヱタリ

一月十一日　土曜

一午前十時発ニ而帰宅ス

一月十二日　日曜

一岩崎〔久米吉〕[7]氏訪問アリ、伊藤吉太郎[8]君同供アリタ

一月十三日　月曜

一本店出務

一午後一時過キより嘉穂銀行[9]重役会ニ列ス

配当案其他諸種ノ協義ス

一午後五時より松月楼[10]ニ於テ、飯塚商工会より請求ノ銀行増設ノ件ニ付同会役員ト交渉ノ筈ナルモ、同会員出席

無之、他日頭取・支配人より交渉スルコトニセリ、○弐□□〔五承カ〕五豊、午後一時帰ル
一加納店員八幡精〔製〕鉄所へ試検ニ付出頭ス
一月十四日　火曜　［欄外］午前雪降リ午後晴
一飯塚巡査相見、政変ノ事ニツキ聞合セリ
一午後二時白門水門[11]ノ件ニ付鉄道院出張之監督官ト協義ス、取調ノ上地元ノ難渋セザル様充分注意アル旨答弁アリタ、尤取調ハ町役場よりアル筈ナリ、福間助〔五郎〕〔役脱〕・井手両氏、山本・福沢等関係諸君来へ〔ママ〕タリ
高山[12]ニ寄、又白門井堰ニツキ修繕ノ方法、実測ノ方法（実測ハ水路ハ水門ノ底石、井堰ハ上面石より立岩村社・下三緒・栢森村社ニ基点ヲ設ケ実測スルコト、此ノ実測ハ坑業ノ為メ□落ノ恐レアリ為メナリ）
一黒瀬〔元吉〕昨日より相見へ、幅物代取調ヲナス

1　筑豊石炭鉱業組合＝一八八五年結成、太吉総長
2　牧田環＝三井鉱山九州炭礦事務所長、この年二月松島炭礦取締役、三月三井鉱山取締役
3　監督署署長＝福岡鉱山監督署長野田勇
4　麻生病院院長選挙
5　山川健次郎＝九州帝国大学総長・明治専門学校総裁・貴族院議員、元東京帝大総長、のち東京帝大・京都帝大総長
6　三宅速＝九州帝国大学医科大学教授
7　岩崎久米吉＝岩崎炭礦・大隈炭礦（遠賀郡長津村）経営者、元遠賀郡長津村会議員
8　伊藤吉太郎＝岩崎炭礦
9　嘉穂銀行＝一八九六年開業（飯塚町）、太吉頭取
10　松月楼＝料亭（飯塚町中小路町）
11　白門水門＝近世中期まで遡る農業用水のための水門、堰（飯塚町上三緒）
12　高山＝吉田九三郎家（飯塚町上三緒）

一月十五日　水曜

午前ハ書画類ノ整理ヲナシ、午後一時より本店ニ出務シ、本店ノ建築等ノ場合野見山・瓜生〔長右衛門〕[1]ト打合ナシタリ

一幸袋工作所[2]資本金借リ入ノ調印、返金ノ方法テキヲ以相断タリ、中野〔徳次郎〕[3]君ヘ電話ス

一月十六日　木曜

一嘉穂銀行惣会出席

一月十七日　金曜

本店ニ而事務ノ打合ナシタリ、石野〔寛平〕[4]君相見ヘ、帰宅ス、午後五時帰途ニ付、又々本店ニ出務シ打合ヲナス

一月十八日　土曜

一本店出務

一麻生屋ヘ済〔ママ〕酒参リ、同家ヘ行ク

一午後一時半より幸袋工作所ノ会議ニ列ス

一月十九日　日曜

一本店出務、事務打合ヲナシタリ

一月二十日　月曜

一午前十時発ニ而出福、鑵〔汽〕車中佐賀県知事〔不破彦麿〕ト同車ス、先帝ノ時代之事ヲ拝聴ス

一直方より折尾迄松本健次郎[5]氏ト同車ス

一停車場二階ニ而昼喰ス

一大学本部[6]ニ行キ山川氏ニ面会、三宅〔速〕博士院長ニ希望ニ付、本人ニ付相談ノ順序ヲ相談ス、稲田〔龍吉〕[7]博士トノ異見ナルモ、若シ聞入ナクトキハ跡々手段ナク故、稲田氏ハ最後トシテ懇意ノ人ニツキ試ル事ニ而分袖ス

一浜の町日誌ニアル
［貼紙］
　浜の町日誌
二十日
山川氏面会後、浜の町ニテ松本［健次郎］氏ニ電話ス
西田熊吉[8]氏訪問アリ、三宅氏ノ件ニ付相談ス
二十一日
浜ノ町滞在ス
二十二日
午後三時帰途ニツク
一月二十一日　火曜
一浜の町滞在ス

1　瓜生長右衛門＝麻生商店理事兼鉱務長、福岡県会議員、飯塚町会議員
2　合資会社幸袋工作所＝一八九六年設立（嘉穂郡大谷村）、業務担当社員麻生太吉・伊藤傳右衛門・松本健次郎・中野徳次郎
3　中野徳次郎＝解説参照
4　石野寛平＝元筑豊石炭鉱業組合総長
5　松本健次郎＝明治鉱業株式合資会社副社長、のち石炭鉱業聯合会長、昭和石炭株式会社社長
6　本部＝九州帝国大学本部（糟屋郡箱崎町）
7　稲田龍吉＝九州帝国大学医科大学教授
8　西田熊吉＝医師、福岡市医師会副会長

一月二十二日　水曜

一午後三時発ニ而浜の町より帰宅ス

一停車場ニ而倉知支配人〔倉智伊之助〕[1]ニ面会ス、戸畑地所ノ件ニ付要談ス

一中の君より地所之事ニ付電話アリタ

一竹内君〔万吉〕[2]相見へ、代金下ケ方相談アリシモ断リナシタリ

一月二十三日　木曜

一午前出店〔ママ〕ニ出勤ス

一倉知支配人電話ニ而本店ニ呼ヒ、戸畑地所ノ件約定書覚書ヲ竹内ニ差入ノコトヲ談ス

一長岐〔繁〕[3]君へ売込炭ノ件ニ付調査表ヲ製シラル、様申付タリ

一郡役所へ出頭、郡長〔戸田健児〕へ面会、院長採用ノ件ニ付要談、必要ノトキハ何時ニテも便達スル、又郡参事会ハ坂口〔栄〕[4]・高取〔新七〕ノ両君位トノ事ナリシ

一綿且〔勝〕[5]ニ而入江準吉氏[6]より山林買入方申込アリ、実地踏査ノ事ヲ申答タリ　小○

一綿且ニ而午後十二時迄中の君及酒屋[7]ト会合ス

一月二十四日　金曜

一午前九時福田信次〔治〕[8]君相見へ、嘉穂銀行戸畑地所ノ件ニ付直〔値〕下ケ相談アリシモ相断タリ

一午前十時飯塚発ニ而院長ノ件ニ付出福ス　ヤ○

浜の町滞在ス

〔以下は吉浦勝熊代筆〕

一西田熊吉氏浜町ニ訪問アリ、三宅博士廿六日実地踏査承諾ノ旨話シアリタ

一午後五時頃三宅博士ヲ訪問シ、廿六日実地踏査ハ午前八時ト取極メタリ

一福田信次氏浜町ニ来リ、戸畑地所月末迄延期申込アリ、承諾シ尚手紙ヲ出ス

一黒瀬ヨリ百参拾五円ノ買物ヲナシ、代金ヲ仕払ヒタリ、尚外ニ弐拾円内外ノモノ買物ス

一月二十五日　土曜

一午前十時二十分発ニ而浜の町別荘より午後二時十分帰着ス、福岡滞在中ノ要件ハ浜の町日誌ニアリ

一本店ニ而商務上ニ付野見山〔米吉〕ト打合ヲナシタリ

一病院ニ行キ高山へ面会ス、本店ノ設計、天上〔井〕ハ壱丈三尺五寸、腰板ハ病院目ノ下より三尺上ケ、応接所・重役室ハ病院ノ通、南側ノ東ノ大広間ト同様ノ設計ヲナスコト　ヒ○

一三宅氏迎ノ為メ上田〔穏敬〕[9]出福ス、金二十円渡ス

午後九時過キ水野旅館[10]へ電話ニ而上田へ注意ス

〔以下は吉浦勝熊代筆〕

1 倉智伊之助＝嘉穂銀行支配人
2 竹内万吉＝旭硝子株式会社への土地売渡仲介人
3 長岐繁＝麻生商店会計兼商務部長、元三井物産
4 坂口栄＝嘉穂郡千手村長兼務
5 綿勝＝旅館（飯塚町向町）
6 入江準吉＝嘉穂郡足白村長
7 酒屋＝麻生物兵衛、嘉穂銀行取締役、飯塚町会議員
8 福田信治＝三菱合資会社門司支店副長、門司市会議員
9 上田穏敬＝麻生商店庶務部長
10 水野旅館＝福岡市東中洲

一午前八時半浜町滞在中山川博士ヲ訪問ス

一月二十六日　日曜

一午前十一時五十分着ニ而三宅博士着飯ニ付停車場ニ出迎、本宅ニ而昼飯ヲ出シ、病院ニ而万事打合ヲナシ、午後四時四十分ニ而帰福セラル

但西田〔熊吉〕氏付添アリ、出迎ニハ野見山・太郎、昼飯之トキハ麻生屋・八郎・義ノ介一同ナリ、博多停車場階上ニ而晩食ヲ出ス

一森崎屋[1]相見、午後九時迄ニ会談ス

一上田へ金二十円相渡ス

一月二十七日　月曜

一午前十時飯塚発ニ而直方坑業組合事務所へ常議員会ニ列ス

金壱百円、買物代之内家費より受取、懐中ス

一箱崎宮[2]寄附之件ニ付緒方・浜田ノ両氏相見ヘタルモ不揃ノ為メ協義不運、安川氏ト会合ノ上返事ノ事ニシタリ

一貝嶋太助氏ヲ訪問シ、井上侯〔馨〕より上京ノ時日打電アリタルヨシ、月末来月入方ニ上京ノ旨相咄シタリ、三宅博士院長之事も相談シタ

一直方弐時五十分ニ而帰店シ、亘田[3]之田地補償之件ニ付方針ヲ協義シタ、廉付帳ニアル

一月二十八日　火曜

一在宅

一建築工事其他工事ニ係シ要事ヲナス

一午後町役場之福間助役〔五郎〕相見へ、白門[4]里道兼函〔ママ〕梁高位ニ据付アリ、従来之通溝底掘下ケニ関シ九州管理局へ上伸

ノ文案ヲ調製ス
一大里〔利八郎〕学士相見へ、保険ノ事ニ付協義ス、義ノ介能ク承知セリ
一郡内ノ事ニ付、将来郡勢之進運ニ関スル件ニ付咄ヲナシタリ

一月二十九日　水曜

一麻生屋相見へ、聟入ニ列ス
一三宅博士より来翰ニ付、返書認メ出ス、病院ニ関係重要之件ナリ
一野田〔卯太郎〕[5]・永江〔純一〕[6]ノ両人ニ出状ス

一月三十日　木曜

一午前十時飯塚発ニ而博多ニ行キ、折尾より安川〔敬一郎〕[7]氏ト同車ス、昼飯ヲナシ安川氏より払ラ〔ママ〕レタリ
一松本別荘[8]ニ而安川氏ヲ訪問ス、解散後ノ撰挙ハ前代議士ヲ両□〔派カ〕トモ可致ト希望ヲ述シタリ
一新政党ニツキタル用談ナルベシ、安川氏ニ桂〔太郎〕[9]公爵より書面参リ面会申込アリシヨシ、政変ニツキテノ異見ハ同

1　森崎屋＝木村順太郎、太吉弟太七女婿、酒造業
2　箱崎宮＝筥崎八幡宮（糟屋郡箱崎町）
3　豆田＝地名、嘉穂郡桂川村
4　白門＝地名、飯塚町上三緒
5　野田卯太郎＝衆議院議員、のち通信大臣、商工大臣
6　永江純一＝衆議院議員、麻生商店・貝島鉱業相談役、三池銀行頭取
7　安川敬一郎＝解説参照
8　松本別荘＝松本健次郎別荘（福岡市大名町）
9　桂太郎＝総理大臣、貴族院議員

一ナリシ
一一方亭ニ行キ、午後五時貝嶋君ハ帰途ニツカレ、自分午後十一時頃帰リ、浜の町ニ一泊ス

一月三十一日　金曜

一午後一時頃一方亭ニ行キ○ノ料理[1]ニテ喰事ヲナシ、午後五時半より三宅博士訪問ノ為メ帰ル、午後八時過壱方亭ニ電話ス
一午後六時三宅博士ニ訪問、病院ノ件ニ付懇談ス
　三宅博士ノ異見ニ依リ外科ヲ第一ニ着手シ、手術室ハ新式ニ改良スルコト
　研究室等ハ増築スルコト
　昼る〔ママ〕ニ書簡浜の町ニ到着セリ
西田氏ノ関セシ事柄ノ事実ハ三宅博士ニ相談ナスニ付、間違ノ出来ザル様山川物長ノ信用アル松本〔健次郎〕氏ノ親族ニ依ル旨等咄シタリ

二月一日　土曜

一午前四時及六時ノ両度ニ下痢ヲナシ、八時頃黒瀬参リ、松崎〔三十郎〕[2]氏より肥前坑区ノ堀某ノ関係坑区鑑定ノ手紙達ス
一午前十時博多発ニ而帰途ニツキ、長岐君ト折尾より同車ス
一麻生屋ニ祝会ニ列シ、高山ニ行キ、午後八〔時脱〕高山江来客一同行キタリ

二月二日　日曜

一祝会ニテ高山より午前二時帰ル（二人引[3]ナリ
一在宿シテ下痢ノ静養ナス

二月三日　月曜

一下痢症ニ罹タル為メ在宿静養ス
一病院手術室改築ニ付、鹿児嶋病院ノ図案三宅博士より申受候分増築ノ計画ヲナシ、尚図書室等ノ増築図案ヲ製シ高山ニ渡シ、鹿児嶋実地調査ノ筈ナリシモ、三宅博士指合ノ為メ五日ニ延ベタリ

二月四日　火曜

一在宅静養ス

二月五日　水曜

一薦田[4]地ノ大字組替及学頭[5]廃川区所廃□等ノ為メ、金壱百五十円ヲ進呈スルコト
一学頭ハ壱円十五銭迄買収スルコト
上田相見へ談判ス
一午前十二時ニテ直方貝嶋氏ヲ訪問シ、上京ノ出来ザル事ニツキ打合ナシタ
一帰着、十五日間停会ノ通知ニ接ス
一豆田坑地元人六七十人本店ニ相見へ、補償問題ニテ遅ク迄滞店ス、飯塚警察署より両三人出張アリタ

1　○の料理＝スッポン料理
2　松崎三十郎＝弁護士（福岡市天神町）
3　人力車
4　薦田＝地名、飯塚町菰田
5　学頭＝地名、飯塚町立岩

二月六日　木曜

一午前十時発ニ而豆田坑ニ行キタリ

一地元人ニ対シ補償ノ件ニ付咄ヲナシ、七日より実地取調ノ事ニナリタ

一帰途ハ天道[1]上迄徒歩シ、善五郎《〔高橋〕》[2]車ニ而帰ル

二月七日　金曜

在宅

一薦田地内区域変更ノ協議ナリタリ、上田より報告ス

二月八日　土曜

一午前ハ吉浦《〔勝熊〕》[3]・増野《〔實熊〕》[4]両人ト、本郡少年子弟教育上ニ付咄之三条項ヲ取調ナス

一中英《〔央〕》竪坑[5]ニ見舞ニ行キ、西岡農商務・目黒《〔末之丞〕》等ノ監督署員《〔福岡鉱山監督署〕》ニ面会ス、目黒氏ハ豆田坑地災ノ事ニ付地主より中立タル由

二月九日　日曜

降雪ニ而在宅

一鯰田中村《〔武治〕》坑長へ電話ニ而、直方坑業組合ニ而咄セシ事ハ、三菱・三井・安川ト可成一致ノ行同《〔動〕》ヲ希望ナシタル迄ニテ、秘蜜ノ内約成立如何ハ承知セズ、万一其ノ聞込ナラバ自分ノ咄シ様カ貫徹セザルモノト思ヒ、アスカラ其ノ含ニ相成候様電話ス

二月十日　月曜

一嘉穂銀行重役会ニ列ス、午後一時より、午後九時帰宅

一午前在宅

二月十一日　火曜

一野見山〔米吉〕・長岐〔繁〕・佐伯〔梅治〕[6]・平嶋〔仲次郎〕[7]・御法川〔小三郎〕[8]等ノ諸員ト久原坑[9]ノ事ニ付協義ス

代金ハ三円トシ、外ニ七銭五厘ハ、従来一割ノ増加五歩ト見積、十五銭ノ半額ヲ相談スルコト

　精撰ハ粉一割、ボタ五分トシ、粉十銭、ボタ十五銭、撰手間五銭、三円三十銭ナレハ精炭トナル、平常ハボタ

　五分ハ除ク様撰炭スルコト

一巡査政変ニ付訪問アリ、豆田坑地主ノ関係ト咄シタリ

二月十二日　水曜

一午前山猟ニ行キ、午前十一時半過帰宅ス

一在宿ス

一病院改築ニ付高山ト打合ナシタリ（三宅博士より書面ニ依リタリ）

1　天道＝地名、嘉穂郡穂波村
2　高橋善五郎＝麻生家車夫兼雑事
3　吉浦勝熊＝麻生商店主計出納兼麻生家
4　増野夾熊＝麻生商店麻生家、この年退職して藤田組小坂鉱山
5　中央竪坑＝製鉄所二瀬鉱業所中央竪坑、二月六日ガス爆発
6　佐伯梅治＝麻生商店若松出張所長、のち大阪出張所長、取締役
7　平島仲次郎＝麻生商店久原鉱業所長
8　御法川小三郎＝麻生商店鉱務部長
9　久原坑＝麻生商店久原坑（佐賀県西松浦郡西山代村）、一九〇八年経営開始

二月十三日　木曜

一午前十時ニテ家内孫連ニ別府へ行ク

午後二時ニテ同地ニ向ム、休暇書宮田[光雄]1書記官へ依頼ス

二月二十日　木曜

一午前十時四十分発ニ而別府より帰途ニツク

〇家内へ金百円相渡ス

一鏣[汽]車中九州管理局長一行ト同車シ、小倉ニテ待合セ、午後六時四十分帰着ス

一戸畑より[以下空白]

二月二十一日　金曜

一在宅

一太田[峰三郎]・宮田・折原・佐柳ノ四氏ニ伊丸[万]里蒲□[鉾カ]ヲ送リタリ

一病院設計ニ付製図ヲ命ス、堤防モ西ノ堀中堤防ノ事も喜三郎へ咄シタリ

二月二十二日　土曜

一午前在宅

一午前十二時発ニ而出福

一今夕六時一方亭ニテ三井ノ宴会ニ列ス

一同夕一方亭ニ泊ス

二月二十三日　日曜

一午前より一方亭ニテ小林・栗田・野見山ノ諸君ト午後五時迄遊ヒ、五時発ニ而帰途ニツク

二月二十四日　月曜

一午前九時より乙種農学校[2]ニ行キ、嘉穂郡小学校長会ニ列シ、乙種農学校入学ノ事ニ付談話ス

一帰途銀行ニ行キ、倉知〔智〕支配人ニ一坪五十円ニテ敷地買付ヲ申談ス

二月二十五日　火曜

一午前豆田被害地弁債〔ママ〕ノ方法ニ付、瓜生・上田・麻生屋等協義ス、尚取調再会スルコトニテ分袖ス

一薦田地内立岩区[3]ニ編入ノ出願書調製ス、区長ノ名前ノ分ニ付上田へ渡ス

二月二十六日　水曜

一午前在宅

一午後病院へ行キ、設計方□〔矢カ〕野・高山両人へ談ス

二月二十七日　木曜

一午前十時ニテ直方坑業組合常議員会ニ列ス

一午後一時ニテ帰宅ス

一飯塚綿且〔勝〕ニ行キ、直チニ帰宅ス

一上田・松岡・福沢来訪、豆田被害地ノ件ニ付協定ス

1　宮田光雄＝貴族院庶務課
2　乙種農学校＝嘉穂郡立農学校、一九一〇年設立（飯塚町菰田）、一九一三年県立移管
3　立岩区＝地名、飯塚町立岩

二月二十八日　金曜

一飯塚在宅

一午後飯塚倉庫会社惣会[1]ニ列ス、川波〔半三郎〕[2]・合屋〔利吉〕[3]・藤井〔善作〕[4]・野見山〔米吉〕[5]ノ四氏ニ面会、親シク将来ノ事ニツキ異見ヲ示シタリ、経営ヲ止メ他ニ販売スルコト

一帰宅、薦田地内立岩区ニ編入、町会ニ決定ス

一本店ニ出店、病院設計等ノ及石炭販売方ニツキ長岐君ニ申談シタリ

三月一日　土曜

嘉穂銀行重役会ニ出席、百十銀行[6]飯塚支店開設ニ付、百十銀行へ出状并ニ重要問題協議ス

午後十時帰宅ス、綿且〔勝〕ニテ重役会済後立寄喰事ス

三月二日　日曜

一午前本店ニ出勤、営業上ニ付坑務ノ連中へ親シク申含メタリ

一午後ハ吉隈坑区視察ヲ行キタリ

三月三日　月曜　〔吉浦勝熊代筆〕

午後六時五十七分飯塚発列車ニテ浜町ニ着ス

三月四日　火曜　〔吉浦勝熊代筆〕

一午前八時上田ニ別府地所并ニ吉隈地所、吉隈坑区地上ニアル石炭ノ件ニ付電話ス

一国永〔正臣〕[7]歯科医ニ付キ診察ヲ乞ヒタリ

三月十日　月曜

一重役会ニ列ス

一伊藤傳右衛門[8]氏相見へ、坑区ノ件ニ付内談アリタ
一午後十一時帰ル、綿且ニ而花来リ、瓜生・綿且〔寺坂勝右エ門〕[9]等遊ヒタリ

三月十二日　水曜

一午前十時発ニ而出福ス、折尾より中野〔徳次郎〕・伊吹〔政次郎〕[10]ノ両氏ト同車ス
一壱方亭ニ於テ貝嶋君へ面会ス
一佐賀〔経吉〕[11]ト伊吹君ト一同立会、孫氏〔文〕[12]ノ歓迎会ノ事ニ付、来ル十七日午後六時ト取極メ、手配ヲ打合ナシタリ

三月十三日　木曜

一午前十一時四十分発ニ而博多より帰途ニツキ、直方より監督署長[13]并ニ検事正ニ同車ス

1　飯塚倉庫会社＝飯塚運輸株式会社（飯塚町）、元飯塚倉庫株式会社、一八九九年設立
2　川波半三郎＝飯塚運輸株式会社取締役、嘉穂銀行監査役、元福岡県会議員、飯塚町長
3　合屋利吉＝飯塚運輸株式会社取締役、元穂波村長、嘉穂銀行取締役
4　藤井善作＝飯塚運輸株式会社取締役、藤井合名会社（呉服商）長、醬油醸造業、元飯塚村会議員
5　野見山米吉＝飯塚運輸株式会社取締役、麻生商店理事兼事務長
6　百十銀行＝一八七八年第百十国立銀行として設立、一八九八年改称（下関市）
7　国永正臣＝国永ドクトル歯科（福岡市東中洲）
8　伊藤傳右衛門＝解説参照
9　寺坂勝右エ門＝綿勝旅館（飯塚町中小路町）経営
10　伊吹政次郎＝筑豊石炭鉱業組合幹事
11　佐賀経吉＝鉱山経営者、玄洋社員
12　孫文＝孫中山、初代中華民国臨時大総統
13　監督署長＝野田勇福岡鉱山監督署長

○ヒ

三月十四日　金曜

中村収税部書記出張、豆田分配所ノ事ニ付取調ヲ受ケタリ
在宅

三月二十八日　金曜

一午前在宿
一尼崎〔伊三郎〕[1]氏ニ敷島坑[2]ノ件ニ付書状ス
一午後二時四十分別府ニ行ク
　金百七十円、三月廿七日出入帳ニアル、懐中より払出之分
　金百二十五円、先日ノ分百五十円ノ残金、受取

四月三日　木曜

一午前十一時五十四分ニ而加納〔久宜〕[3]子爵ヲ小倉迄別府より御見送シテ、小倉より義ノ介ト同車ニ而帰着ス
但折尾[4]待合中、佐伯〔梅治〕氏ニ電話シ、四日出店ノ事ヲ咄シタリ

四月四日　金曜

一午前十二時ニテ直方ニ行キ、貝嶋〔栄三郎〕[5]君ノ会葬ニ列ス、午後六時四十分帰着ス
一堀氏ニ係ル坑区ノ件ニ付金壱千円貸付ノ案文ヲ示シタリ
一本店へ出頭、佐伯君相見へ、販売石炭ノ件ニ付示談ナシ、尚長岐・石川〔広成〕[6]ノ両君ノ販売炭予算ヲ製スルコトヲ談シタリ

四月五日　土曜

一午前町役場へ出頭、白門養水路樋門改築ノ場所、地庭[ママ]上位ニ付切下ケノ件ニ付、関係者一同評儀シ、町会ヲ付添ノ上処理スルコトニ決ス

一郡役所へ出頭、前上ノ件ニ付庶務掛ト打合ヲナシタリ

一綿且[勝]ニ而中野・伊藤ノ両君ト会談ス、幸袋工作所借入ハ来ル十日期日ニ付、二三十日間特ニ手形ニ而借入、株主ニ割合債[ママ]出ナスコト、貝嶋君[太助]ニハ▨[自カ]分より利害ノ説明ナスコト

一荒木君より五百円払入方ニ付示談アリタルモ、取調ノ上答ヘル旨相答タリ

一山内農園[7]ニ行キタリ、ガスノ分南側ノ通段畑ニ引直スコトヲ談シタリ

七月十五日　火曜　［吉浦勝熊代筆］

一午前六時四十六分飯塚発列車ニ乗込ミ、午前九時浜町ニ着ス、鑛[汽]車中横倉君[英次郎][8]并ニ三井坑山技師ト同車ス

一北崎君[久之丞][9]ニ電話、病気ニ付明日会合ノ事ヲ約シタリ

1　尼崎伊三郎＝地主、尼崎汽船部経営者、寿炭坑（田川郡）経営者、貴族院議員
2　敷島坑＝（糟屋郡大川村・仲原村）
3　加納久宜＝麻生太郎岳父・野田勢次郎妻岳父、貴族院議員、元鹿児島県知事
4　折尾＝折尾駅（遠賀郡折尾村）
5　貝島栄三郎＝四月一日死亡、貝島太助次男、元貝島鉱業株式会社副社長
6　石川広成＝麻生商店商務部、一八九六年入店
7　山内農園＝麻生商店廃鉱地実験農場（飯塚町立岩）、一九〇八年設置
8　横倉英次郎＝貝島鉱業、元麻生商店、のち貝島鉱業採鉱技師長
9　北崎久之丞＝紙与合資会社支配人

一野見山ヨリ飯塚倉庫〔運輸〕会社ノ件ニ付、松尾ニ貸金ノ件電話アリタリ
一臼井坑区[1]三十三万坪余、壱坪弐銭七厘ニテ買収スル事ニセリ
一神〔保三郎〕[2]先生来診アリ、小林梅吉跡ノ事モ研究ヲ願ヒタリ

七月十六日　水曜　〔吉浦勝熊代筆〕

一午前九時北崎君訪問アリ、三社合併問題ニ付詳細ノ取調書ヲ示サレタリ
一福間久一郎[3]取引上ニ付片付タル報告アリタリ
一太七郎〔麻生〕[4]ニ不心得ノ顚末ヲ申聞カセ、将来ハ学問ヲ止メ農業ノ方針ニテ、来十八日迄ニ其希望申出ノ筈

八月二十三日　土曜　〔吉浦勝熊代筆〕

一午後二時飯塚発ニテ野見山同行出福ス、香椎駅ヨリ大原〔義剛〕代議士ト同車ス
一嫁共午後五時過キ一同着ス
一稲田〔龍吉〕先生熊本行ニテ五六日間滞在ノ由、電話ニテ承知ス

八月二十四日　日曜　〔吉浦勝熊代筆〕

一北村〔勝蔵〕[5]先生ノ診察ヲ乞ヒ、結果従来散薬ナリシモ水薬ニ変ル（午後六時過診察アリタリ）

八月二十五日　月曜　〔吉浦勝熊代筆〕

一平野幸吉[6]ニ荷物送付方及預ケ金三井支店ニ送付方手紙出ス
一黒瀬品物代金百円余相渡ス、三十円ハ払入ナシタリ
一米子入院ス、今淵〔恒寿〕[7]先生ノ診察ヲ乞ヒタリ

十月十五日　水曜

午前猟ニ行キ、吉隈坑へ行キ、午後三時過キ帰宅ス

十月十六日　木曜

本店出頭

加納子爵午前十時発ニ而別府へ帰途セラル

十月十七日　金曜

貝嶋君寿銅[像]除幕式ニ、午前八時飯塚発ニ而百合野[8]本宅へ行ク、雨天ナリシ、肝要廉付ニアル祝辞ヲ述ブ

柳屋[9]へ立寄、中野・堀・貝嶋諸氏ト午後十時迄遊ヒ、帰宅ス

十月十八日　土曜

一本店出頭

十二月十六日　火曜

一午前八時発ニ而戸畑[10]安川氏へ行キ、益田[孝][11]氏ノ一行ニ加リ明治専門校[12]へ観テ、安川氏へ一泊ス

1 臼井坑区＝吉隈炭坑の基盤となった坑区（嘉穂郡碓井村）
2 榊保三郎＝九州帝国大学医科大学教授
3 福間久一郎＝麻生商店本店、元麻生家
4 麻生太七郎＝太吉四男、のち株式会社麻生商店監査役
5 北村勝蔵＝九州帝国大学医科大学助教授
6 平野幸吉＝島屋旅館主（東京市日本橋区数寄屋町）
7 今淵恒寿＝九州帝国大学医科大学教授
8 百合野＝地名、鞍手郡香井田村竜徳
9 柳屋＝旅館（鞍手郡直方町殿町）
10 戸畑＝地名、遠賀郡戸畑町
11 益田孝＝三井合名会社顧問、元三井物産社長、三井管理部専務理事
12 明治専門学校＝一九〇九年安川敬一郎設立（遠賀郡戸畑町）、総裁山川健次郎

一鯰田ノ山本〔多〕[1]氏ニ会シ、中村〔武治〕[2]氏より給料上ケ之手紙アリ、井上定二〔次〕[3]君へ相渡、常議員会〔筑豊石炭鉱業組合〕ニハ出席断タリ

十二月十七日　水曜

一午前八時戸畑乗之乗〔ママ〕車シ、井上定二〔次〕氏ト同車シ、斎藤虎太郎[4]若松湾石炭採取願ノ件聞及候条、直方停車場より伊吹へ電話シ、松崎弁護士へ乞合セ、参加人トシテ行政裁判所へ出願ノ手続ヲナスコトニセリ

十二月十八日　木曜

一午後二時四十分飯塚発ニテ上京ノ途ニツク、折尾より伊吹ト同車シ上京ス

1913（大正2）

1 山本多＝三菱鯰田炭坑副長

2 中村武治＝三菱鯰田炭坑長、筑豊石炭鉱業組合常議員

3 井上定次＝古河鉱業西部鉱業所長、筑豊石炭鉱業組合常議員

4 斎藤虎太郎＝鉱業信託所長、桃坂鉱山経営者

一九一四（大正三）年

一月一日　木曜　天気　風アリ

神仏ノ礼拝ヲナス

参拝ヲナシ、午前十時本店［麻生商店］ヘ行テ新年ノ祝意ヲ表シ、本店移転[1]ノ祝宴ト新年ノ盃ト宴会ヲ催ス

店員一同ヘ、大正三年ハ一生中ニ販売宜敷候ニ付非常ノ決心ニテ尽力ノコトヲ示談ス、麻生屋[2]・野見山［米吉］[3]・瓜生等［長右衛門］[4]

よりモ懇々示談ス

午後一時嘉穂銀行[5]新年ノ祝盃ヲ催シ、陛下ノ万年ヲ三唱ナス

綿且［勝］[6]ニテ一二時間遊ヒ帰リタリ

一月二日　金曜　雨天　風アリ

午前八時半より猟師連レ、枝国浦[7]より花瀬[8]ノ南側迄ニ猟ニ行キ、雉子一・鳩一ツ・田シギ一羽ヲ獲ス、朝来より

雨天ニ而閉口ス

一月三日　土曜　天気

在宅ス、麻生酒屋[9]相見ヘ、栄屋［座］[10]ノ事ニ付内談アリタ、瓜生も一同ナリ

赤間嘉之吉氏[11]相見ヘタリ

野見山同断

一麻生観八氏[12]より電話アリ、明日出福ノ事ヲ約ス

一月四日　日曜　天気

一午前新民浦山より地蔵山トニ猟ニ行キタリ

一午前十時本店ヘ開店ノ祝盃ヲ催ス

一午前十時五十分発ニ而九水[13]ノ件ニ付出福、

〔以下吉浦勝熊代筆〕
福間駅ヨリ堀〔三太郎〕氏[14]ト同車ス
一栄屋[15]ニ止宿ノ麻生〔観八〕氏ニ電話シ、折柄来訪アリ棚橋〔琢之助〕[16]・梅谷〔清一〕[17]・渡辺〔綱三郎〕[18]ノ四氏ト会合シ、後藤寺電灯[19]五月卅日迄ノ手形
ニテ引受ノ事ニ一致シ、棚橋君ヨリ東京ニ急電シ、晩餐ヲ共ニス

1 本店移転＝製工所より新築移転（飯塚町立岩）、前年一九一三年十一月三日新築移転式挙行
2 麻生屋＝麻生太七、太吉弟、麻生商店理事、嘉穂電灯株式会社取締役
3 野見山米吉＝太吉妹マス夫、麻生商店理事兼事務長、飯塚運輸株式会社取締役
4 瓜生長右衛門＝麻生商店理事兼鉱務長、株式会社飯塚栄座取締役福岡県会議員、飯塚町会議員
5 嘉穂銀行＝一八九六年開業（飯塚町）、太吉頭取
6 綿勝＝旅館（飯塚町向町）
7 枝国浦＝地名、嘉穂郡穂波村
8 花瀬＝地名、嘉穂郡鎮西村
9 酒屋＝麻生惣兵衛、株式会社飯塚栄座取締役、嘉穂銀行取締役、飯塚町会議員
10 栄座＝株式会社飯塚栄座、劇場（飯塚町）、一九一一年設立
11 赤間嘉之吉＝伊藤（傳右衛門）商店総支配人兼伊藤家家令、のち衆議院議員
12 麻生観八＝九州水力電気株式会社監査役、酒造業（大分県玖珠郡東飯田村）
13 九水＝九州水力電気株式会社
14 堀三太郎＝解説参照
15 栄屋＝旅館、倉成久米吉（福岡市橋口町）
16 棚橋琢之助＝九州水力電気株式会社専務取締役
17 梅谷清一＝九州水力電気株式会社取締役
18 渡辺綱三郎＝九州水力電気株式会社監査役、博多米穀取引所理事、福岡市会議員（福岡市上西町）
19 後藤寺電灯株式会社＝一九〇八年開業（田川郡後藤寺町）

一岩崎片ノ小坑区ノ件ニ付、野見山ヨリ電話アリタリ
一午後九時就寝

一月五日　月曜

浜の町[1]滞在
〔以下吉浦勝熊代筆〕
一午前原〔庫次郎〕[2]氏方ニ悔ニ行ク
一山口〔恒太郎〕[3]氏ニ電話ス（松永〔安左衛門〕[4]氏在福如何）
一棚橋氏ニ電話シ、利率ノ取調方注意ス

一月六日　火曜

午前五時福岡発ニ而帰宅ス
赤坂坑山へ行キ、坑口其他ノ事ヲ申談シタリ、相羽〔虎雄〕[5]・大塚〔万助〕[6]両人立会ナリ
午後三時岩崎坑区ヲ踏査ス
吉隈坑へ行キ、野見山・御法川〔小三郎〕[7]・谷口〔源吉〕[8]等ニ会談ス
岩崎坑区ハ千二百円手数共ニ買収ノ事ヲ申向ケタリ
下臼井[9]より午後六時三十分発ニ而帰宅ス

一月七日　水曜

一午前八時瓜生と赤坂坑山ノ件ニ付打合、尚上三緒・赤坂積入場之拡張ニツキ打合ナシタリ
一午前九時吉隈坑山へ松岡芳右衛門[10]連レ行キタリ
一吉隈坑山ニテ午後六時迄滞在、事業上ニ付谷口初メ掛員ニ打合ナシタリ

一運炭道路受負人ニ面会候ニ付、厳重監督方及レヱール布設ノ出来得ル様咄シタリ
一下臼井午後六時三十六分ニテ帰宅ス

一月八日　木曜

午前花村栄次郎[11]岡ノ浦ノ件ニ付相見へ、本店ニ而上田〔穏敬〕[12]ト打合、同付近ノ図面ヲ製シ、溜池ハ花村ニ於テ取調、又水抜ハ何年頃より着手セシカ取調ナシ、再会ノ事ニテ打合ナシタリ
本店へ出頭、吉隈・赤坂両坑ノ件ニ付御法川へ順序打合ナシタリ
両筑鉄〔軌〕道[13]之件ニ付坂口〔栄〕[14]外二人相見へ、会社ノ方針別ノ日誌ニ書留タリ

1　浜の町＝麻生家浜の町別邸（福岡市浜の町）
2　原庫次郎＝貝島太助姉ヌイ夫、九州電灯鉄道株式会社取締役、元貝島炭鉱津波黒坑所長
3　山口恒太郎＝九州電灯鉄道株式会社取締役、宗像電気・津屋崎電灯取締役、元福岡日日新聞主筆、のち衆議院議員
4　松永安左衛門＝九州電灯鉄道株式会社常務取締役、宗像電気・津屋崎電灯取締役、久留米電灯・馬関電灯監査役
5　相羽虎雄＝麻生商店、元藤棚第二鉱業所長、のち鉱務部長
6　大塚万助＝麻生商店赤坂坑課長、のち上三緒鉱業所長
7　御法川小三郎＝麻生商店鉱務部長
8　谷口源吉＝麻生商店下臼井坑課長、のち堀川鉱業所宇美炭坑
9　下臼井＝地名、嘉穂郡碓井村
10　松岡芳右衛門＝麻生商店山林技手、のち吉隈鉱業所
11　花村栄次郎＝飯塚町下三緒岡ノ浦土地所有者
12　上田穏敬＝麻生商店庶務部長、一八九五年入店
13　両筑軌道＝両筑軌道株式会社、一九一一年設立、翌年浮羽郡田主丸と朝倉郡甘木間開通、一三年秋月まで延長
14　坂口栄＝両筑軌道株式会社取締役、嘉穂郡千手村長、嘉穂郡会議員、翌年福岡県会議員

午前十二時発ニ而出福ス

［以下吉浦勝熊代筆］

一一方亭[1]ニ行キ、鉱業組合[2]ノ新年宴会ニ列シタリ

一月九日　金曜　［吉浦勝熊代筆］

一浜町滞在

一原〔庫次郎〕氏方ニ悔ニ行ク

一一方亭ニ行キタリ

一午後六時ヨリ同方ニテ、九水・九鉄[3]福岡在勤ノ重役ト貝嶋〔太助〕[4]・堀〔三太郎〕・伊藤〔傳右衛門〕[5]等ノ諸氏ヲ招キ、○ノ料理[6]ニテ宴会ヲ催シタリ

一三井ヨリ三百円ヲ受取リ、五拾円ハ一方亭、其他ハ上京又ハ大坂行ノ費金ニ遣ス

一三井ヨリ弐百円ヲ受取リ懐中ス

一高野江〔基太郎〕[7]増給ノ件ニ付相談アリタルモ、承諾セサル旨伊吹〔政次郎〕[8]ニ答置キタリ

一月十日　土曜　［吉浦勝熊代筆］

一浜町ニ滞在、朝来麻生観八・渡辺〔綱三郎〕ノ両氏相見エ、土地会社組織ノ件ニ付内談アリ、方法ハ渡辺君提案ノ筈ナリ

一佐藤〔平太郎〕[9]市長之件ニ付、安川〔敬一郎〕[10]氏方ニテ中根〔ママ〕[11]・小林〔新三郎〕[12]・山口〔恒太郎〕等会合シ、佐藤ヨリ水道設計ニ付順序聞取リタリ

一午後六時ヨリ一方亭ノ九鉄・九水宴会ニ列ス

一佐藤市長ノ問題ハ中野〔徳次郎〕ヨリ内談ヲ試ミ、其結果ニテ尚安川等協議ヲ重ネルモ、結局市会議員ヲ集合ノ上ニテ懇談スルハ遠慮スル方ノ意味ヲ口外ナシ置キタリ

一午後十一時半一方亭ヨリ帰ル

一伊吹ヨリ高野江増給電話アリタルモ、吉田〔良春〕[13]・中村〔武治〕[14]両氏へ書面遣シタリ

一月十一日　日曜

午前十時五十分発ニ而浜の町より帰途ニツキ、百合野貝嶋氏方へ悔ミニ行キタリ、伊藤・中野相見へ、一同自働車ニテ帰宅ス

臼井坑ノ事ニ付谷口へ電話ス

赤坂ノ事、相羽へ電話ス

〔以下吉浦勝熊代筆〕

1 一方亭＝料亭（福岡市外東公園）
2 鉱業組合＝筑豊石炭鉱業組合、一八八五年設立、太吉総長
3 九鉄＝九州電灯鉄道株式会社
4 貝島太助＝解説参照
5 伊藤傳右衛門＝解説参照
6 〇ノ料理＝スッポン料理
7 高野江基太郎＝筑豊石炭鉱業組合嘱託、『筑豊炭礦誌』等著者
8 伊吹政次郎＝筑豊石炭鉱業組合幹事
9 佐藤平太郎＝福岡市長、元鞍手郡長
10 安川敬一郎＝解説参照
11 中野の誤りか＝中野は徳次郎（解説参照）、中根寿は貝島鉱業株式会社常務取締役
12 小林新三郎＝福岡県理事官、土木課長
13 吉田良春＝住友若松炭業所支配人、筑豊石炭鉱業組合常議員、のち住友理事
14 中村武治＝三菱鯰田炭坑長、筑豊石炭鉱業組合常議員

一午前貝嶋君内室[1]死去ノ電話中根〔寿〕君ヨリアリタリ
一午前九時発ニテ帰途ニ就ク

一月十二日　月曜

午前本店出頭
坑業ニ付御法川及宮本〔岩吉〕[2]へ、品物買入方及有安溜池[3]ノ事ニ付上田〔穏敬〕へ申付、夫々方針ノ記録へ記入ナシタリ
午後三時発ニ而直方貝嶋氏ニ悔ミニ行キ、火葬場へ会葬シ、午後八時ニテ帰宅ス、鑛〔汽〕車中中野・伊藤両氏ト同車ス

一月十三日　火曜

午前黒川塩田[4]之事ニ付野見山より電話ニ付、御法川ヲ八時発ニテ取調ノ為メ遣シ、大嶋〔直道〕[5]氏ニも打電シテ頼ミタリ
午前九時出発、赤坂本坑芝ハグリ[6]ヲナシ、帰途ハ午後一時同所より有井迄[7]ノ山脈ヲ通リ、山猟シテ帰ル
孫多〔太〕賀吉も芝ハグリニ連レ行キタリ
午後七時長尾登記所[8]設立願ノ件ニ付、郡参事員〔坂口栄〕及地元より三名訪問アリタ

一月十四日　水曜

午前岩崎坑区ノ件ニ付野見山より電話アリ、監督署[9]ニ上田遣ス
町長〔藤森善平〕[10]及耕地整理ノ県官〔大野〕来訪アリタ
午前十二時ニテ伊藤氏自動車ニ而直方[11]へ行キ、会葬ス
午後五時四十分帰宿ス
麻生屋縁談ノ件ニ付藤田〔次吉〕[12]氏相見ヘタル旨示談ス
午後八時底井野[13]笹屋相見ヘタリ

一月十五日　木曜

午前笹屋宿泊ニ付麻生屋縁談之件ニツキ示談シ、森崎屋[14]ノ出浮アリ、縁談ハ異義ナキモ、森崎屋ニ於テ大ニ節倹ヲ旨トシテ家政上ノ点ニ付如何ヤト優［憂］慮セシコトヲ咄シタル末、本家ヘ事務員トシテ両三年間家政ヲ取ラセタシトノ事ナリ、同意ス

午前十二時発ニ而門司三井ノ宴会ニ列ス、中野君ト同車ス

藤野[15]ニ而宴会アリ、来賓ヲ代理シテ挨拶シタリ

1　貝島太助夫人慶子
2　宮本岩吉＝麻生商店製工所、一九〇三年入店
3　有安＝地名、嘉穂郡庄内村
4　黒川塩田＝佐賀県西松浦郡黒川村
5　大島直道＝佐賀県警察部長、元福岡県書記官、のち警視庁官房主事
6　芝ハグリ＝坑口開坑のための鍬入れ
7　有井＝地名、嘉穂郡庄内村
8　長尾＝地名、嘉穂郡上穂波村
9　監督署＝福岡鉱務署、元福岡鉱山監督署
10　藤森善平＝飯塚町長、元飯塚警察署長、のち福岡県会議員
11　直方＝貝島太助邸（鞍手郡直方町多賀町）
12　藤田次吉＝太吉親族、酒造業
13　笹屋＝藤田次吉（遠賀郡底井野村）
14　森崎屋＝木村順太郎、太吉弟麻生太七女婿、酒造業
15　藤野＝料亭春帆楼（下関市阿弥陀寺町）

門司ニテ三井へ立寄、小林〔正直〕[1]・大竹〔勝一郎〕[2]ノ両人より十五万屯買入ノ咄シアリタ

供〔ママ〕同坑業ノ咄シアリタ

一午前三時頃迄遊ビタリ

一月十六日　金曜

午前九時頃大吉楼[3]ニ而朝飯ヲ喰シ、栗田氏等遊ヒタリ

午後六時ヨリ三井ヲ賓客トシテ坑業者側ヨリ新年之祝盃ヲ催ス

瓜生より黒川製塩之件ニ付電話ス

午後十一時頃より床ニツク

一月十七日　土曜

午前八時起キ朝飯ヲ喰ス

お菊咄ヲ聞キタリ

午前九時半ニテ帰途ニツク

石渡〔信太郎〕[4]・鮎川〔義介〕[5]等ノ諸氏ト同車ス

折尾ニテ南〔弘〕[6]知事ニ面会ス

直方ニテ沖野〔忠雄〕[7]博士ノ一行ニ会ス

午後出店

大吉楼ニテ女中へ三十円、お金・すまこ・千代へ三十円遣ス

おとはへ金五〇遣ス

銀行決算ニ付倉知〔倉智伊之助〕[8]支配人出店ス

一月十八日　日曜

一午前瓜生参リ、両筑線[9]郡補介之件ニ付方針ヲ申含メタリ
一午前出店
一午前十二時嘉穂銀行三十六回ノ惣会ニ列ス
一上野君より直三郎ノ医師ノ一件相談アリタルモ、暫時其侭ニテ確答ノ猶予ヲ乞タリ
一出店、久保川製塩所ノ件ニ付取調ヲナシタリ、瓜生・上田福岡行ト長崎行トナス、上田ヘ三十円渡ス、久保川・久田豊両人、平嶋〔仲次郎〕[10]来店アリタ
一岩崎ノ坑区ノ案文ヲ成ス
一銀行ニテ、九十円ハ七月より十二月迄手当、賞与百廿八円六十銭受取

1　小林正直＝三井物産石炭部長兼門司支店長
2　大竹勝一郎＝三井物産石炭部副部長兼門司支店長代理、元麻生商店商務部主事
3　大吉楼＝旅館（下関市阿弥陀寺町）
4　石渡信太郎＝明治鉱業豊国坑長、のち常務取締役
5　鮎川義介＝井上馨親族、戸畑鋳物株式会社長、のち久原鉱業社長、満州開発工業総裁
6　南弘＝福岡県知事
7　沖野忠雄＝内務省技監
8　倉智伊之助＝嘉穂銀行支配人
9　両筑線＝両筑軌道株式会社線路嘉穂郡延伸計画
10　平島仲次郎＝麻生商店久原鉱業所長、元小学校教師、製鉄所二瀬出張所

一九水後援会ノ件ニ付渡辺〔綱三郎〕ト電話ス

［欄外］高野江増給ノ件ニ付伊吹ト電話ス

一月十九日　月曜

午前水野旅館[1]へ電話ニ而、上田へ貸金ノミニテハ株金ナクナルニ付研究ノ件ヲ電話ス

午前十一時飯塚区裁判ニ出頭、判事ニ面会、笹原積売ノ件ニ付評価人ノ不当見積リ之義ニツキ異見ヲ交換シ、帰途銀行へ立寄、支配人ニ其旨申伝ヘタリ、又遠賀・西川土地整理ニハ加リ不申候様小使ノ名義ニナス様申付タリ

豆田へも電話（入江〔松太郎〕[2]）、営業上ニ付異見ヲ申通タリ

吉隈モ同様ナリ

午後出店

上田へ壱万六千七百円、工場財団担保三千三百円六百六十株ノ代金ニシテ、返リ証ニ其旨書加ヘノコトヲ注意ス

安川・伊藤寄付金ノ件ニ付電信ス

［欄外］貝嶋君ノ寄付ハ暫ラク見合ノコトニ電話キタ

一月二十日　火曜

午前福岡水野旅館上田より製塩之件ニ付電話ス

午前本店出頭

中西〔四郎平〕[3]君来店アリ、坑区ノ話合ナシタリ

石炭予算ヲ多田〔鉄男〕[4]へ命シタリ

午後三時より臼井坑へ行キ、午後六時ニ而帰宅

西園寺〔公望〕[5]氏へ出状ス

一月二十一日　水曜

午前ヨリ終日本店出務
上山田[6]小冨士坑区買収ノ件ニ付永末より申来タリ
赤坂坑区営業ノ件ニ付御法川へ打合ヲナシタリ
二十三日出発上京ノ事ニ取極メタリ
午前十時飯塚発ニ而上京ス、日証〔ママ〕ハ上京日誌ニアル

二月五日　木曜

午前三時帰宅ス
神尾〔光臣〕[7]中将止宿セラル
別府連中[8]参リ、一泊ス
瓜生ト赤坂・吉隈ノ件ニ付協義ス

1 水野旅館＝福岡市東中洲
2 入江松太郎＝麻生商店豆田鉱業所長
3 中西四郎平＝太吉親族、坑区斡旋業、遠賀郡芦屋町会議員
4 多田鉄男＝麻生商店、のち大阪出張所長
5 西園寺公望＝立憲政友会総裁、貴族院議員、元総理大臣
6 上山田＝地名、嘉穂郡熊田村
7 神尾光臣＝久留米第十八師団長
8 別府連中＝辛島虎次郎他一名

二月六日　金曜

神尾中将出発セラル

午前田中[生]正次[1]君昨夜電報セシニ付相見ヘ、減税ノ件ニ付内分申合メタリ

別府連ト宅地ノ件ニ付会談ス、肝要廉書ニアル

午前十二時発ニ而直方百合野へ行キ、貝嶋君ト会談ス、肝要廉書ニアル

管理局長[2]ニ停車場ニ而面会ス

二月七日　土曜

午前十時より赤坂坑ニ行キ、肝要廉書ノ通

一銀行重役会ニ列シタリ

二月八日　日曜

在宅

本村[3]屋敷ヲ検査ス、同屋敷前次介田地、屋敷前ノ分丈ケ分筆譲受ケルコト花村へ申談タリ

病院[飯塚][4]ヲ見テ、製工所[5]ニ行キタリ

赤坂積入場之件ニ付、瓜生直方ニ行キ、縮沙[ママ]之相談、凡弐十間位ハ出来可キ見込ナリ、更ニ十日午後三時出門之筈

二月九日　月曜　[吉浦勝熊代筆]

一午前八時五十分発ニテ飯塚駅ヨリ乗車ス

一午後十二時二十分一方亭ニ着ス

一東北九州救済会[6]ノ寄付金ノ件ニ付、貝嶋・安川・堀・岩崎[久米吉][7]・中野・伊藤等会合ス

平野[8]江五百円　箱崎[9]ハ七百五拾円　志賀嶋[10]三百円　義捐金参千五百円

二月十日　火曜　［吉浦勝熊代筆］

一午前伊藤君訪問アリ、赤間《嘉之吉》君及跡家令者ノ如キ人物撰定之件
一古賀《壮兵衛》君[11]訪問アリ、南洋ゴム会社株ノ相談アリタリ
一佐藤《平太郎》市長ノ件ニ付、安川氏邸ニ於テ安川・中野ノ三名立会打合ヲナシタリ
一一方亭ニ行キ、安川・伊藤・中野三人ニテ遊ビタリ、中野ニ二百円貸ス

二月十一日　水曜　［吉浦勝熊代筆］

一福岡後援会[12]招待会ヲ一方亭ニ定メルコトニナリタル電話、棚橋《琢之助》君ヨリ来リタリ
一古賀《庸蔵カ》君訪問アリ、朝鮮土地ノ件ニ付打合ヲナシタリ
一南洋護謨会社株ノ件ニ付内談アリタリ

1　田生正次＝福岡県会議員、元嘉穂郡大隈町長
2　管理局長＝鉄道院九州鉄道管理局長
3　本村＝地名、飯塚町立岩
4　飯塚病院＝麻生商店、一九一一年竣工、地元との関係で一般公開は一九二〇年（飯塚町立岩）
5　製工所＝麻生商店、一八九四年設立、機械製造・コークス製造・精米目的（飯塚町立岩）
6　東北九州災害救済会＝この年一月設立（衆議院図書館内）、総裁松方正義
7　岩崎久米吉＝岩崎炭礦・大隈炭礦（遠賀郡長津村）経営者、筑豊石炭鉱業組合常議員、元遠賀郡長津村会議員
8　平野＝平野国臣顕彰碑設立費用
9　箱崎＝筥崎宮（糟屋郡箱崎町）
10　志賀島＝志賀海神社（糟屋郡志賀島村）
11　古賀壮兵衛＝銅山経営者、福岡市会議員
12　福岡後援会＝九州水力電気福岡後援会

一一方亭ニ於テ安川・中野ノ二君ト遊ヒタリ

二月十二日　木曜　[吉浦勝熊代筆]

一棚橋君訪問アリ、合併問題ニ付九鉄ノ方針不明トノ事ニ付、左記之廉ニヨルカモ知レヌト話シタリ、一九水ノ精算ノ内容、一九鉄ノ内容ニ於テ秘密事件、此二件ノタメ内談スル為メナラン、此外精算ノ出来ザルト借入金ノ出来ザル事ハ遠キ方ナルベシ、梅谷君ニ電報ニテ松永[安左衛門]ノ意向問合ノコトヲ打合セリ

一後援会委員招待ハ延期ス

一益田[孝][1]ニ火災見舞ノ電信ス、同氏ニ酒樽壱ツ、安川・中野三人ニテ進呈ス

一志賀島ニ金参百円義捐金九日ニ持タセ遣ス

一高[鷹]取行蔵君[2]来訪アリ、吉川[幹次][3]ノ負債ノコト内談アリタリ

二月十三日　金曜　[吉浦勝熊代筆]

一県庁ニテ堀口[堀内助治][4]内務部長ニ悔ミヲナシ、組合義捐[5]ノ件ニ付打合ヲナシタリ

一権藤貫一[6]外一人来訪アリ、平野[国臣][7]氏紀念碑ノ件ニ付談話ス

一一方亭ニ於テ常議員会ノ上弐万円東北ノ義捐スルコトニ決ス、志賀島壱千円ナリ

一九水会社ノ福岡市民会ノ件ニ付、常盤館[8]ニテ午後十一時頃迄交渉セシモ、相片付分袖ス

一一方亭銀行招待会ニ列ス

二月十四日　土曜

午後一時三十分発ニ而自働車ニ而帰宅、麻生屋・瓜生・上田立会、坑業上ニ付打合ヲナシタリ

[以下吉浦勝熊代筆]

一松本[健次郎][9]邸ニテ進藤[喜平太][10]氏ト面会、市長問題ニ付談話ス

一九水会社ニ出頭、後援会返事ノ事ニ付打合ヲナシタリ
一芝尾来訪〔喜多夜叉〕11、東北九州救済会義捐金ノ件ニ付打合ヲナシタリ
一安川氏ヲ訪問シ、市長問題及若松問屋問題ニ付依頼シタリ

四月十二日　日曜

午後二時半飯塚駅着ニ而帰宅ス
滞京中書類整理ス
麻生観八君へ書状ス

四月十三日　月曜

午前より在宿、滞京中書類整理ス

1 益田孝＝三井合名会社顧問、この年八月相談役、元三井物産社長、三井管理部専務理事
2 鷹取行蔵＝元御徳鷹取炭坑・定徳炭坑経営者
3 吉川幹次＝太吉親族、元藤棚炭坑経営者
4 堀内助治＝福岡県内務部長
5 組合＝筑豊石炭鉱業組合、太吉総長
6 権藤貫一＝元衆議院議員
7 平野国臣＝福岡藩勤王家
8 常盤館＝料亭（福岡市外水茶屋）
9 松本健次郎＝安川敬一郎次男、明治鉱業株式合資会社副社長、のち石炭鉱業聯合会長、昭和石炭株式会社社長
10 進藤喜平太＝玄洋社、元玄洋社社長、元衆議院議員
11 芝尾喜多夜叉＝芝尾入真、福岡日日新聞熊本支社主幹

黒瀬元吉[1]参リ、掛物類三百円買入ナシタリ
麻生ナツヱ[2]縁談ノ件及同家将来ノ事ニ付、藤井〔誠助〕・麻生彦三郎[3]・奥野亀吉〔亀太郎〕・麻生屋来会、談合ス

四月十四日　火曜

上田店員訪問、有安溜池及別府地所ノ件ニ付、従来乞合ノ手続キ聞取タリ
赤坂坑へ行キ実況ヲ観シ、又途中有安・綱分両坑へ立寄、西野〔長五郎〕[4]へ事業上ニ付注意ス

四月十五日　水曜

午前在宿、滞京中書類整理ス
午後一時半嘉穂銀行へ出行、貯蓄銀行之件ニ付打合ヲナシ、尚支配人ニ規定ヲ草案シ、其結果一応打合、尚松崎君〔三十郎〕[5]へ鑑定ヲ乞、其上ニ而重役会開会ノ事ヲ打合ナシタリ
綿〔勝〕且ニ行キ、午後十時過キ帰ル

四月十六日　木曜

午前在宿、軽症ノ神経症ニテ終日臥付タリ
上田〔穏敬〕店員別府之義ニ付訪問ス
太〔麻生〕右衛門[6]浜の町より自働車ニ而帰ル
古川〔古沢好雄〕[7]医師ト会喰ス、麻生屋・瓜生ヲ会ス
黒瀬参リ、八十一円ト十五円ノ増加ト九十六円相渡シタリ
掛物整理ヲナス、吉浦君〔勝熊〕[8]帳簿ニ付込、現品ニ印紙ヲ貼シ蔵ニ直シタリ

四月十七日　金曜

一本店出務

一午後四時飯塚発ニ而吉隈坑へ行キ、六時三十分ニ而帰ル
一花村久助[9]君笹栗〔ママ〕坑ノ件ニ付訪問アリタ

四月十八日　土曜

藤森〔善平〕町長相見へ、油田[10]ノ事及埋立工事ニツキ内談アリタ
田生正次外一人、電話ノ事ニ付協議アリタ
若松伊吹幹事ト電話ス

四月十九日　日曜

在宿
上田、別府ノ地所ノ買入件ニ付協義ス
野見山、飯塚倉庫〔運輸〕会社[11]ノ事ニ来談ス

1　黒瀬元吉＝古物商（福岡市上新川端町）
2　麻生ナツヱ＝太吉親族
3　麻生彦三郎＝太吉親族、麻生商店測量係
4　西野長五郎＝伊之吉事、麻生商店、元主事補、芳雄山内坑務課長、一八八八年入店
5　松崎三十郎＝弁護士（福岡市天神町）
6　麻生太右衛門＝太吉長男
7　古沢好雄＝九州帝国大学医科大学講師
8　吉浦勝熊＝麻生商店主計出納兼本家
9　花村久助＝笹原炭坑経営者、飯塚町会議員、元麻生商店と笹原炭坑共同経営
10　油田＝地名、飯塚町飯塚
11　飯塚運輸株式会社＝元飯塚倉庫株式会社（飯塚町）、一八九九年設立

瓜生、塩田黒川関係来談ス
安川・加納・小林新三郎等ノ諸氏ニ出状ス
植木類ノ始末申付タリ

四月二十日　月曜

午前十時迄在宿
午〔前脱〕十一時本店出務
伊吹政次郎来訪アリ、組合之件ニ付協談ス
午前十二時綿且〔勝〕ニ行、昼飯ヲナシ、銀行重役会ニ列ス
松月楼[1]会葬ス
綿且ヘ立寄夕喰ス

四月二十一日　火曜

午前在宿、義之介〔麻生〕[2]別住ス
午後二時過キ自働車ニ而出福ス
〔以下吉浦勝熊代筆〕
一九水会社ニ電話シ、明朝九時会社ニ出頭シテ面会ヲ約ス
一中村武文[3]・田生正次両氏来訪、後藤寺・飯塚間ノ電鉄ノ協議ス（本宅ニテ）

四月二十二日　水曜　〔吉浦勝熊代筆〕

一午前九時九水会社ニ出頭ス
一和田氏〔豊治〕[4]一行之日割ニ付、二十三日昼飯ノ準備ノ予約ヲナシタリ

一午後四時停車場ニ出迎ニ行キタリ
一午後七時ヨリ東公園一方亭ニ九鉄会社ノ招待会ニ列ス
一九水後援会ノ件ニ付九州重役会[5]ノ評議ヲナシタリ
一午後一時過帰宅ス

四月二十三日　木曜　［吉浦勝熊代筆］

一和田氏一行ヲ旅館栄屋ニ訪問ス
一九水会社ニ出頭シ重役一同会合ス、十一時過一行ト分レ浜町ニ帰ル
十二時ニ日比谷［平左衛門］[6]・和田両氏一行ヲ昼飯ニ招待ス
一深沢［伊三郎］[7]・下沢［善右衛門］[8]ノ両氏来訪アリ、九水後援会関係ノ示談アリタリ
一午後六時ヨリ一方亭ニ行キ、九鉄招待会ニ列ス、午後十二時過帰宅ス
一小林新三郎氏来訪アリ、市長問題ニ付会話ス（談話ノ事ハ記憶帳へ委細筆記ス）

1　松月楼＝料亭、井ノ口松之助（飯塚町中小路町）
2　麻生義之介＝太吉女婿、旧姓有田、麻生商店会計庶務兼務、のち株式会社麻生商店取締役
3　中村武文＝田川銀行取締役、田川貯蓄銀行監査役
4　和田豊治＝九州水力電気株式会社相談役、富士瓦斯紡績株式会社専務取締役
5　九州重役会＝九州水力電気株式会社九州在住重役会
6　日比谷平左衛門＝九州水力電気株式会社社長
7　深沢伊三郎＝実業家（福岡市博多瓦町）
8　下沢善右衛門＝雑貨商（福岡市中間町）

一別府辛島〔虎次郎〕[1]外一人及上田来訪アリ、鉄道相談役ノ事ニ付示談、及別荘之事ニ付話合ス

四月二十四日　金曜　〔吉浦勝熊代筆〕

一両筑軌道之件ニ付坂口〔栄〕・鶴田〔多門〕[2]・加藤〔清〕[3]等ノ諸氏来訪アリタルモ、該工事ハ郡治上ノ関係ニテ応援スルタメナレハ容易ニ口答ナシ難キ旨相断リタリ

一日比谷・和田両氏ヲ停車場ニ見送リタリ、停車場ヨリ帰途大野〔仁平〕[4]君宅ヲ訪ヒ、九水後援会ノ仲裁者タル深沢・下沢等ノ諸氏ト会談ス、別紙ニ筆記ス、夫ヨリ午後四時過福村家[5]ニ行キ調停者ヲ招待ス後援会ノ委員ハ引払ニナリ会見セザリシナリ、午後十一時過帰宅ス

四月二十五日　土曜　〔吉浦勝熊代筆〕

一午前七時合屋・松尾・田中ノ諸氏来訪アリ、飯塚倉庫〔運輸〕会社之件ニ付打合セ、直方奥野〔虎吉カ〕[6]ニ整理方電話ニテ相談シ、承諾セリ

一稲田〔龍吉〕[7]先生午後六時来訪（藤井氏方）承諾アリタリ

一木村〔順太郎〕[8]氏ニ、竹洞〔中林〕[9]ノ山水幅、可成差直〔値〕ヨリ安ク買入相談ス

一渡辺・中野両氏ニ後援会ノ件ニ付電話ス

一安川氏ニ北海道〔炭礦汽船〕株式ノ件ニ付出状ス

一南知事ヲ訪問シ、政治上ノ事ニ付会談、西〔西園寺〕侯総裁・国民党合同ナレハ上策ニテ、目下政争ハ不利ナリト意見一致ス

四月二十六日　日曜　〔吉浦勝熊代筆〕

一午前八時五十分日比谷・和田ノ一行見送リタリ、停車場二階ニテ奥野・宮〔空白〕ノ両君ニ飯塚倉庫〔運輸〕会社之事ニ付一ケ月百円ハ利益アリト明言スルニ付、未払ノ廉仕約方依頼ス

一香椎[10]附近ノ炭田坑区瓜生ト踏査ス
一午後三時佐藤市長ト会談ス、中野・佐賀[経吉][11]両氏立会ナリ
一午後六時過ヨリ一方亭ニ行キ中野・渡辺ト会合ス、午後十時帰ル

四月二十七日　月曜

博多より午後七時発ニ而自働車ニ而帰途ニツキタリ
［以下吉浦勝熊代筆］
午前九時瓜生来訪、久原坑[12]ノ附近タル七ヘダ炭ノ斤先掘ノ事ニ付協議ス
松崎氏ニ契約案ヲ乞ヒタリ
直方鉱業組合[13]ニ電話ス

1　辛島虎次郎＝大分県速見郡別府町会議員、旅館紅葉館経営、のち別府温泉鉄道株式会社（未開業）重役
2　鶴田多門＝両筑軌道株式会社取締役、九州工務所（福岡市西中洲）
3　加藤清＝両筑軌道株式会社長、朝倉郡会議員
4　大野仁平＝炭鉱経営者、玄洋社
5　福村家＝料亭（福岡市東中洲）
6　奥野虎吉＝直方倉庫株式会社支配人
7　稲田龍吉＝九州帝国大学医科大学教授
8　木村順太郎＝麻生太七女婿、株式会社飯塚栄座取締役
9　中林竹洞＝江戸時代後期の南画家
10　香椎＝地名、糟屋郡香椎村、糟屋炭田
11　佐賀経吉＝鉱山経営者、玄洋社
12　久原坑＝麻生商店一九〇八年共同買収、一九〇九年単独経営（佐賀県西松浦郡西山代村）
13　直方鉱業組合＝筑豊石炭鉱業組合直方会議所

貝嶋本宅ニ同断

四月二十八日　火曜

百合野貝嶋氏方ニ一泊ス
午前鯰田中村〔武治〕君へ訪問シ、五月一日臨時常議会〔貝脱〕ノ件ニ付打合ヲナシタリ、午後より直方百合野貝嶋方ニ行キタリ
福岡市長問題ニ而午前十時福岡ニ而集合ノ筈ナリシモ、電話ニ而東京より帰ル迄延期ノ事中野より電話スニ付、出福見合せタリ

四月二十九日　水曜

百合野貝嶋君へ滞在
午後十一時ノ自働車ニ而帰ル、末松より掛物七十円ニ而買入ナシタリ

四月三十日　木曜

午前十時五十分ニ而若松築港会社[1]惣会ニ列ス、但直方より堀〔三太郎〕氏ト同行ス
同地午後四時三十分ニ而帰ル
若松坑業組合事務所へ行キタリ
出張所ニモ立寄、佐伯〔梅治〕[2]氏不在ナリ
安永乙吉[3]君へ若松ニ而出合ス
若松問屋組合幹部[4]ノ人々ニ五月一日直方ニテ面会之約ス
若松ニ而大貝〔潜太郎〕[5]氏ト赤尾〔元一〕[6]君ノ面会ノ期ヲ咄シアリタ、五月一日直方ナレバ指支ナキ旨返答ス
［欄外］中野・渡辺ノ両氏ニ打電ス、別府日比谷氏一行福岡立寄ノ件

五月一日　金曜

午前十時五十分発ニ而直方町坑業事務所臨時常議〔員脱〕会ニ列ス
代価維持之為メ惣長より何分発案ヲナスコトニ決定ス
若松問屋組合ノ正木外一人相見へ、面会ス
赤尾外一人相見へ、九州コーク之件[7]ニ付打合ヲナシタリ
宇ノ嶋鉄道[8]ノ件ニ付小川〔武次郎〕支配人外一人相見へ、金談協義ヲナシタリ、貝嶋より嘉穂へ預ケ嘉穂より融通スルニ決ス

五月十日　日曜

午後四時東京より帰途百合野[9]へ立寄、同所より自働車ニ而帰宅ス
貝嶋君トハ、井上〔馨〕侯爵より政友会ノ件ニ付注意ノ電報アリ、打合ナシタリ、又採掘減額ノ事モ打合ナシタリ

1　若松築港会社＝一八九二年設立、一八九三年株式会社と改称、太吉取締役
2　佐伯梅治＝麻生商店若松出張所長、一九〇三年入店、のち大阪出張所長
3　安永乙吉＝玄洋社、元麻生商店本洞炭坑長
4　若松問屋組合＝一八七五年若松石炭問屋組合設立、若松港同盟石炭問屋組、若松港石炭業組合を経て一九〇〇年若松石炭商同業組合と改称
5　大貝潜太郎＝九州コーク株式会社取締役、若松電気株式会社取締役、若松市会議員
6　赤尾元一＝九州コーク株式会社長、九州電線製造取締役、門司市会議員
7　九州コーク株式会社＝一八九七年設立（遠賀郡戸畑町）、太吉取締役
8　宇島鉄道株式会社＝築上郡八屋町と同郡唐原村間の軽便鉄道、一九一二年設立、この年開業、社長柏木勘八郎
9　百合野＝貝島太助邸（鞍手郡香井田村竜徳）

五月十一日　月曜

午前本店出頭

古賀〔庸蔵〕[1]君相見へ、朝鮮鉄山ノ事ニ付打合ナシタリ

両筑鉄道〔軌〕ノ件ニ付伊藤・中野両人ト協義シ、五百株トシ、三百株ハ自分、百株ツ、所持ス

五月十二日　火曜

午前八時飯塚発ニ而出福ス

浜の町滞在

小竹[2]より伊藤・中野・安川ノ三氏ト同車ス

安川氏邸ニ而市問題ニ付打合ヲナシタリ

上部〔欄外〕ニ記載ノ通原案ヲ製造シ、尚安川君ニ清書ヲ乞、夫レ以明日委員者ニ示スコトニ打合シタリ

〔欄外〕

覚

一、佐藤〔平太郎〕市長水道問題解決急速ナラレシメ為メ辞職希望アルコト

二、市長辞職ノ場合ニハ、水道工事内務省へ申請シ、同省ノ指定セラル、設計ニ従ヒ工事竣工セラル、コト

三、市長ニ相当ノ慰労金贈呈セラル、コト

四、後任者ノ詮衡委員ヲ設ケ、円満撰定セラル、コト

五、行政上ニ就キ按分比例ノ委員ヲ設ケ、円満ニ調理セラル、コト

五月十三日　水曜

浜の町滞在

午後一時市長側之委員ト会見ス（安川氏邸ナリ）
午後四時政友会側ノ委員ト会見ス

五月十四日　木曜

浜の町滞在
松崎氏ト朝鮮鉄山ノ件ニ付打合ヲナシ、一方亭ニ行キ安川・伊藤・中の等会合ス

五月十五日　金曜

安川氏ニ行キ、午後一時平和之確報双方より得タリ
午後二時より一方亭ニ安川・中野等会合ス

五月十六日　土曜

午後六時常盤館ニテ委員諸氏ヲ安川・中の三人ニテ招待シ、平和ノ為メ双方満足ノ体ヲ見受ケタリ、安川氏より調和ノ旨意挨拶アリタ

五月十七日　日曜

午前浜の町滞在
午後一時自働車ニ而帰宅ス
本店出務
朝鮮鉄鉱之件ニ付古賀君相見へ、組合業ニ付打合ヲナシタリ

1　古賀庸蔵＝元衆議院議員、元福岡県会議員
2　小竹＝小竹駅（鞍手郡勝野村）

五月十八日　月曜

午前八時五十分発ニ而直方坑業組合常議員会ニ列シ、採掘制限ノ打合ヲナシタリ
岩崎久米吉[1]君より所有坑区伊藤［傳右衛門］君ト交換ノ件ニ付協義ス
帰途自働車ニ而幸袋伊藤君[2]之宅ニ立寄、夫より自働車ニ而帰宅ス
本店ニ立寄、標準ノ事及満鉄犬塚［信太郎］[3]君ノ件ニ付野田［卯太郎］[4]・永江［純一］[5]へ打電ス

五月十九日　火曜

午前中野君訪問アリタ
長崎人ト麻惣［麻生惣兵衛］ト相見へ、朝鮮之事ニ付内談アリタ
九水梅谷［清二］相見へ、電力之事ニ付協義ヲナシタリ
直方九水直［値］下ケ之相談アリタ

五月二十日　水曜

午前八時五十分発ニ而直方坑業組合事務所へ常議員会ニ列ス
午後九時四十八分発ニ而帰宅ス
貝嶋氏宅百合野へ訪問ス
犬塚君ノ事ニ付貝嶋太一［市］[6]君より打電アリタ、別府行勧告ノ返電シタ

五月二十一日　木曜

中根君ト電話ニ而採掘制限算［計脱カ］方ニ付協義ス
伊吹外二人相見へ、採掘制限之件ニ付計算ス

五月二十二日　金曜

在宅ス

飯塚警察署長《〔岩崎高蔵〕》訪問アリタ

正一位稲成三角《〔ママ〕》様代人相見へ、太右衛門病気ニ付親切ニ講話アリタ

五月二十三日　土曜

午前八時五十分直方坑業組合事務所へ《〔ママ〕》ニ而坑業者惣会ニ列ス

午後二時半帰宅ス

午後三時ニ而野見山三井へ遣シ、四社内約実行之件打合ナサセタリ

綿且《〔勝〕》ニ午後六時過キヨリ行キタリ

五月二十四日　日曜

午前九時鯰田中村《〔武治〕》君訪問シ、採掘制限申合ニ関スル協談ス

午後三時十二分飯塚駅発ニ而京都ニ向ケ出発ス

下ノ関ニ而小林《〔正直〕》氏ト会談ス

1　岩崎久米吉＝岩崎炭礦・大隈炭礦（遠賀郡長津村）経営者
2　幸袋＝地名、嘉穂郡大谷村
3　犬塚信太郎＝南満洲鉄道株式会社理事、元三井物産門司支店長
4　野田卯太郎＝衆議院議員、のち逓信大臣、商工大臣
5　永江純一＝衆議院議員、麻生商店・貝島鉱業相談役、三池銀行頭取
6　貝島太市＝太助五男、貝島鉱業株式会社本店総務部長、のち貝島炭礦株式会社社長

折尾より長崎橋本《〔辰次郎〕》貴族院議員・三菱荘・杉本《〔清次郎〕》[1]等ノ諸氏ニ面会シ、門司迄同車ス

　五月二十五日　月曜

午前九時三十分京都駅ニ着、直チニ俵屋旅館[2]ニ投宿ス
午後五時ヨリ桃山仮停車場ニ奉迎ノ為メ参列ス[3]
北伏見稲荷神社ニ参詣ス
仮停車場ニハ尾崎・広瀬等ノ諸君ト同列ス

　五月二十六日　火曜

午前西園寺侯爵邸ニ訪問ス
午後一時より大徳寺・金角《〔閣〕》寺・南善《〔禅〕》寺・清水《〔ママ〕》等ニ拝詣シ、午後七時二十二分京都発ニ而帰途ニツキタリ

　五月二十七日　水曜

午前九時下ノ関ニ着ス
三井物産大竹《〔勝一郎〕》君ニ面会ス
博多ニ行キ、浜の町ニ泊ス
原嘉造《〔道〕》[4]一方亭ニ招キ晩喰ヲ出ス、石田《〔虎雄〕》[5]氏も相見ヘタリ、瓜生より会ス
古賀庸《〔蔵〕》三君相見へ、鉄坑《〔ママ〕》ノ件ニ付会談ス

　五月二十八日　木曜

午前十時十八分自働車ニ而帰ル
藤井善作[6]氏ノ会葬ス
黒瀬参リタリ、掛物買入タリ

五月二十九日　金曜

伊吹等ノ諸君訪問、打合ヲナシタリ

庄野金十郎[7]氏ニ電話ス、制限採掘ノ事ニ付懇談ス

五月三十日　土曜

福岡日々新聞岡本龍巳君来訪アリ、採掘制限ノ事ニ付打合ヲナシ昼飯ヲ会喰ス

五月三十一日　日曜

在宿

飯塚串屋〔櫛氏〕病気ニ付稲田〔龍吉〕先生来診之事ニ〔ママ〕ヲ電話ニ而相談シ、自働車ニ而同家へ診察アリタ

大工ヲ呼寄、建具類病院舎宅へ送布ス

六月一日　月曜

午前出店

1　荘清次郎＝三菱合資内事部長
2　俵屋旅館＝京都市麩屋町
3　昭憲皇太后大葬
4　原嘉道＝弁護士（東京市）、のち枢密院議長、司法大臣
5　石田虎雄＝弁護士（福岡市）
6　藤井善作＝藤井合名会社長、飯塚運輸株式会社取締役、元飯塚村会議員
7　庄野金十郎＝福岡日日新聞社長、弁護士、元福岡県会議員

午後嘉穂銀行重役会ニ列ス
綿且〔勝〕ニ立寄、午後八時帰ル

六月二日　火曜

終日在宿
黒瀬昨夜より参リ、掛物買入タリ
掛物類整理ス
安川氏より来状ニ接シ、福岡市長ノ一件ニ付中の〔徳次郎〕へ電話ス

六月三日　水曜

午前十一時自働車ニ而百合野貝嶋君へ行キ、大〔犬カ〕塚君身上ニ付打合ヲナシ、又井上侯〔馨〕より御話ノ事ニ付打合ヲナシ、
午後一時廿分発ニ而別府へ行キタリ
午後八時三十分着、直チニ峠〔延吉〕[1]君ト犬塚君中山旅館[2]ニ訪問シ、同人ノ意向聞取タリ
中の君へ其後相見へ、午後十二時過キ別荘[3]ニ帰ル

六月四日　木曜

別府滞在ス
中山旅館ニ行キ、及山水園[4]ニ行キ入湯ス

六月五日　金曜

午前十二時別府発ニ而帰途ニツク
鑛〔汽〕車中中野君同車ス
下ノ関連中同車ス

須〔首〕藤三作参リ[5]、水利権ニ付打合ヲナシタリ
中山旅館ニ金三十円、茶代二十円、召使外ニ十五円余仕払ス
　但下ノ関芸者ノ仙〔線〕香料ハ一切当方より仕払ノ旨申置キタリ

　六月六日　土曜

在宿
午後本店出頭
朝鮮鉄坑約定案ヲ初メ、久原塩田[6]ノ打合ヲナシタリ
長岐〔繁〕[7]君鹿児嶋へ遣シ、高等学校入校之件ニ付打合ス

　六月七日　日曜

坑業組合直方支部ニ於テ石炭採掘実行委員ノ会儀ヲナシタリ
午後四時自働車迎ニ参リ帰宅ス
中のへ電話ス

1　峠延吉＝貝島鉱業株式会社取締役
2　中山旅館＝別府温泉上ノ田湯（大分県速見郡別府町）
3　別荘＝麻生家田の湯別荘（別府町田の湯）、元五六庵
4　山水園＝小宮茂太郎が一九一三年開園した庭園（別府町）、のち太吉購入して麻生家別荘となる
5　首藤三作＝麻生家別荘管理人
6　久原塩田＝佐賀県西松浦郡西山代村
7　長岐繁＝麻生商店会計兼商務部長、元三井物産三池出張所

六月八日　月曜
午前実行〔実業之世界〕ノ日本記者訪問シ、坑業上ニ付談話ヲナシタリ
黒瀬参リ、諸品整理箱製注文ス
六月十二日　金曜
午後三時東京発ニテ帰途ニツク
六月十三日　土曜
午後八時下ノ関ニ着、同午後九時半出帆ノ白魔丸ニ乗シ、釜山ニ行キタリ
六月十四日　日曜
午前九時半釜山ニ着ス
鳴戸[1]ニ立寄リタリ
十二時半ノ発車ニ而亀浦ニ行キ、同地ノ地所ヲ実検シ、午後六時二十分発ニ而野田氏ト同車、釜山ニツク
鳴戸ニテ喰喰〔晩カ〕シ、午後八時半ニテ帰途ニツク
六月十五日　月曜
午前八時半門司発ニ而博多へ、浜の町ニ泊ス
六月十六日　火曜
中野氏訪問アリ、同供シテ谷口〔留五郎〕[2]知事ニ官舎ニ而面談ス
市長ノ一件
貯蓄会社ノ一件
郡長転任ナキ様ノ件

〆

午後四時博多発ニ乗車、午後六時百合野貝嶋氏ニ峠氏一同会シ、野田〔卯太郎〕君ノ一件ニ付協義ス
午後七時五十分直方発ニ而帰途ニツク

六月十七日　水曜

伊吹外二氏相見へ、採掘制限ノ報告、四社ノ分ニ限リ間違アリ、訂正ノ報告ス

六月十八日　木曜

午後一時自働車ニ而伊吹外二人ト直方停車場ニ行キ、夫より百合野貝嶋氏方ニ而柏木真静[3]一同打合ナシタリ
本店へ出務ス
午後三時嘉穂銀行臨時重役会開設シ、貯蓄会社ノ協義ヲナス
綿且〔勝〕方ニ立寄、午後八時過キ帰ル
午後十時過キより自働車ニテ出福ス、浜の町ニ一泊ス

六月十九日　金曜

午前▨〔五カ〕時博多発ニ而下ノ関川卯[4]ニ行キ、野田君ト打合ヲナシタリ
門司十一時ニ而直方ニ下車シ、貝嶋氏方ノ迎ノ自働車ニ乗シ百合野ニ行キ、貝嶋氏ト打合ナシタリ

1　鳴戸＝旅館（釜山駅前）
2　谷口留五郎＝福岡県知事
3　柏木真静＝勘八郎改名、太七親族、福岡県農工銀行取締役
4　川卯＝旅館、川卯本店（下関市）

午後六時ニ而帰途ニツク

六月二十日　土曜

在宿ス

柏木真静上京ノ返電アリ

六月二十一日　日曜

午前在宿

午後三時十分発ニ而上京ス

七月一日　水曜

午前九時下ノ関着、直チニ福岡へ廻リ、浜の町ニ滞在ス、野見山停車場ニ而出合、同車ス

犬塚〔信太郎〕御妹子へ面会ス

七月五日　日曜

午後二時瓜生ト自働車ニ而帰宅ス

麻生観八君より明日出福之電話アリタ

七月六日　月曜

午前七時自働車ニ而出福ス

麻生観八君浜の町別荘ニ訪問アリ、東京行二週間延期ノ打合ヲナシタリ

午後六時一方亭ニテ松永〔安左衛門〕・梅谷〔清一〕ト会合シ、松永君ノ決心ヲ聞取タリ

合併計算上ハ調査スミタルモ、事業上ニツキ調査ノ必要ト合併後ノ模様ト重要ノ件当局者トシテ必要ノ要談アリ〔タ〕アリ、上京延期ノ事ニ協義シタ

東京中の君〔徳次郎〕ニ、出京アス取極メシラス、ト電シタ

七月七日　火曜

浜の町滞在

麻生観八・梅谷・棚〔棚橋琢之助〕石三氏ト打合ヲナシ、東京行延期ノ旨中野及和田〔豊治〕氏ニ打電ス、及和田氏ニ出状ス（追加ニアル）

合併調査双方共尚調査ニ数日ヲ要ス、松永トモ親敷話シタ、止ムナキ事ト認ム故結了迄上京後レル、委細文

アソウタキチ

和田豊治

合併調査双方共尚調査ニ数日ヲ要ス、松永トモ親敷話シタ、止ムナキコトト認ム故結了迄上京後レル、一先帰レ

アソウ

中野徳次郎

（東京ト大坂ト二方ニ打電ス）

七月八日　水曜

午後一時浜の町より太郎〔麻生〕[1]一同自働車ニ而帰宅ス

在宅

1　麻生太郎＝太吉三男、のち株式会社麻生商店取締役

七月九日　木曜

午前在宿
東京椿原〔榛原直次郎〕[1]ノ手代来訪ス
掛物類整理ス

七月十日　金曜

午前本店ニ出頭
古川ノ地所整理及洪水之時排水ノ方法等打合ナシタリ
山内坑山ノ関係有ル岡ノ浦花村栄次郎君地所付口米弐十一俵、明年より小作スルコトニ咄シナシタリ、是迄ノ分ハ関係セザル旨確答スル様申付タリ
嘉穂銀行重役会ニ列シ、惣会ノ打合ヲナシタリ

七月十一日　土曜

在宅
器具類整理ス
新倉ノ器具類整理ニ付、棚付等高山ヲ呼ヒ申付ケタリ

七月十二日　日曜

午前在宿
器具類整理ナス
福岡櫛橋〔岩太郎〕・鎌田〔昌一〕・中野〔敬三郎〕[2]三氏訪問アリ、昼飯ヲ会ス
午後銀行検査役及取締役麻惣〔麻生惣兵衛〕ト三池銀行ニ比例シ重役増給ノ打合ナシタリ、其ノ結果明十三日委員連ト会合スルニ

決ス
渡辺綱三郎氏ニ電話、佐藤〔平太郎〕市長ノ慰労金ノ件ニ付相談シ、櫛橋君へ電話ノ事咄シアリタ、惣而承諾アリ、出福ニ不及旨申向ケラレタリ

七月十三日　月曜

午前在宅
庭園ノ整理及器具類新倉ニ移シ方整理ス
午後十二時過キ嘉穂銀行ニ行キ、重役報洲〔酬〕増加ノ事ニツキ委員ト左記之通打合ナシタリ、大屋久[3]・上野弥一郎[4]・許斐寛[5]・瓜生長右衛門・支配人〔倉智伊之助〕トノ会合ナリ
三池銀行より一ケ年五百円減ニテ惣会ニ建議提出ノコトヲ明言ス、方法ハ原書倉知〔智〕支配人ニ渡シタリ、発案スレバ創立以来ノ報洲〔酬〕ヲナス順序アリ、今暫ラク発案致シ兼候旨相答、株主より建議ナレバ同意スル旨ヲ約シタリ
一櫛橋氏ニ二度、先方より一度電話シ、市長慰労金ノ件ニ付、渡辺綱三郎氏ト協義ノコトヲ相談ス

1 榛原直次郎＝表装具商（東京市日本橋区通一丁目）
2 櫛橋岩太郎・鎌田昌一・中野敬三郎＝福岡市会議員
3 大屋久＝嘉穂郡千手村長、元嘉穂銀行大隈支店支配人
4 上野弥一郎＝元嘉穂郡庄内村長
5 許斐寛＝元嘉穂郡頴田村長

七月十四日　火曜

午前十二時三十分飯塚発ニ而別府へ出浮掛候処、直方ニ而伊藤〔伊東祐彦〕[1]博士ト同車シ、多賀吉〔太〕[2]通院可然トノ事ニ而、博多ニ行キ病院ニ而打合之結果、六七日位ノ事ナレバ通喰ニナル迄辛抱スルコトニ決定セリ

松崎氏ニ折尾待合中、久原尺ナシ炭之事ニ付、目下着手セシモノ、処分ハ現坑主より処分スルノ書面ヲ携供〔ママ〕為致候コトニツキ、尚惣而研究ノ事、義之介より瓜生ト協義候様義之介へ申談タリ

七月十五日　水曜

午前五時二分発ニ而浜の町別荘ヲ出発シ、午前十一時二十八分着ス

三池町材木商円仏〔七蔵〕君訪問アリ、枕木売込之件ニ付（別府巡遊〔ママ〕鉄道）尋問有之ニ付、五円ノ払込弐万株ニ而成立セシニ付、未払ノコトハアル間敷旨相答ヱタ、然ルニ某ニ同数約束セシ由ニ付、夫レヲ確カメラル、様注意ス

午後三〔山〕水園ニ行キ、三作〔首藤〕へ屋敷根材ノコトヲ相頼ミタリ

七月十六日　木曜

午前田之湯[3]区長及仲矢虎一外一人相見へ、通水絶チタルニ付、耕地整理事務所へ請求ノコトヲ相談ス、其ノ結果（追加ニ附記ス）寄付スルコトモ明言ス

三池円仏君相見へ、巡遊鉄道会社より四月七日付某へ注文ハ取消ス旨ノ証書ヲ専務より指入、約定ノコトニナリタル旨報告アリタ

福沢へ地図ヲ持チ出別ノ事、太郎へ打電ス

午後十時過福岡櫛橋君より電話ニ付（追加ノ部ニアル電文ヲ発ス

七月十七日　金曜

午前追加ニアル電文ヲ佐藤市長慰労金問題ニツキ発電ス

七月十八日　土曜

午前七時四十分別府発ニ而帰途ニツキ、直方より自動車ニ而帰宅ス

嘉穂銀行ニ行キ、重役手当増加建議ノ件ニ付支配人其他ト打合ヲナシ、帰宅ス

七月十九日　日曜

金百二十八円六十銭、九十円ノ手当嘉穂銀行より受取

第三十七期惣会ニ出席ス、惣会決議ハ別ニアル

七月二十日　月曜

在宅

家内ハ義多賀〔麻生義太賀〕[4]同供出福ス

今淵〔恒寿〕[5]先生酒屋〔麻生惣兵衛〕ニ来訪アリ、挨拶ニ行キタリ

七月二十一日　火曜

午前八時五十分ニ而長七〔広方〕[6]連出福ス

1　伊東祐彦＝九州帝国大学医科大学教授
2　麻生太賀吉＝太吉孫、麻生太郎・夏長男のち株式会社麻生商店社長
3　田之湯＝地名、大分県速見郡別府町
4　麻生義太賀＝太吉孫、麻生義之介・ヨネ長男
5　今淵恒寿＝九州帝国大学医科大学教授
6　広方長七＝麻生家調理兼雑事

折尾より岩崎[久米吉]氏ト同車ス（加藤清氏同断）[1]、浜の町ニ岩崎氏来訪アリ、伊藤君坑区交換ノ件ニツキ協議ヲナス
伊藤傳右衛門君訪問アリ、岩崎坑区ノ件協義シ、林[真一][2]君出福ヲ乞タリ
岩崎氏ニモ伊藤吉太郎君[3]出福ヲ乞タリ
中野君出福アリタ、二十二日市会議員会合ヲ約ス
棚橋君ニ電話ス
黒瀬ニ十九円五十銭現金仕払、二十円[麻生]義ノ介ニ払タリ、目六ハ別紙七月廿一日付六十円ノ分ナリ

七月二十二日　水曜

伊藤吉太郎出福アリ、十時ニテ小倉医師ニ療治ニ行カレ、午後五時帰福ノ上面会ヲ約ス、伊藤君自宅ニテ交換ノ件ニ付打合ヲナシ、尚方針ヲ聞キタリ
午後七時一方亭ニ於テ岩崎・伊藤両氏ト意向ヲ聞キ、廿三日再会ヲ約シタリ
中の[徳次郎]・山口[恒太郎]・渡辺[綱三郎]・伊藤氏[傳右衛門]ト一方亭ニ於テ会合ス

七月二十三日　木曜

伊藤吉太郎君より三時迄ニ着福ノ電報来タリ
午後六時伊藤吉太郎君ト協義ノ結果、伊藤傳右衛門・林ノ両人ヘ交渉シ、別紙ノ廉ノ通トナリ候ニ付、伊藤吉太郎君ニ岩崎氏ト尚打合、明日迄ニ返事ヲ約ス
伊藤・中の・山口・渡辺ト会合ス

七月二十四日　金曜

午後二時二十分浜の町別荘より津屋屋[崎][4]ニ行キタリ
伊藤[伊東祐彦]先生ト同車福間駅迄、同駅より下車ス

伊藤吉太郎君訪問アリ、何様即答致兼ニ付、三日間ノ中ニ返事ヲ約シタリ
伊藤傳右衛門君相見へ、尚交渉ス

七月二十五日　土曜

津屋崎別荘ニ滞在ス
午後七時四十五分ニ而本家ニ向ケ帰宅ス

七月二十六日　日曜

服〔腹〕部ニ故障アリ、静養ス
占部外数人ニ出状ス（来状控ニアリ）

七月二十七日　月曜

服〔腹〕部ニ故障アリ、静養ス
吉隈坑山坑道延長之件ニ付仲上ト電話ス
御法川へ同断
北村〔勝蔵〕[5]医学士診察ヲ乞、散薬ヲ服ス
所得税ノ件ニ付野見山来談ス

1 加藤清＝両筑軌道株式会社社長、朝倉郡会議員
2 林真一＝大正鉱業株式会社取締役
3 伊藤吉太郎＝岩崎炭礦、遠賀郡会議員
4 津屋崎＝麻生家別荘（宗像郡津屋崎町渡）
5 北村勝蔵＝九州帝国大学医科大学助教授

伊藤君遠賀坑区岩崎氏ト交換ノ件ニ付電話アリタ（マテガラ[1]ノ部全部托ストノ事ニナリタ

七月二十八日　火曜

午前瓜生へ吉隈坑山坑道延長之件研究ノ事ヲ申談ス

服〔腹〕部ニ故障アリ、静養ス

午後三時ニ而出福ス

七月三十一日　金曜

直方坑業組合事務所ニ而採炭制限調査委員会ヲ開キタリ

福岡より午前六時ニ而直方へ集会ス

午後三時半帰宅ス

八月一日　土曜

午前八時半飯塚発ニ而出福ス

八月三日　月曜

自働車ニ而太賀吉等一同帰宅ス

午後十時門司より帰途野見山立寄、採掘炭ノ件ニ付打合ナシタリ

本店出務、吉隈・赤坂採掘方法打合ナシタリ

八月四日　火曜

午前六時飯塚発ニ而出福

〔以下吉浦勝熊代筆〕

昼飯後九水二階ニテ九鉄委員ト打合ノ件ニ付協議ス

□〔蓄カ〕水池之件ニ付森田〔一雄〕[2]・塩谷〔五郎〕[3]両氏ヨリ説明ヲ聞キタリ
折尾ニテ谷口〔源吉〕ニ逢ヒタルニ付、吉隈坑着手方ニ付話シ置キタリ
博多停車場ニテ鈴木万次郎[4]君ニ面会ス

八月五日　水曜　［吉浦勝熊代筆］

棚橋君相見ヘ、取調表一覧ノ件談話アリ、書類相預リタリ
庄野〔金十郎〕氏ヨリ電話アリ、市長慰労金及市長候補者撰衡委員ノ件ニ付注意シ、中野君ニ電話ス
伊藤吉太郎君岩崎坑区ノ件ニ付相見ヘ、談合ナシタリ
中倉万次郎[5]君相見ヘ、黒川[6]ノ一件相談アリ、上田〔穏敬〕ニ電話、出福ヲ催〔ママ〕シタリ
午後七時福村屋〔家〕ニテ中倉・庄野・森田・瓜生・上田晩食ス
上田ハ肥前黒川ノ件ニ付夜行ニテ遣ス

八月六日　木曜　［吉浦勝熊代筆］

久保太郎[7]君来訪アリ、旌忠詞祭典寄附金ノ相談アリタリ

1　マテガラ＝遠賀郡深部の石炭層
2　森田一雄＝九州水力電気株式会社福岡出張所長
3　塩谷五郎＝九州水力電気株式会社福岡出張所土木技師
4　鈴木万次郎＝衆議院議員、愛国生命保険社長
5　中倉万次郎＝衆議院議員、長崎県農工銀行頭取
6　黒川＝塩田（佐賀県西松浦郡黒川村）
7　久保太郎＝招魂社五拾年祭事務所、若松石炭商、若松築港株式会社監査役

中野徳次郎君相見ヘ、福岡市長慰労金問題ニ付報告アリタリ
午前九時半電話ニテ市役所二階ニ行キ、安川・中野ト三人ニテ午後六時四十分迄諸□〔方カ〕市会議員ト協議ナシ〔空白〕席ニテ決議ス
午後七時ヨリ福村家ニ行キ、岩崎君ト坑区交換問題ノ交渉ヲナシ、伊藤傳右衛門君モ相見ヘ、双方協定ス
明日午後七時福村ニテ再会ヲ約ス

八月七日　金曜　［吉浦勝熊代筆］

門司日報社記者品川信健君来訪、石炭販売ノ件ニ付談合シタリ
梅谷・棚橋両君相見ヘ、九鉄ト交渉ノ件ニ付報告アリ、右ニ付合併仮ニ利益ニ依リ成案シ、九鉄ノ欠点ハ別ニ調書ヲ作成ノコト、両氏ニ話シタリ
佐藤市長来訪アリタリ
松崎氏〔三十郎〕ヲ訪ヒ、岩崎・伊藤両君ノ坑区交換ノ契約案主要ノ分成案ヲ乞ヒタリ
午後七時福村屋〔家〕ニテ伊藤傳右衛門・岩崎・伊藤〔吉太郎〕ト立会、打合ヲナシ、明日覚書取換ノ打合ヲナス

八月八日　土曜　［吉浦勝熊代筆］

県庁ニ出頭、小林氏〔新三郎〕ニ面会、県道ノ件ニ付談話ス
岩崎・伊藤両氏来訪、鉱区交換ノ件ニ付打合、伊藤傳右衛門氏モ相見ヘ、双方覚書ヲ以テ契約成立、覚書ハ預リタリ
福村屋〔家〕ニテ岩崎氏ヨリ案内ヲ受ケタリ
福岡日々新聞岡本君〔龍巳〕来訪アリ、採掘制限ノ問題ニ付会談、及炭況ノ事ニ付談合シタリ

八月九日　日曜

自働車ニ而操《［麻生］》[1]等一同帰宅ス
監督《［鉱務］》署長[2]より押川《［則吉］》[3]長官ノ案内ニ出席ノ否電話アリタ
伊吹ニ電話ニ而聞合セシモ、案内ナク《［ママ］》ニツキ電話ス
［以下吉浦勝熊代筆］
午前大竹勝一郎君ト電話ニテ打合ヲナシタリ（採掘制限問題ナリ）
鹿嶋丸[4]ニテ出帆ノ事ノ打合ナス
銀行ヨリ電話アリ、本日帰宅ノ旨返話ス（酒屋《［麻生物兵衛］》ヨリナリ）

八月十日　月曜

嘉穂銀行重役会ニ列ス
午後三時より押川長官ノ案内ニ依リ福村屋《［家］》ニ出席ノ為メ《［ママ］》
午前押川長官ノ案内状発見、直チニ急電ニテ庶務科ニ通知ス
監督《［鉱務］》署長ニモ電話ニテ相断タリ、八幡出張トノ事ニ而急電ス

八月十一日　火曜

福岡市長ノ件ニ付谷口《［留五郎］》知事来訪アリ

1　麻生操＝ミサヲ、太吉長男太右衛門妻
2　鉱務署長＝野田勇福岡鉱務署長
3　押川則吉＝製鉄所長官
4　鹿島丸＝日本郵船、外国航路客船、一九一三年竣工

安川君交渉ノ為メ午後十二時発ニ而戸畑へ行キ、安川氏ニ面会、明日出福ヲ約シ、午後六時ニ而福岡へ帰ル

八月十二日　水曜

午後四時ニテ別府へ浜の町より行キタリ、午後九時半着ス

午前十時谷口知事ニ訪問ス、安川君一同市長問題ニ付協義ナシタリ

八月十五日　土曜

午前七時ニ而別府より帰宅、午後三時帰宅ス

直方より電話ス

嘉穂銀行・博済会社[1]重役会ニ列ス

中野氏等会後綿且〔勝〕ニ而会合ス

八月十六日　日曜

午前八時半博済会社第一組発会式飯塚栄座ニ出席、営業法及組織等ニ付口演ス、別記ニアル

八月十七日　月曜

嘉穂銀行へ出頭、博済貯金会社規定及加入金払込間通及加入契約ノ口書等文案ニツキ研究シ、明日松崎〔三十郎〕氏来行ヲ乞、

重役会ヲ開クコトニナシタリ

八月十八日　火曜

嘉穂銀行へ出勤、博済貯金会社ノ件ニ付打合ヲナシ、重役及松崎氏出張ヲ乞、終日研究ス

八月十九日　水曜

午前本店出務

黒川貸付ノ件ニ付相談アリ、中倉〔万次郎〕より来状ニツキ宮嶋より融通ノ件、上田ヲ遣シタリ

赤坂坑区断層前採掘取調、大塚〔万助〕及御法川〔小三郎〕へ申談ス
柏木〔真静〕氏ニ明日門司ニ而面会電話ス
棚橋へ電話、合併廿一日頃より上京ノ旨申入タリニ付、当方ニテモ尚取調ナスコト
高山辞職申立、聞届ク
一金壱千二百二十一円、八月十二日振出三井小切手、藤田〔謙三郎〕[2]へ取立方依頼ス

八月二十日　木曜

午前十時五十分発ニ而門司港三井物産ニ四社協定ノ件ニ付行ク、小林〔正直〕氏ト四社協義ノ事ヲ打合ナシタリ
柏木氏ニ川卯ニテ面会、宇ノ嶋鉄道補助問題ニ付相談アリタ
毛里〔保太郎〕[3]君より組合補助ノ内談アリタ
帰途、折尾石渡・伊藤傳両氏同車ス
午後六時半帰着ス

八月二十一日　金曜

午前八時五十分飯塚発ニ而若松築港会社重役会ニ列ス
午後二時十分若松駅発ニ乗車、出福、栄屋ニテ九水合併問題ニ付麻観〔麻生観八〕・棚橋・梅谷三氏ト打合せナシタリ

1　博済貯金株式会社＝本社（嘉穂郡大隈町）一九一三年設立、この月博済無尽株式会社と改称、資本金一〇万円に増資して本社を飯塚町に移し、太吉社長に就任
2　藤田謙三郎＝弁護士（久留米市）
3　毛里保太郎＝門司新報社長、元衆議院議員、のち衆議院議員

飯塚出張所ニ而立寄、久原坑販売炭ノ事ニ付打合ナシタリ
午後七時博多発ニ而帰宅ス

　八月二十二日　土曜

郡役所へ出頭、郡長［川島淵明］[1]ト面会ス
本店出務
門司日報記者品川参リ、販売上ニ付会談ス
　現場ニツキ現品ニテ直段［値］ヲ定、取引セラル、コト
久原坑平嶋［仲次郎］出店セシモ、五千屯海軍入札ノ件ニ付佐世保へ急行ス

　八月二十三日　日曜

嘉穂銀行重役［会脱］ニ午前八時半より松崎氏来行アリ、博済会社ノ事ニ付打合ヲナシタリ

　八月二十四日　月曜

午前八時五十分発ニ而直方坑業組合調査委員会ニ列シ、午後二時自働車ニ而帰ル（中村・阿部両氏）同車ス
嘉穂銀行ニ出頭、博済ノ規定ノ事ニ付打合ヲナシタリ

　八月二十五日　火曜

午前六時五十分飯塚発ニ而福岡へ行キ、石渡・安川（養子）等同車ス
浜の町ニ滞在
暴風雨ニテ困難セリ
伊藤傳右衛門君訪問アリ、北海道［炭礦汽船］新株配当金、團［琢磨］氏より送布［ママ］ノ分金六百円余ノ証券直ニ渡シタリ
川嶋郡長折尾ニ而同車ス

八月二十六日　水曜

梅谷君相見へ、合併取調明日中ニハ出来スル見込ニツキ、出来次第電話ノ筈ナリ

緒方道平[2]氏相見へ、市長候補者ノ事ニ付懇談アリタ

川嶋郡長来訪アリ、県道ノ事ニツキ打合ナシタリ

久原坑売込炭ノ事ニ付、笹崎〔ママ〕店員参リタリ

午前十時五十八分博多発ニ而帰途ニツキ、篠崎ト同車帰ル

本店ニ行キ打合ナシタリ

八月二十七日　木曜

午前八時ニテ吉隈坑へ御法川ト一同出坑ス

午後二時四十分臼井[3]発ニ而飯塚駅ニツキ、銀行会儀ニ列ス

八月二十八日　金曜

午前七時自働車ニ而出福、浜の町ニ一泊ス

麻観〔麻生観八〕・梅谷・棚橋三氏相見へ、来ル三十日より上京ノ打合ヲナシタリ

午後六時より一方亭ニ而梅谷・麻観・棚橋・田中〔徳次郎〕[4]・松永〔安左衛門〕ノ諸氏ヲ招キ晩喰ス

1　川島淵明＝嘉穂郡長

2　緒方道平＝福岡県農工銀行頭取、博多土居銀行相談役

3　臼井＝臼井駅（嘉穂郡碓井村）

4　田中徳次郎＝九州電灯鉄道株式会社常務取締役

午前七時小河久四郎[1]君相見へ、加入会社ヲ相断タリ

八月二十九日　土曜

午前八時自働車ニ而帰宅ス

赤坂・綱分両坑ヲ巡視ス

八月三十日　日曜

午前十一時野見山・御法川一同自働車ニ而松本氏葬式ニ列スル為メ出福ス

午後六時過キ帰宅ス

伊吹君ニ面会、元[本]山[2]・佐賀（古賀春一[3]）（高取伊好[4]）両氏ニ組合組織ノ事ニテ交渉ノ為メ出張ヲ命シタリ

十二月十日　木曜

午後二時東京より帰着京[ママ]、直方より多[太]賀吉迎ニ参リ同車ス

野見山来訪、蔵内及古田[慶三カ][5]へ松嶋プール[6]加入ノ件ニ付出状ノ打合ヲナス

十二月十一日　金曜

山内農園ニ行キ川田[十][7]ト打合ノ結果、本村ノ畑地ニ柿木植付ノコトヲ打合ス

但同所ニ仮事務所一軒・物入壱軒、草屋ニテ建築スルコト

伊吹幹事ト採掘炭ノ件ニ付打合ナシタリ

十二月十二日　土曜

嘉穂銀行ニ出頭、中の君ト吉田織[撚糸脱]物会社[8]安川氏帰県迄延期打合ヲナス

蔵内[保房]貸金ノ件ニツキ支配人ニ申談、中の君へも内談シ、内諾アリ

綿且[勝]ニ行キ、麻生屋[麻生太七]・中の・麻惣[麻生惣兵衛]ト遊ヒタリ

十二月十三日　日曜

午後三時四十五分飯塚発ニ而出福ス

在宿シテ幅物等ノ整理ヲナス

十二月十四日　月曜

午前吉田織物会社ノ件ニ付訪問アリ、打合ス、安川氏帰県ノ上評決スルコトニセリ、小河久四郎君モ相見ヘタリ

九水重役協議会別荘〔浜の町〕ニ而セリ、麻観〔麻生観八〕・渡辺〔綱三郎〕・梅谷〔清一〕・棚橋〔琢之助〕・中の〔徳次郎〕相見ヘタリ

七朱ト弐万円ノ残金

住吉神社[9]ニ後日利□ノ書面ヲ取リ一千円寄付金スルコトニ決セリ

梅谷君ノ職務章程

〆

久留米地方拡張工事

1　小河久四郎＝元十七国立銀行頭取
2　本山炭鉱（山口県厚狭郡須恵村）、元山鉱区は本山に隣接
3　古賀春一＝古賀鉱業合資会社代表社員、本山炭鉱株式会社筆頭取締役、松島炭鉱株式会社社会長
4　高取伊好＝杵島炭坑経営者、元佐賀県石炭同業組合長
5　古田慶三＝三井鉱山株式会社商務部長
6　プール＝三井物産が一九一一年に組織した石炭販売制度、当初三井鉱山・貝島鉱業・麻生商店が加入
7　川田十＝麻生商店山内農場主任、のち別府農園主任
8　吉田撚糸織物会社＝（福岡市外住吉町）、社長吉田芳太郎
9　住吉神社＝那珂郡住吉村

地下線ノ件ニ付七千円迄ニテ他日異存ナキトキハ出金スルコト
壱方亭ニテ渡辺・中の会合ス
［欄外］金弐十円お梅ニ遣ス
［欄外］中のより四十円ヲ借リ、先日ノ借金返金ス

十二月十五日　火曜

浜の町ニ終日滞在ス
　黒瀬より幅物等買入ナシタリ
午後八時過キより床ニツキ、黒瀬訪問シ、中の掛物ノ件相談ス

十二月十六日　水曜

午前七時半稲田［龍吉］先生ヲ訪問シ、飯塚病院ノ件ニツキ会談ス
戸早［幾太郎］[1]君より嘉穂医師組合へ打合ノ由ニ聞キタリ
午前九時ニテ博多駅ヲ発シ、堀［三太郎］・麻観［麻生観八］氏等同車ス
郡長・郡会参事会員病院ノ件ニ付訪問アリニツキ、戸早君へ内聞キヲナシ、其上ニテ再会ノ事ニテ打合ナシタリ

大正三年当用日記補遺

七月十六日　附記追加

覚

第一、耕地整理之為メ通水ヲ絶チ、万一火災等ノ場合ハ消防水量無之ニ付、従来之通通水設備セラル、コト
第二、通水設備延期ノ場合ハ、六寸経［径］ノ樋管凡三十間埋設スレバ一時通水候ニ付、工事承諾セラル、コト

右第一項之旨意ニ而御請求被下、博[捗]取兼申候ハ、第二項ニヨリ御請求可被下候、樋管三十間埋設工事ハ一切自分より出金可仕ニ付、御含置被下度候

七月十六日　　　　　　　　　　麻生

組合御中

此分ヲ取消、十七日朝代人トシテ福沢ヲ遣スコトニセリ

七月十六日　午後十時　ウナ電

サトウシチヨウヱイロウキンゾウテイノケン、センジツデンワニテシタシクオネガイモオシコミナサントゴソウダンノウヱ、ゾウテイノコトニゴジンリヨクカクシンセシモ、〇スンジモワスレラレヌトクギノセキニンアリ〇キヨシクナガラ、アスシカイニテカクテイスルヨウ、カサネテオネガイモオス　　　　市役所ニテ　アソウ

渡辺

櫛橋　宛

ウナ電

サトウチ[シ脱]ヨヱ[ウ脱]イロウキンゾウテイノコト、ワタナベ・クシハシ二[1]シニデンワニテセンジツソウダンシ〇ゴゾウテイノゴジンリヨクカクシンスルモ、カサネテイマデンシンニテタノミタ、アスシカイニケツテイスルヨウ、キミヨリナオゴソウダンタノム

ナカノトジロウ[中野徳次郎]　　　　アソウ

1　戸早幾太郎＝戸早病院長（福岡市外大学通）

十七日　朝六時　ウナ
サトウシヱイロウキンゾウテイノケン、キヨコウニンシチヨウセンコウイインオキメノトキ、ゴソウダンノウヱオキメネゴウ、スンジモワスレガタキ、トクギノセキニンアリ○センジツヨリ、ワタナベ・クシハシシニイライオイタ○イマコガ・カマダ・ナカノシニデンシタ、ナホゴコウハイネゴウ　　アソ

岩永佐八[1]・河内卯兵衛[2]
山口恒太郎　　三氏宛

十七日　朝六時
ウナ電
サトウシヱイロウキンゾウテイノケン、キヨコウニンシチヨウセンコウイインオキメノトキ、ゴソウダンノウヱヲキメネゴウ、スンジモワスレガタキトクギノセキニンアリ○センジツヨリ、ワタナベ・クシハシニイライオイタ、イマイワナガ・ヤマグチ・カワチシニデンシタ、ナホゴコウハイネゴウ　　アソウ

古賀〔壮〕惣兵衛
鎌田昌一
ナカノケイジロウ〔中野敬二郎〕[3]

十七日　朝六時　至急電
サクヤデンセシケン、ナオコガ・カマタ・ナカノ・イワナガ・ヤマグチ・カワチニデンシタ、センコウイインオキメノトキ、ゼヒゴハイネゴウ　　アソウ

櫛橋
渡辺　両氏宛

十七日　朝六時　中野氏宛至急電

キヨセンコウイインセンテイノトキ、ゼヒサクヤデンセシケン、オキメアルヨウタノム○イマコガ・カマタ・ナカノ・イワナガ・ヤマグチ・カワチニデンシタ

大正四年七月七日　追加ノ分

拝啓　益御清栄奉慶賀候、合併ニ関スル調査大略相済セ、昨六日一同出発上京ノ予定ニ候処、是迄調査済ノモノハ重ニ計算ノ項目ニ有之、事業ノ内容尚調査ノ必要有之、当局者ノ希望トシテハ尤ナル次第ニ付、為念松永君ニモ親シク打合致候処、同君等ハ合併歩合押合等ノ場合ニ不体裁ノ出来ザル様、又将来新会社成立ノ上ハ充分ナル責任ヲ有スル等、会社ノ為メニ熱誠尽力有之決心ハ充分ニ相見ヘ申候、就キテハ此際時日ヲ要シ会社ノ内容調査有之候義ハ無止次第ニ奉存候、右ニ付取急キ電報申上候次第ニ御座候、先日以来移地御静養ヲ相妨ケ恐縮千万ニ御座候、不悪御聞得被成下度、尤二週間ニハ相済シ可申奉存候、右様ノ次第ニ付御移地等御随意ニ奉願候、い才〔委細〕ハ御面上可申上候、右不取敢以書中如此御座候　敬具

七月七日　麻生太吉

和田豊治様　本所区向嶋須崎町

1　岩永佐八＝福岡市議会議長、弁護士（福岡）
2　河内卯兵衛＝福岡市会議員、のち福岡市長
3　中野敬二郎＝敬三郎カ、福岡市会議員

一九一五（大正四）年

一月一日　金曜

拝礼ノ式ヲナシ、喰事ス

午後十二時嘉穂銀行[1]ニ於テ祝盃ヲ催ス（嘉穂銀行より出金ス）、事務取扱方ニツキ、受持外ニモ常ニ注意シ、実務ノ勉強アル様訓示ス

一月二日　土曜

綿且〔勝〕[2]ニ立寄、午後十一時過キ帰宅ス

在宿

一月三日　日曜

在宿

一月四日　月曜

在宿

幸袋工作所[3]会議、石川〔広成〕[4]代理ニ遣ス

一月五日　火曜

午前九時半本店[5]開キヲナス

電機場・コークス場・製工場[6]ヲ検見シテ帰宅、并ニ太賀吉〔麻生〕[7]同供ス

友枝梅次郎[8]君訪問アリ、蔵内〔保房〕[9]貸金ノ件ニ付相談アリタ

一月六日　水曜

博済貯金〔無尽〕会社[10]重役会ニ出席ス

嘉穂銀行ノ重役出席ニツキ、蔵内貸金ノ件ニ付協義ス

綿且ニテ遊ヒ、午後十時過キ帰宅ス
綿且より直方貝嶋会社ニ電話ス
小倉友枝梅次郎君ヘ電話ス、蔵内貸付ノ件ニ付通話ス

一月七日　木曜

午前十時伊藤〔傳右衛門〕君自働車ニ而中野〔徳次郎〕[11]一同出福ス
午後二時より浜の町ニ於テ永江〔純一〕[12]君ト午後四時半迄協義ス
午後五時一方亭[13]ニ於テ監督署員[14]一同招待会ヲ催シ、主人トシテ挨拶ス

1　嘉穂銀行＝一八九六年開業（飯塚町）、太吉頭取
2　綿勝＝旅館（飯塚町向町）
3　合資会社幸袋工作所＝一八九六年設立（嘉穂郡大谷村）、太吉業務担当社員
4　石川広成＝麻生商店本店商務部
5　本店＝麻生商店本店（飯塚町立岩）
6　製工所＝麻生商店、一八九四年設立、機械製造・コークス製造・精米目的（飯塚町芳雄）
7　麻生太賀吉＝太吉孫、麻生太郎長男、のち株式会社麻生商店社長
8　友枝梅次郎＝衆議院議員、宇島鉄道取締役、小倉鉄道取締役
9　蔵内保房＝蔵内次郎作甥・養子、峰地炭坑経営者、田川銀行頭取、宇島鉄道取締役、小倉鉄道取締役
10　博済無尽株式会社＝本社（飯塚町）、元博済貯金株式会社、太吉社長
11　伊藤傳右衛門・中野徳次郎＝解説参照
12　永江純一＝衆議院議員、麻生商店・貝島鉱業株式会社相談役、三池銀行頭取
13　一方亭＝料亭（福岡市外東公園）
14　監督署＝福岡鉱務署、元福岡鉱山監督署

午後十一時過キ迄一方亭ニ於テ遊ヒ、金五十円同家ノ召使へ遣ス
［欄外］浜の町[1]滞在、同方日誌へモ記ス

一月八日　金曜

織物会社ノ件ニ付小河〔久四郎〕[2]・吉田〔芳太郎〕[3]両氏相見へ、談話ス
午前十一時過キ一方亭ニ於テ幸袋工作所ノ会議ヲナシタリ、評決録送付ノ筈ナリ
午後五時県庁一同ヲ招待ヲナシ、主人トシテ挨拶ヲナシタリ
午後十一時過キ帰ル
小倉友枝氏ニモ電話ス（宇嶋鉄道[4]貸付金ノ件）
中根〔寿〕[5]氏ニ面談、柏木〔勘八郎〕[6]保証人ノ事ニ付内談ス
一黒瀬〔元吉〕[7]来リ、金三十円買物セリ
［欄外］浜の町滞在、同日誌へモ記ス

一月九日　土曜

午前松永〔安左衛門〕[8]・梅谷〔清一〕[9]・吉田来訪アリタリ
午前十時五十八分ニテ乗車シ、直方採掘制限会議ニ列ス
満席同意ニテ可決ス
午後三時五十二分直方発ニ而帰ル
金壱千四十六円十一銭　宮田〔光雄〕[10]氏より三〔第三〕銀行よりかホ〔嘉穂〕銀行へ為替ニ而送付来ル
歳費及返リ旅費
為替手形第百三十三号九水[11]金弐十万円ノ分不用ニ属シ、浜の町より棚橋〔琢之助〕[12]専務へ為持遣シ、受取証申受候様申談シ

タリ、昨十二月廿六日付保証書伊藤へ差入ノ分ハ、不用ニ属シ受取反古ニセリ

一月十日　日曜

中村武夫〔文〕[13]君相見へ、昼飯ヲ喰シ、福岡より松永〔安左衛門〕・田中〔徳次郎〕[14]両君来訪ヲ待受タリ

午後一時より嘉穂銀行重役会儀ニ列ス

本村[15]宅地整理及浦ノ谷[16]畑柿捨養方ニ付申合ヲナシ、花村〔徳右衛門〕[17]・川田〔十〕[18]両人相見ヘタリ、書類ハ吉浦〔勝熊〕[19]へ渡ス

1　浜の町＝麻生家別邸（福岡市浜の町）
2　小河久四郎＝元十七国立銀行頭取
3　吉田芳太郎＝吉田撚糸織物会社（福岡市外住吉町）長、福岡市会議員
4　宇島鉄道株式会社＝福岡県築上郡八屋町と同郡唐原村間の軽便鉄道、一九一四年開業
5　中根寿＝貝島鉱業株式会社常務取締役鉱務部長
6　柏木勘八郎＝二郎熊改名、宇島鉄道株式会社長、行橋電灯株式会社長
7　黒瀬元吉＝古物商（福岡市上新川端町）
8　松永安左衛門＝九州電灯鉄道株式会社常務取締役
9　梅谷清一＝九州水力電気株式会社取締役
10　宮田光雄＝貴族院庶務課書記官
11　九水＝九州水力電気株式会社
12　棚橋琢之助＝九州水力電気株式会社専務取締役
13　中村武文＝後藤寺電灯株式会社取締役、田川銀行取締役、酒造業（田川郡猪位金村）、のち九州産業鉄道株式会社専務取締役
14　田中徳次郎＝九州電灯鉄道株式会社常務取締役、のち九州産業鉄道株式会社取締役
15　本村＝地名、福岡県嘉穂郡飯塚町立岩
16　浦ノ谷＝地名、飯塚町立岩
17　花村徳右衛門＝太吉親族、麻生商店、本店庶務
18　川田十＝麻生商店山内農場主任
19　吉浦勝熊＝麻生商店本店主計出納兼本家

一月十一日　月曜

午前十時五十分ニ而若松築港会社[1]重役会ニ列ス、金八円三十六銭旅費受取

築港会社ニ柏木・友枝等ノ諸氏訪問アリ、蔵内貸付金之義ニ付三井物産ニ差入証書ノ件ニ付相談アリ、十二日銀行支配人《倉智伊之助》[2]門司出張ノコトヲ協義ス

銀行ニ立寄、支配人出張之事ヲ談シ、尚野見山《米吉》[3]へも出張之件電話ス

綿且《勝》ニテ衆議員候補者ノ件ニ付、鎮西村長《田中精右衛門》并ニ坂口《栄》[4]氏ト明日十二時会談ヲ約ス

福岡日々新聞岡本《龍巳》君、明日午前八時会談ヲ約ス

一月十二日　火曜

津屋崎[5]埋立地ノ件ニ付上田《穏敬》[6]出張之件申談ス

福岡日々新聞岡本《龍巳》君訪問アリ、採掘制限ノ方法ニ付会談ス

本村宅地ニ出張、指図ス

銀行二階ニテ坂口・許斐・横山《近平》[7]等ノ諸氏ト衆議員候補者ノ件ニ付会談ス

栢森・立岩区[8]内水抜、耕地整理ニ付打合ヲナシタリ

綿且ニ於テ重而衆議員候補者ノ件ニ付会談、赤間《嘉之吉》[9]君ニも直接諸氏ヲ立会会談ス

中野《徳次郎》君より帰郡六ツケ敷旨電話アリタルニ付、福岡中野君へ電話ニ而候補者ノ件ニ付談話ス

一月十三日　水曜

午前八時五十分発ニ而別府へ家内《ヤス》・太賀吉一同出浮タリ

金壱千五百円、昨冬ノ残金、夏子《麻生》[10]より受取

馬見[11]山林及山林之件ニ付、松岡《芳右衛門》[12]より方針申出候ニ付、調査ノ上認印ヲナシタリ

本店ニ出務、午後五時五十分帰宅、営業方針帳ニ記ス

一月十四日　木曜

午前六時五十分停車場ニテ発車後ニナリ、七時四十分自働車ニ而浜の町ニ着ス
古賀春一[13]氏訪問アリ、宮ノ浦坑区[14]ノ件ニツキ会談ス
福岡市長〔井手佐三郎〕訪問アリタ
市会議員納屋君〔羊吉〕[15]来訪、会義所〔ママ〕中裁ノ相談アリ、中野出浮乞タリ

1　若松築港株式会社＝一八九二年設立、翌年株式会社と改称、太吉取締役
2　倉智伊之助＝嘉穂銀行支配人
3　野見山米吉＝太吉妹マス夫、麻生商店理事兼事務長、嘉穂銀行監査役
4　坂口栄＝嘉穂郡会議員、元嘉穂郡千手村長、この年九月福岡県会議員
5　津屋崎＝地名、宗像郡津屋崎町
6　上田穏敬＝麻生商店庶務部長
7　横山近平＝嘉穂郡大谷村長
8　栢森・立岩＝地名、飯塚町
9　赤間嘉之吉＝大正鉱業株式会社監査役、のち衆議院議員
10　麻生夏＝麻生太郎妻
11　馬見＝地名、嘉穂郡足白村
12　松岡芳右衛門＝麻生商店山林技手、のち本店庶務部
13　古賀春一＝古賀鉱業合資会社代表社員、松島炭鉱株式会社会長
14　宮ノ浦坑区＝嘉穂郡庄内村
15　納屋羊吉＝福岡市会議員

九水協義会［ママ］[1]ヲナシ、異見ヲ注意シ、来ル二十三日再会ノ筈ナリ
安川［敬一郎］[2]氏ニ会談シ、衆議員ノ内諸ヲ確カメタリ
［欄外］金五十円、黒瀬ニ渡ス

一月十五日　金曜

午前四時十五分浜の町別荘ヲ起キ、午前五時二分発ニ乗車ス
梅谷［清一］君同車ス
博多後援会[3]一時五千円、秘蜜
乗車券六十銭ノ分、壱万三千個、七千八百円ニテ決定ノ事内談アリタ
動力販売辞任ノ意ヲ洩シタルニ付、十分異見ヲ陳シ、再考セラル、様申含メタリ
直方清徳旅館ニ八時ニ着キタリ
博多会ニ列シ挨拶ヲナシ、午後四時無事済、又々清徳ニ引返シ、午後六時野見山一同帰ル

（金五円　茶代
　三円　同
〆
同弐円　同、女中ニ遣ス

一月十六日　土曜

午前古賀春一氏来訪アリ、宮ノ浦坑区ノ件ニ付懇談シ、昼飯ヲ喰、午前十二時三十二分発ニ而門司野見山へ面会ノ
為メ、瓜生［長右衛門］[4]一同自働車ニテ停車場ニ送ル
重岡［篤］[5]君訪問、肥前坑区売渡之件ニツキ相談アリタ

嘉穂銀行ニ出頭、博済[無尽]会社利益計算及銀行議案ノ件ニ付打合ヲナシ、午後六時半帰宅ス

一月十七日　日曜

嘉穂銀行惣会ニ列ス

博済株金引受確定ス

惣会通知日ハ延引シテも財産目六添付スル希望アリタ

郡役所ニ出頭、川嶋橋[6]之件ニ付、大谷[7]・飯塚ノ町村長ト郡長[川島淵明]ト中野・伊藤両氏ト立会、従来関係ノ手続キ及申合ヲナシタリ

一月十八日　月曜

中村武夫[文]君訪問アリタ

耕地整理ニツキ本村ニ行キ、橋梁減シノコトニツキ花村久助[8]及区長ト談合ス

溝広メハ両側ノ切広メルコト

1　九水協議会＝九州水力電気株式会社九州在住重役会
2　安川敬一郎＝解説参照
3　博多後援会＝福岡市民による九州水力電気後援会
4　瓜生長右衛門＝麻生商店理事兼鉱務長、嘉穂電灯株式会社取締役
5　重岡篤＝株式会社博多米穀取引所監査役、福岡市会議員
6　川島橋＝飯塚町川島
7　大谷＝嘉穂郡大谷村、村長横山近平
8　花村久助＝飯塚町会議員、笹原炭坑経営者（元麻生商店と共同経営）

一月十九日　火曜
中山旅館[1]ニ行キ終日遊ヒタリ
一月二十日　水曜
中山旅館ニ行キ遊ヒタリ
山水園[2]共同持ノ件ニ付協義シ、実地ヲ案内ス
一月二十一日　木曜
麻生観八[3]君訪問アリ、九水之件ニ付打合ヲナシタリ
中山旅館ニ行キ遊ヒタリ
一月二十二日　金曜
山水園北側、則ホテールノ西部ニ当リ、八千五百坪、桃畑壱反四百五十円ニ而引受ノ事ヲ文作ニ約ス、尤実測ヲナシ、又道路等一切手続ヲ済マスコト
柏木・友枝等相見へ、貝嶋〔太助〕[4]君トモ貸〔資〕金ノ件ニ付協義ス
藤井旅館ノ主人参リ、博済会社ノ件ニ付至急開会ヲ催〔ママ〕シタリ
一月二十三日　土曜
午前十二時別府発ニ而中野君同車、戸畑松本〔健次郎〕[5]氏方向ケ出発、小倉より自働車ニ而松本氏ト同車、戸畑ニ着ス
十二時鑌〔汽〕車中ニハ野田〔卯太郎〕代議士及東京大塚両氏同車ス
松本氏邸ニ泊ス
仙石〔貢〕[6]氏招待会ニ列ス
実業者候補之件ニ付井上〔馨〕侯爵ト打合ノ結果、仙石氏より勧誘セラル、一同打合可申旨ヲ以分袖ス

一月二十四日　日曜

午前九時松本氏邸ヲ出テ自働車ニ而停車場ニ行キ、午前九時発ニ而、門司ニテ川卯[7]ニテ野見山［米吉］・長岐［繁］[8]両氏ニ会ス

戸畑より瓜生ト同車ス、三菱交換坑区ノ件ニ付会談ス

午後二時四十分小林［正直］[9]部長別府より帰門ニ付、嘉ホ［穂］銀行より蔵内へ貸金ニ付スル証書指入、文意更正承諾ヲ受ケタリ

午後四時門司発ニ而帰途ニツキ、小倉より野田［勇］［鉱務］監督署長及［麻生］義之介[10]ト同車ス

午後七時福岡伊藤君より別府行キ電話アリタ

同七時半友枝君より蔵内貸金ノ件ニ付電話アリタ

一月二十五日　月曜

麻生屋[11]・瓜生・正恩寺[12]ト昼飯ス

1　中山旅館＝大分県速見郡別府町上ノ田湯
2　山水園＝小宮茂太郎が一九一三年開園した庭園（別府町）、のち太吉購入して麻生家別荘となる
3　麻生観八＝九州水力電気株式会社監査役、酒造業（大分県玖珠郡東飯田村）
4　貝島太助＝解説参照
5　松本健次郎＝明治鉱業株式合資会社副社長、のち石炭鉱業聯合会長、昭和石炭株式会社社長
6　仙石貢＝鉄道院総裁、元筑豊鉄道・九州鉄道社長、この年三月より衆議院議員、のち鉄道大臣
7　川卯＝旅館、川卯支店、本店（下関市）
8　長岐繁＝麻生商店会計兼商務部長、元三井物産
9　小林正直＝三井物産石炭部長兼門司支店長
10　麻生義之介＝太吉女婿、旧姓有田、麻生商店会計兼庶務、のち株式会社麻生商店取締役
11　麻生屋＝麻生太七、太吉弟、麻生商店理事、嘉穂電灯株式会社取締役
12　正恩寺＝麻生家菩提寺井上叩端住職

山内倉庫ノ不始末及江藤儀平ノ件ニ付打合ヲナシタリ
耕地整理ニツキ太田君相見へ、両区長ト申請書ニ調印ス
午後出店
　倉庫品買入更正申付タリ
　江藤暴行之際両人解雇申渡ス
嘉穂銀行預金預リ証ノ明文変更、貝嶋会社中根君ニ電話シ、承諾アリタ

　一月二十六日　火曜

午前伊藤傳右衛門君訪問アリ、大正坑山一手販売ブ〔プ〕[1]ールニ加名ノ義内談アリタ
有田兄弟[2]相見へ、一泊セラル

　一月二十七日　水曜

午前十時より本店出務
午後三時坑長会ヲ開キ、倉庫品買入方ニツキ打合ヲナシタリ

　一月二十八日　木曜

本店出務
午後五時過キ篠原〔孫六〕[3]取締役相見へ、中野〔徳次郎〕取締役より保証書之件ニ付訴出ノ意旨相見候条、指留之義内談アリ、麻生屋へ談シ出飯ヲ乞タリ

　一月二十九日　金曜

嘉穂銀行重役会ヲ開キ、中野取締役ノ保証書手順ニ付評議シ、松崎〔三十郎〕弁護士来飯ヲ乞コトニ決ス
午後三時十二分飯塚発ニ而中野君同供、下ノ関ニ行キタリ、門司ニ而大原〔義剛〕前代議士ニ面会シ、直チニ大吉楼[4]ニ着ス

仙石氏大吉楼ニ相見へ、嘉穂・遠賀・鞍手郡衆議員〔ママ〕ノ事ニ付実業者撰定事ヲ勧告アリタ、大吉〔楼脱〕ニ女中ニ廿円遣ス

五十円、五十円ハ仕払ヒタリ

一月三十日　土曜

下ノ関午後五時四十五分ニ而帰村

鎮〔汽〕車中峠〔延吉〕[5]・貝嶋太一〔市〕[6]ノ両氏ト同車ス

長岐君も同車ス

一月三十一日　日曜

本店出務

二月一日　月曜

午前出務

太田君訪問、耕地務〔整〕理ニ付工事順序打合セリ

午前十一時嘉穂銀行階上ニ而松崎君ト儀〔江藤〕平一件打合ヲナシタリ

嘉穂銀行重役会ニ列ス

1　プール＝三井物産が一九一一年組織した販売制度、当初三井鉱山・貝島鉱業・麻生商店が加入
2　有田兄弟＝有田広・大屋唯雄、太吉女婿麻生義之介実兄
3　篠原孫六＝嘉穂銀行取締役
4　大吉楼＝旅館（下関市阿弥陀寺町）
5　峠延吉＝貝島鉱業株式会社取締役商務部長
6　貝島太市＝貝島鉱業株式会社本店総務部長、のち貝島炭礦株式会社社長

重役会ノ結果、中野君へ、麻惣〔麻生惣兵衛〕[1]・麻生屋ト松崎ノ研究ノ末、罪トナラザルニ付、尚研究相成候様申向ケタリ、又銀行カ不正ノ手段ヲ以約束セシニハ無之、六月ニ承諾ヲ受ケ有効ナリシ故ニ六月トセシナリ、尚ホ研究セラル、様申向ケタリ

二月二日　火曜

森崎屋[2]外二人相見へ、先年協賛会寄付ノ件ニ付、寄付金伊藤弐百円、小生百円、臨時出金ノ答ヲナシタリ

［欄外］藤森〔善平〕[3]町長相見候条、所得税ノ割合ハ販売口銭位ノ程度可然旨申答へ置キタリ

本店出務

飯塚区裁判所ニ出頭、検事ニ江藤ノ件ニ付面会ス

郡長〔川島澗明〕ニ面会シ、病院[4]之件ニ付会談ス

本店ニ而大屋久松相見へ、縄買入之義内談アリ、義之介ト引合ス

赤間嘉之吉君候補之義ニ付内談アリシモ、今日ノ場合如何トモ致方ナシ、其侭ニセラル、様申答タリ

二月三日　水曜

午前十時より自働車ニ而八木山越[5]ニテ出福、午後一時着ス

本社ニテ九水重役会アリ、出席ス

午後六時より一方亭ニ於テ宴会ス、社員一同ト、当冬一割配慮スレハ希望之通宴会ヲ催シ招待スル約束ヲセリ

二月四日　木曜

浜の町ニ於テ北崎氏〔久之丞〕[6]訪問アリタ、梅谷君〔清一〕之件ニ付話シアリタ

梅谷君訪問アリ、身上ニ付村上ナル者より勧告ニヨリ留任ノ事ニ決セリト、決心ヲ申出レタリ

午前十一時より会社ニ於テ重役会ニ列ス

伊藤傳右衛門氏ヲ訪問ス、中野君同供ス
協賛成会〔ママ〕二百円寄付ハ承諾ヲ受ケタリ

二月五日　金曜

午前十時博多発ニ而午後三時別府着、折尾より有田〔広〕[7]及つや子〔麻生〕[8]同車ス
行橋より麻惣〔麻生惣兵衛〕君同車ス、有田・麻惣ハ一等ニ操上ケサス
博多ニ而菓子買入十円払渡シタリ、浜の町家賛ニ勘定申付タリ、又松居[9]より帯十円モノ買入、直ニ代金仕払タリ

二月六日　土曜

中山旅館ニ行キ遊ヒ、午後伊藤君相見ヘタリ
午前加納〔久宜〕[10]子爵山水園ニ訪問ス
黒瀬より電話シ、皿八ツ・花生ト両品ニテ四百円迄付直ス

1　麻生惣兵衛＝嘉穂銀行取締役、飯塚町会議員
2　森崎屋＝木村順太郎、太七女婿、酒造業（飯塚町）
3　藤森善平＝飯塚町長、元飯塚警察署長、のち福岡県会議員
4　病院＝麻生商店飯塚病院、一九一一年竣工、地元との関係で一般公開は一九二〇年（飯塚町立岩）
5　八木山＝地名、嘉穂郡鎮西村、飯塚町と糟屋郡篠栗村を結ぶ山越え道
6　北崎久之丞＝紙与合名会社支配人
7　有田広＝麻生義之介実兄、嘉穂銀行監査役、博済無尽株式会社取締役
8　麻生つや子＝太吉孫、麻生太郎・夏長女
9　松居＝合名会社松居博多織工場（福岡市東中洲）
10　加納久宜＝麻生太郎岳父、貴族院議員、十五銀行取締役、元鹿児島県知事

加納子爵より津葉《〔錫カ〕》壱個頂戴ス

二月七日　日曜

午前麻惣《〔麻生惣兵衛〕》・有田《〔広〕》・中西《〔四郎平〕》1・上田《〔穏敬〕》へ集合、募集ノ件ニ付重立タル向キニ聞合方ニ着手スルコトニ決シ、藤井へ談話ノ為メ出浮アリタ

料理屋ニテ有志者招待ス

二次会ニ丸嘉ニ行キ、午後十二時帰ル

二月八日　月曜

午前七時発ニ而家内等帰宅ス

中山旅館ニ行キ、失敗ス

安川氏ニ十日福岡ニ而面会ノ打電ス

別府有志者招待之案内ヲ発ス

午後八時過キ帰ル

二月九日　火曜

午前岡君訪問アリタ

金壱百円、地所代トシテ上田へ相渡ス

二月十日　水曜

午前七時別府発ニ而福岡九水重役会ニ列ス

四社ノ買受評価取調ヲナシ、棚橋専務上京ニ決ス

二月十一日　木曜

午前九時博多発ニ而帰途ニツク

稲田《［龍吉］》[2]博士へ同車ス

午後三時岩崎[3]野見山《［米吉］》祝会ニ列ス

二月十二日　金曜

野見山家ノ祝会ニ列ス

大酒ヲナシタリ

稲田博士泊リニナリ、朝面会ス

二月十三日　土曜

大酒ノ為メ終日家外運動ヲナス

二月十四日　日曜

在宿

二月十五日　月曜

午後三時発ニ而別府ニ行キ、午後九時卅分頃着ス

1　中西四郎平＝太吉親族、坑区斡旋業、遠賀郡芦屋町会議員
2　稲田龍吉＝九州帝国大学医科大学教授
3　岩崎＝地名、嘉穂郡稲築村

二月十六日　火曜

午後一時宜〔冥カ〕加屋支店ニ而石垣村[1]有志招待ヲナス

午前中山旅館ニ而遊ヒタリ

二月十七日　水曜

別府滞在、出湯ノ場所踏査ス

永野〔長野松太郎カ〕[2]君訪問アリ、商法百廿五条ノ明文ニツキ創立惣会ノ権限ニツキ、異見ヲ述シ置キタリ

中山旅館ニ而午後十一時過キ帰ル

二月十八日　木曜

午後三時三十八分発ニ而帰宅ス

七十五円、中山へ払

三十円ト二十円ト同家ニ遣ス

五十円ト六十円ト一件ニツキ遣ス

二月十九日　金曜

午後一時耕地整理惣会ヲ列シ、議事ヲ終リ、郡長・出張地主ニ談話ヲ乞タリ

午後二時三十分発ニ而貸自動車ニ而出福ス

午後五時常盤館[3]住友銀行招待会ニ列ス

おゑん[4]開店祝ニ立寄リタリ、百三十円ノ祝義ト十円ノ召使ニ遣ス

金三百円、吉〔勝熊〕浦より受取タリ

二月二十日　土曜

午前九時福岡発ニ而直方柳屋方[5]ニ会合ス

安川・貝嶋・中野・堀〔三太郎〕[6]・伊藤ノ諸氏ナリ

伊藤氏自働車ニ而午後二時帰宅ス

二月二十一日　日曜

午前十時五十分発ニ而直方ニ柳屋ニ会合ス

同家ニ一泊ス

二月二十二日　月曜

嘉穂郡ノ立候〔補脱〕者赤間君〔嘉之吉〕ハ此ノ次キニ公認候補トスルコトニシテ、遠賀・鞍手ト会合ノ上決定ス

森田君〔正路〕[7]より口開キヲナシ、嘉穂・遠賀・鞍手郡惣代列席ノ上、嘉穂ノ希望ヲ挽回スルニハ、此ノ跡ノ立候〔補脱〕者トシテ赤間ヲ押スコトニ同意ヲ乞旨口陳アリ、一同賛成アリ、自分ハ居郡ノ関係上厚ク鞍手・遠賀ニ拶挨〔ママ〕ヲナシタリ

右決定後、野田〔卯太郎〕ヲ押スコトニ決ス

1　石垣村＝大分県速見郡
2　長野松太郎＝豊州新報社長、両豊銀行創立事務所、この年両豊銀行取締役副頭取
3　常盤館＝料亭（福岡市外水茶屋）
4　おゑん＝桑原エン、お浜（後藤ハマ）とともに最初の馬賊芸者
5　柳屋＝旅館（鞍手郡直方町殿町）
6　堀三太郎＝解説参照
7　森田正路＝立憲政友会福岡県支部、元福岡県会議員、のち衆議院議員

〔欄外〕三郡惣代より野田へ発電アリ、貝嶋・堀・中野・伊藤・自分ト一同電報又ハ書面ヲ出スコト貝嶋ニ托ス

午後十時自働車ニ而帰宅ス

三十円、朝鶏へ遣ス

二月二十三日　火曜

金壱百円、二月九日上田へ別府ニ而渡シ置候分、吉浦より受取

午前十二時飯塚発ニ而出福、一方亭ニ於テ九水会社より住友銀行ノ一行ヲ招待シ、其為メ主人側トシテ出席ス

一方亭ニ一泊ス、夜半より下痢ヲナシ、気分勝レザリシ

二月二十四日　水曜

朝来より何トナク不快ニ感シ、昼飯之トキ〇ノ料理[1]ヲ催シタルモ不喰ニテ、午後四時過キ浜の町ニ帰ル

金三十円　一方亭より借用ス

午後五時過キ山田〔駒之輔〕[2]先生之診察ヲ乞、腹部ニ故障ヲ生シ、ヒマシ油ヲ服薬シ、多量ニ便通アリタ

一峠〔延吉〕君より、井上侯爵より貝嶋君へ打電アリタルニツキ問合アリタルモ、自分ハ発電ノ覚ヱナキ旨談話ス

一貝嶋君へ野田呼戻シノ件ヲ電話ニ而協義ス

一三井小林〔正直〕君へ宮ノ浦坑区ノ件ニ付電話ス、及飯塚町役場へ耕地整理ニ関係アル排水溝之件ニ付協義ス

二月二十五日　木曜

一永江純一君訪問アリ、野田ノ一件、井上侯ノ電信ニ付候補辞セラル、外ナキ旨ヲ協義シ、永江君モ無論其ノ異見ナリ

一瓜生へ、野田ノ一件廿六日嘉穂有志者会ニ相含ル、様、尚自分ハ病気ニ而出席ヲ断リタリ

二月二十六日　金曜

森田正路君訪問アリ、野田ノ一件協義シ、永江君異見之通ナリ

金壱百円、党費相渡ス

おゑん・お浜［後藤］両人見舞ニ来リ、お浜ハ合併問題聞合候ニ付、六ツケ敷旨相洩シタリ

北崎君、志田［伝］[3]氏ノ案内ニ見ヘタリ

後藤寺電話料［ママ］引下ケニ調印ス

二月二十七日　土曜

一方亭ニ志田氏ノ招待会ニ列ス

二月二十八日　日曜

午前八時吉田［芳太郎］君及城戸一夫君訪問、織物会社[4]ノ事ニツキ打合ヲナシタリ

棚橋君来訪アリ、九水四社ノ評価及大分水力電機［気］会社[5]ノ件ニ付打合ヲナス

伊吹［政次郎］[6]幹事来訪、組合会決義件打合ヲナシタリ

峠君訪問、興津[7]ノ井上侯ノ意向ニ付打合ヲナシタリ

1　○ノ料理＝スッポン料理
2　山田駒之輔＝医師（福岡市東職人町）
3　志田伝＝麻生八郎友人、医師（福岡市外春吉）、のち日本赤十字社大阪支部病院
4　織物会社＝吉田撚糸織物会社（福岡市外住吉町）、社長吉田芳太郎
5　大分水力電気株式会社＝一九一一年開業（大分市）、一九一六年九州水力電気と合併
6　伊吹政次郎＝筑豊石炭鉱業組合幹事
7　興津＝井上馨別荘長者荘（静岡県庵原郡興津町）

午後四時ノ急行ニテ帰宅ス
博多停車場ニ而知事〔谷口留五郎〕一行ニ面会ス

三月一日　月曜

午前九時百合野[1]貝嶋氏ヲ自働車ニ而訪問シ、野田辞退ノ止ナキコトヲ打合、一致セリ
自働車ニ而柳屋ニ行キ、野田君も来会、三郡有志者一同会同ノ上、野田君辞退止ナキコトニ決定ス
堀三太郎氏撰挙ノ事ニ決ス、同君ノ承諾如何ニ不拘立候補トシ、当撰之上承諾ナサシメルコトニ決定同意ス
午後四時瓜生ト一同自働車ニ而帰宅ス
金壱百円受取、懐中ス

三月二日　火曜

午前耕地整理ニ付排水之高低実測方ニ付、太田外二人同供、新井仮[2]より本村排水溝工事区域迄実地ヲ踏査ス
午前十一時半綿且〔勝〕方ニ行、撰挙評議会ニ列シ、直方会ノ決議ヲ報告シ、将来郡地ノ希望ニヨリ直方会ノ決義ヲ実行セラル、ナラバ、相当ノ微力尽ス可キ旨ヲ相契ヒタリ
別府伊藤より堀氏辞退ノ打電アリ、重而致方ナキ旨ノ返電ス

三月三日　水曜

午前九時自働車ニ而貝嶋君ヲ訪問シ、堀君諾否ニテ協義候モ、堀君不在ニ付其侭ニナシ、当撰ノ上ニ受諾ヲナサシムルコトニ決シ、尚直方有志・鞍手有志ノ憤発尽力有之候様約シ、帰ル
午後二時頃より町長・議員、立岩[3]前ノ排水路工事ノ件ニ立会ス、午後五時過キ町長及議員ト製工所ニテ打合ヲナス
新井仮ノ処ヲ現今より余程浚渫セズデハ、下三緒・上三緒[4]ノ排水工事ノ出来ザル理由ヲ開陳ス

川嶌橋より実測ヲナシ、浚シ方ナス工事ハ、五百円位ハ立岩耕地整理組合ヨリ寄付スルコト

三月四日　木曜

午前九時川嶌橋ノ下ニ行キ、排水溝底ノ基点ヲ立会ス、橋上ノ小石橋ニアル
　横石より三段ヲ基点ス、夫より水深サハ弐尺ナリ

本店付近ノ地所ノ整理ヲ浦上・福沢ニ申談ス

午後一時明正寺[5]嘉穂有志会ニ列ス

　野田辞退ノ直方会ノ結果報告ス、堀氏候補者撰定ノ結果ヲ報告ス、堀君ヲ撰挙スルニ決定スル以上ハ、赤間君以上ノ熱心ヲ以尽力セラレルコト、若シ不正績[ママ]ノトキハ、他日ノ目的ヲ達セザルコトヲ注告ス、再三注意ス

三月十六日　火曜

午前十時五十分飯塚発ニ而吉塚駅[6]ニ、午後二時過キ直チニ大学病院[7]ニ行キ、稲田・北村[勝蔵][8]両先生ニ面会、稲田先生ノ診察ヲ乞タリ、多[太]賀吉ハ同供シ、吉塚駅より夏子ト直チニ浜の町ニ行ク、太郎[麻生][9]ハ病院ニ同行ス

1　百合野＝地名、鞍手郡宮田村竜徳
2　新井仮＝地名、飯塚町栢ノ森
3　立岩＝地名、飯塚町
4　下三緒・上三緒＝地名、飯塚町
5　明正寺＝浄土真宗本願寺派寺院（飯塚町本町）
6　吉塚駅＝筑紫郡堅粕町
7　大学病院＝九州帝国大学医科大学附属病院
8　北村勝蔵＝九州帝国大学医科大学助教授
9　麻生太郎＝太吉三男、のち株式会社麻生商店取締役

金五百円、嘉穂銀行へ預ケ分受取

三月十七日　水曜

浜の町ニテ静養ス

三月十八日　木曜

午後二時大学病院ニ於テ稲田博士ノ診断ヲ乞、其ノ末北村先生より三宅[速][1]博士ニ診察ノ乞候結果、三宅博士ノ診察ヲ乞候モ不明ノ廉アリ、来ル二十四日ニ再診察ノ事ニナリ、太郎ト一同浜の町ニ帰ル

金壱百五十円、黒瀬買物代払

家内、本家より午後十二時過キ女中ヲ連レ出福ス

吉川監十郎[2]、高江[3]始末ノ件ニ付来訪ス

三月十九日　金曜

山田先生より腹ノ洗[滌カ]除方通知アリタルニツキ、洗除機器ヲ買入ナス

金弐百十円、黒瀬ニ買入物代払

午後五時太郎帰宅ス

三月二十日　土曜

午前九時十分博多発ニ而太賀吉一同帰宅ス

嘉穂銀行重役会・博済会社重役会ニ列ス

栄座[4]重役会ニ出席ノ懇談アリ、出席ス

重役責任者撰定ノ一任アリタ、伊藤・中野一同中合ノ上指定ノコトニナス

三月二十一日　日曜

一本宅ニ於テ耕地整理ノ件ニ付要談ス
　本村前溝広メニ付工事ノ時ハ付近ノ田地ニ掘土運搬ノ内相談ヲナス様、実地ニツキ森・福沢・本村区長立会、
　実地ニ臨ミ指図ス
一本村ノ柿畑ニ行キ、及山内農園[5]ニ行キ、川田君へ注意ス
一病院付近ニ行キ、浦上君へ注意ス
　博済会社建築ノ件ニ付、麻惣〔麻生惣兵衛〕ト麻生屋〔麻生太七〕ト本宅ニテ打合ナス
一熊崎より新井仮迄溝巾広メ設計着手ノ件、瓜生へ注意ス
一本家ノ植物廉書ヲナサシメ、吉浦へ注意ス

三月二十二日　月曜

一午前六時五十分飯塚駅ニテ出福ス
一折尾より遠賀川迄松本氏ト同車ス
一棚橋専務浜の町ニ相見へ、大分電力会社〔水力電気〕ノ件ニ付打合ナス

1　三宅速＝九州帝国大学医科大学教授
2　吉川監十郎＝太吉女婿
3　高江＝地名、遠賀郡香月村楠橋
4　株式会社飯塚栄座＝演劇場、一九一一年設立（飯塚町）
5　山内農園＝麻生商店山内農場、一九〇八年設立、石炭廃鉱地試験農場（飯塚町立岩）

壱灯六十銭案ニテ収支ノ計算ヲナスコト
現在ハ大分七朱ノ配当ニ付、九水ハ当冬ハ一割ニツキ、七ト一割トノ比例ヲナスコト
九鉄[1]ノ合併ト比例ヲナシ、尚資本金ノ増減、及資本額ニ収入ノ割合等取調ナスコト
壱灯五十銭案ハ秘蜜ニ調査スルコト

三月二十三日　火曜

午前九時博多発ニ而門司倶楽部[2]坑業組合惣会[3]ニ列ス、門司午後一時五十分発ニ而福岡へ返ル
一門司行キノ時ハ的野〔半介〕[4]・福田梅之介〔助〕[5]ト同車ス

三月二十四日　水曜

中野徳次郎訪問アリタ

三月二十五日　木曜

安川氏訪問ス、大野・西田〔熊吉〕[6]先生ノ両氏モ先キニ見ヘラレタリ
午後十二時三十分発ニ而、安川氏モ同車、帰ル
午後四時過キ飯塚ニ着ス、直チニ町役場ニ行、堀君撰挙ス
嘉穂銀行ニ行、建築ノ打合ヲナシ、尚嘉穂銀行員増給ノ件ニ付篠原〔孫六〕・野見山〔米吉〕両氏ト打合ヲナス

三月二十六日　金曜

一耕地整理ニ付森・福沢両氏ト打合ヲナス
一本村前溝広メ工事ノ件ニ付福間〔五郎〕[7]助役来訪アリ、森・福沢ト立会談話ス
溝巾底壱間五分ヲ七分五厘トス、寄付願ヲ半額トスルコト
熊崎支線ノ分ヲ工事支出スルコト（町費）

一浦ノ谷□〔旦カ〕兵衛田地三俵半付口交換スルコトヲ、花村徳右衛門へ申付タリ
一本店ノ北側ニアル道路ノ巾ハ、町役場ト払下ケ当時ノ約束ノ巾ニスル様、福沢ニ申付タリ
一午後四時五十分飯塚発ニ而出福ス

三月二十七日　土曜

金四十八円八十二銭、黒瀬ニ買物代仕払ナス
三十五円、箱　十五円、青磁□　十五円、柿右衛門姫鉢
三円、植付鉢　十円、ヒナゼン　弐十円、人形二ツ
合九十五円ヲ百四十三円八十銭より引去、本額ノ金ヲ仕払フナリ

三月二十八日　日曜

一三宅博士へ訪問シ、病状聞取タリ
一飯塚病院ノ事ニツキ懇談ス
一博士よりハ、地方医師ニ何等カノ方法研究サセル方便利トノ異見アリタ

1　九鉄＝九州電灯鉄道株式会社、一九一二年博多電灯軌道と九州電気が合併して成立、のち東邦電力
2　門司倶楽部＝筑豊石炭鉱業組合・門司石炭商組合・西部銀行集会所と九州鉄道が一九〇三年に設立した社交機関
3　坑業組合＝筑豊石炭鉱業組合、一八八五年設立、太吉総長
4　的野半介＝衆議院議員、元九州日報社長
5　福田梅之助＝元嘉穂郡碓井村長
6　西田熊吉＝医師、福岡市医師会副会長
7　福間五郎＝飯塚町助役

一伊吹幹事訪問、電柱課税ノ件打合、且午後六時松崎[三十郎]弁護士モ相見へ、一同研究ス
一久保太郎[1]君見舞ニ見ヘタリ
一北崎久米丞相見へ、撰挙ノ事情聞取タリ
　金弐百円、黒瀬へ一時取替
黒瀬ハ、三百七十円ト四十円、四百十円負債旨咄シセリ
[欄外] 堀君候補者承諾之件貝嶋君へ電話シ、承諾之旨電話アリタ

　三月二十九日　月曜

一村上義太郎[2]君訪問アリ、銀坑山買入ノ示談アリタ
一瓜生長右衛門、中村氏訪問ノ件ニツキ打合ナス
一野見山長崎より帰途立寄アリ、宮ノ浦坑区買入ノ件ニ付小林君之処ニ相談ニ遣シタリ
一中野徳次郎訪問アリタ

　三月三十日　火曜

一伊藤傳右衛門君相見ヘタリ
一安川氏相見へ、午後八時より九時迄会話ス
一三宅先生へ篠崎ノ件ニ付相談ス

　三月三十一日　水曜

堀[三太郎]氏相見へ、衆議院候補之義受諾アリタ
午後四時自動車ニテ帰途ニツク

四月一日　木曜

嘉穂銀行重役会ニ列ス

午後七時帰ル

四月二日　金曜

在宿

病院及立岩、柿畑、山内農園ト実地ニ臨ミタリ

書類整理ス

四月三日　土曜

安川氏紹介ノ石田〔採窗〕画師訪問ス

十円遣ス

四月四日　日曜

在宿、書類整理ス

四月五日　月曜

在宿ス

上田・麻惣〔麻生惣兵衛〕・瓜生〔ママ〕来訪問ス

別府へ麻生・上田ヲ出張セシム

1　久保太郎＝若松築港株式会社監査役、石炭商（若松町）

2　村上義太郎＝九州製油株式会社取締役

四月六日　火曜

午前九時十五分自働車ニ而出福ス
〔麻生〕[1]八郎同供ス
九水重役会浜の町ニテアリ、麻生観八・中の・棚橋・渡辺ノ四氏集会アリタ

四月七日　水曜

午前浜の町ニ在宿
午後五時自働車ニ而帰途ニツク
金弐十円、家内へ渡ス
同弐十一円五十銭、黒瀬へ買物代払
松崎氏ト三井交換坑区之件ニ付研究ス（松崎氏訪問アル）

四月八日　木曜

午前在宿
太田君耕地整理ノ件ニ付来訪アリタ、郡費補助之件ニ付内談アリタ
耕地整理事務所ニ而太田・森・福沢ト会合ス
午後花村徳右衛門召連、本村畑地等ノ境界実地踏査ス
金壱百円、花村徳右衛門へ渡ス

四月二十五日　日曜

午前別府滞在
午後二時三十八分発別府駅ヲ発シ、小倉ヲ経而午後八時半帰宅、折尾より長岐君ト同車ス

四月二十六日　月曜

午前在宿
午後二時博済惣会ニ出席、引続重役会開会ス
嘉穂銀行員増給書面、倉知〔倉智伊之助〕君ヘ相渡シタリ
綿且〔勝〕ニ而午後十時過キ迄遊ビタリ

四月二十七日　火曜

在宿
下三緒・上三緒両区惣代井手代〔大〕四郎[2]外六人相見へ、遠賀川拡張工事ニツキ縮少之意味ヲ以申入有之候条、実地ノ図面ニ一本木ノ井堰ノ巾ト西東ニ属ス地味ノ比較、其地靍〔ママ〕三緒[3]宅地ニ係ル費用ノ取調等セラル、様申向ケ、尚遠賀川工事ノ許可ノ原由等ヲ相話シタリ、尤工事ノ程度ノ適否ハ専門家ノ評定ニ依ルベキモノニテ、微力ニテハ難相分モ多少過太〔ママ〕ノ傾キアルベシト申向ケタリ
常議員会[4]ニハ御法川〔小三郎〕[5]代理出席、惣長撰挙ノ申向ケアリタリ

1　麻生八郎＝太吉弟、麻生商店、のち山内・上三緒鉱業所長
2　井手大四郎＝飯塚町会議員、加茂川酒造合資会社支配人
3　鶴三緒＝地名、飯塚町下三緒
4　常議員会＝筑豊石炭鉱業組合常議員会
5　御法川小三郎＝麻生商店鉱務部長

五月七日

午後弐時十二分別府発ニ而帰宅、午後八時半着ス

五月八日

自働車ニ而直方駅ニ午前九時四十分着、直チニ團〔琢磨〕[1]氏ヲ迎ヒタリ
百谷〔合〕野貝嶋氏方ニ團氏ト同車ス
自働車ニ而帰宅ス
伊藤・中野両君相見ヘタリ
團氏一行立寄アリ、午後三時四十分発ニ而下ノ関ニ同供ス
大吉楼ニ而一泊ス

五月九日

午前九時四十分門司発ニ而直方町抗〔鉱〕業組合出張所ニテ組合常議員会ニ列ス
帰途博済会社ノ重役会ニ列ス

五月十日　月曜

嘉穂銀行重役会ニ列ス

五月十一日　火曜

在宿

五月十二日　水曜

在宿ス

五月十三日　木曜

午前在宿
午後四時三十分自働車ニ而出福ス
松崎氏訪問アリ、会社登記者ノ義務ノ区域ノ件研究ス
博済会社之件ニ付研究ス

五月十四日　金曜

野田鉱山署〔務〕長浜の町へ訪問アリ、詞〔諮〕問会ノ件ニ付打合ナス
午後四時戸早〔幾太郎〕[2]医師ト同車ニ而帰宅ス
戸早氏ハ有田〔広〕氏診察ノ為飯塚より直様大隈[3]ニ行カル、義之介同車ス
山田〔駒之輔〕医師ノ診察ヲ乞タリ

五月十五日　土曜

耕地務〔整〕理ノ為メ森・福沢両君相見へ、協義ス
麻生物兵衛・青柳〔栄次郎〕[4]支配人相見へ、博済帳簿整理ニツキ打合ヲナシタリ
重而青柳支配人及出納掛相見へ、打合ヲナス

1　團琢磨＝三井合名会社理事長、元三井鉱山会長
2　戸早幾太郎＝戸早病院長（福岡市外大学通）
3　大隈＝地名、嘉穂郡大隈町
4　青柳栄次郎＝博済無尽株式会社支配人、元のち嘉穂銀行天道支店支配人

入札日ヨリ手取ノ現金ト入札差額ト伝票ニ記載シ、帳簿ニ記シ、差額ハ口座ニ移スコト
返金計算率ニヨリ半期毎ニ計算シ、貸付ヲ確定スルコト
半期ノ計算期ニハ貸金元簿ノ合計ヲ写シ、其ノ残高ニ返入率ヲ引直シス〔ママ〕コト、右計算ニヨリ損金ノ分ヲ合計、差
額金ヨリ控除スルコト
右打合廉書渡セリ

五月十六日　日曜

午前在宿
金壱千円、上京旅費
同百三円、博多帯及黒瀬払立替分受取
〆千百三円
　右持参ス、外ニ百九十円余アル
午後三時十二分出発、上京ノ途ニツク

六月七日　月曜

午前七時別府発ニ而帰途ニツク
出発ノトキ中山旅館ノ仕払五十円余ヲナス、及田山〔クマ〕1へ金五十円相渡ス

六月八日　火曜

一二日朝別府へ松方〔正義〕2侯爵御出ニ付準備ノ為メ罷越、金五百円持込ノ内ニ金百七十円残金アリタ
耕地整理ノ竣工式ニ列ス
開始ノ挨拶ヲナス

答辞ヲナス（別紙ノ書抜ノ旨意）
二次会ヲ本家ニ而相催、郡長及耕地整理掛、及評議員等二十名余宴会ヲ催ス
遠賀川改正工事、靏三緒・下三緒及川嶋架橋ノ件ニ付願書下付ヲ認メ、瓜生ニ渡ス

六月九日　水曜

午前八時五十分飯塚発ニ而、直方坑業組合[3]採炭制限調査委員会ニ列ス
午後一時三十分直方発ニ而小倉ヲ経而、行橋[4]柏木氏〔真静〕[5]ニ見舞ニ出浮キタリ
　金五円見舞トシ、八郎家内〔縫〕[6]へ相頼ミタリ
午後六時四十分行橋発ニ而伊田[7]経而、帰宅ス

六月十日　木曜

午前八時自宅より自働車ニ而浜の町ニ行キ、拾時着ス
病院ニ行キ、三宅博士ニ柏木氏診察ヲ願、又携帯ノ柏木氏ノ便物検査ヲ願ヒタリ
三宅博士ハ十一日午前十二時三十分発ニ而決定アリ、松本氏ニ中野君ヲ以自働車ノ相談ヲナシタリ

1 田山クマ＝麻生家執事兼生花茶道家庭教師、元小学校教師
2 松方正義＝枢密顧問官、元総理大臣
3 直方坑業組合＝筑豊石炭鉱業組合直方会議所（鞍手郡直方町御館山）
4 行橋＝地名、京都郡行橋町
5 柏木真静＝勘八郎改名、福岡県農工銀行取締役
6 麻生縫＝柏木真静孫
7 伊田＝地名、田川郡伊田町

午後三時頃より一方亭貝嶋君ヲ訪問シ、小林外二人ノ来博アリ、貝嶋君ノ宴会ニ列シ、午後十一時過キ帰ル

二十円、五十円、祝義ニ遣ス

六月十一日　金曜

三宅博士午後十二時行橋へ診察ニ御出アリ、柏木氏方ノ手代随行ス

午後十時帰福アリ、停車場ニ自働車ヲ迎ニ遣ス

梅谷精〔清〕一君及古市〔公威〕[1]氏代山田尭扶[2]氏ト訪問アリ、起業ノ発起人ノ相談アリタルモ、賛成人ニ承諾ノ旨答弁セリ

一午後一方亭ニ行キ、貝嶋・中野ノ両氏ト遊ヒ、午後六時吉浦出福ニ付帰宅ス

六月十二日　土曜

宰府天満宮ニ家内及多賀吉〔太〕一同自働車ニ而参詣ス

金十円茶代、金十円神納

一棚橋専務相見へ、決算項目ノ下地打合ヲナス

合併問題ニ付地下線契約ノ件、弁護士研究ノ件、及七月より十一月迄予算調書ノ件、打合ス

午後四時より自働車ニ而一同帰宅ス

六月十三日　日曜

梅谷氏訪問、後援会片付ニツキ出金ノ内談アリタ

伊吹幹事外一人相見へ、諮問会ノ件ニ付打合ヲナス

農商務省細井〔岩弥〕[3]技師来県ニ付、栄屋[4]泊所ニ訪問ス、野田〔勇〕署長・石渡〔信太郎〕[5]・中村ノ三氏も来会アリ、一同打揃公会堂[6]ニ行キ、会議ノ打合ヲナス

博多地下線後援会ノ件ニ付九水会社特別出金ニ対シ、中野両人ニテ一時金壱万円ヲ仮受証ニ認印シテ、工務課長

村上へ相渡タリ（村上ハ手紙ヲ以捺印申来リ、書状綴ニアル）

六月十四日　月曜

福岡県公会堂ニ而炭坑暴発予防諮問会ニ列ス

諮問会ノ順序ヲ定メ、且諮問事項ハ決議ヲ省キ異見ヲ討議シ、最後ニ委員ヲ設ケ決定スルコトニ決定シ、諮問事項ノ逐条ノ審議スルニ到リ、中村武治君[7]座長ニ撰定シ、同人座長ニ付カシメ議事ヲ進行ス

松永[安左衛門]君相見へ、合併問題ニ付打合ヲナシタリ

六月十五日　火曜

諮問会ニ列ス

午後七時より宴会ヲ催ス

主人ノ挨拶ヲナシ、祝盃ヲ挙グ

六月十六日　水曜

諮問会ヲ終リタルニツキ閉会ノ辞ヲ述べ、又農商務省へも適用ノ手心アル様希望ヲ陳ス

1　古市公威＝九州水力電気株式会社顧問、土木学会長
2　山田尭扶＝日本乾電池製造株式会社長
3　細井岩弥＝農商務省鉱山局技師
4　栄屋＝旅館、倉成久米吉（福岡市橋口町）
5　石渡信太郎＝明治鉱業株式合資会社豊国炭礦長、のち常務取締役
6　公会堂＝福岡県公会堂（福岡市西中洲）
7　中村武治＝三菱鯰田炭坑長

番外[1]及的場[中][2]博士ニも説明ノ労ヲ謝ス
常議員及外十名ノ委員ヲ撰定シ、答申案決議スルコトニ決シ、又会員ヨリ的場博士・中村会長ニ労ヲ謝シ、散会ス
九水重役会ニ列シ、異見ノ打合ス
一方亭ニ行キ、貝嶋・中野・堀・伊藤ノ諸氏ト遊ビタリ

六月十七日　木曜

午前十時より自働車ニ而帰宅ス

六月十八日　金曜

十八日直方町高等女学校講堂ニ而講演会ヲ開催、開会ノ辞ヲ述ブ
午後四時過キ閉会ノ辞ヲ述べ、散会ス
開会ノ辞ト閉会ノ辞ハ（別紙ノノ[ママ]如ク）

六月十九日　土曜

午後六時過キより腹痛シ、自働車ニ而帰宅ス、外数人病気出来タリ
在宅
野見山相見へ、坑山打合ヲナシ、山内□[抜カ]風機ノ事ニ注文スルニ決ス

六月二十日　日曜

在宅
伊吹[政次郎]ノ事ニツキ電話ス、直方会ニハ瓜生代理ニ遣ス
福間久一[市カ][3]外一人相見へ、養水及架橋ノ事ニ付内談アリタ

六月二十一日　月曜
森崎屋相見へ、昼後迄幅物ヲ取調ヲ乞タリ
藤嶋〔伊八郎〕[4]相見へ、上部落[5]ノ講ヲ引受、壱千四百余ノ利益、及満会迄ニハ尚壱千三百円アル見込ニ付、即金三百円遣金スルコトニテ取調ノ事ヲ談ス
伊吹幹事ニ〔以下空白〕

七月十七日　土曜
午前七時発ニ而家内子供一同帰途ニツキ、自分ハ午前九時発ニ而日出駅[6]ニ下車シ、九鉄局長〔長尾半平〕ノ海狩ニ臨ミタリ
日出午後三時二分発ニ而帰途ニツキ、安川清三郎[7]・日本銀行支店長・郵船会社門司支店長、中途より倉知安房〔蔵内保房〕・友枝君〔梅次郎〕ト同車ス
折尾より峠君ト同車ス
午後八時三十分帰宅ス

1　番外＝正式の会員外の列席者、オブザーバー
2　的場中＝明治専門学校長、東京帝国大学名誉教授
3　福間久市＝飯塚町会議員
4　藤嶋伊八郎＝博済無尽株式会社取締役兼大隈支店支配人
5　上部落＝白門井手の上の嘉穂郡稲築村鴨生・口春・岩崎・平・熊田村下山田
6　日出駅＝大分県速見郡日出町
7　安川清三郎＝明治鉱業株式合資会社無限責任社員、明治紡績株式会社取締役、のち明治鉱業社長

七月十八日　日曜

午前九時より嘉穂銀行ニ出頭
同十時より三十九回ノ惣会及臨時会ヲ終リタリ
中野君辞退問題起リ、松崎氏ト会談スルコトニセリ
綿且[勝]ニテ午後四時迄、中野氏モ相見へ、遊ヒタリ
午後五時より鈴木[保][1]君会葬ス
半期ノ銀行賞与金四百八十七円五十銭受取タリ

七月十九日　月曜

午前六時ニテ自働車ニ而、操子[麻生ミサヲ][2]一同出福ス
午前九時棚橋君相見へ、上京中ノ事件ノ咄ヲ聞キ、大分水力日本興業持チ株買収ニ付協議ス
倉知[智]支配人出福、松崎弁護士一同浜の町ニテ協義シ、高取[鷹取行蔵][3]一件ハ中野ノ弁償至当ナリトノ異見ナリ

七月二十日　火曜

堀三太郎君訪問之処、門前ニテ面会ス
病院ニ有田氏見舞ニ行ク
帰途一方亭ニ立寄、堀氏ト一同午後十時迄遊ヒタリ
お円[ゑんカ]・秀子等参リタリ
浜菊も参リタリ
野見山（門司行キ先より）電話ス、古賀氏ノ関係及久原売炭、松本氏面談ノ件
店員多田[鉄男][4]より久原売炭ノ件電話ス、一托ス

七月二十一日　水曜

浜の町ニ終日在宿ス
川嶌〔七郎〕[5]主任来訪、大分水力日本興業株ノ買入ニ付計算ヲナス
午後六時三十分自働車ニ而操子一同帰宅ス
浜の町ニ於テ貴重品整理ヲナス
伊吹政次郎来訪アリ、坑〔鉱務〕整署労働時間上伸書携帯ス
黒瀬元吉より品物買入代金五十円仕払ナシタリ

七月二十二日　木曜

在宅
手紙及書類整理ス
棚橋専務ト打合ナシ、本日午後四時急行ニテ上京ス
松本健次郎氏ト若松積入場ノ件ニ付電話ニ而協談ス
伊吹政次郎ト電話ニ而話シ、来ル二十四日臨時常議委員会ヲ開設ス
吉浦君ノ整理ノ順序打合ヲナス

1　鈴木保＝麻生商店久原鉱業所
2　麻生ミサヲ＝太吉長男太右衛門の妻
3　鷹取行蔵＝元御徳鷹取炭坑・定徳炭坑経営者
4　多田鉄男＝麻生商店、のち大阪出張所長
5　川島七郎＝九州水力電気株式会社大分支部

書類綴リヲ新ニ設ケ、手数ヲ用セザル様ナシタリ

　八月三日　火曜

前日東京より帰宅ニ付在宿致シ、整理ス
午前ハ本村及柿畑等ノ実地ニ臨ミタリ
宮ノ浦坑区ノ件ニ付取調ノ為メ、買入書類本店より取寄ス
吉浦へ命シ出状ス
　金壱千百円　　懐中ニアル
外ニ弐十一円　　黒瀬ノ分受取、吉浦より
　　五十円　　黒瀬払ノ分受取、吉浦より
〆千百七十一円　懐中在

　八月四日　水曜

在宅

　八月五日　木曜

宮ノ浦坑区等調査ス
在宅
川嶌〔淵明〕郡長訪問、川嶋橋ノ件ニ付協定ノ内容内談アリタ、中の・伊藤ト立会、表面決定スルコトニ話シアリタ

　八月六日　金曜

午後五時自働車ニ而つや子〔麻生〕一同浜の町ニ着ス、時午後七時
本宅ニテ賞与等ノ事ニ付太郎へ申含メ、午前不快ニ而在宿

中村武治氏より電話アリ、瓜生より地元ノ関係ニ付電話ス、其ノ旨意ハ本店ノ日誌ニ記ス
嘉穂銀行支配人へ電話ス、異状ナキヲ聞キ、来ル十日帰宅ノ旨電話ス
中野君へ益田〔孝〕[1]より照合ノ金額乞合シテ、銀行為替ニテ仕払ナス

八月七日　土曜

服〔腹〕部悪シク山田〔駒之輔〕医士〔ママ〕ノ診察ヲ乞、浜の町ニ於テ療養ス
梅谷氏訪問アリ、九水ノ件ニ付打合、地下線問題[2]ノ件ハ中野君へ打電アリ、其ノ上ニテ協義スルコトニセリ
宮ノ浦坑区明日引渡ノ件、太郎より電話ニ接シ、受取方注意ス

八月八日　日曜

黒瀬買物代金百弐円五十銭仕払ナシタリ
梅谷・渡辺両氏訪問、地下線問題ノ委員諸氏ニ金盃ト此外ニ金壱千円贈呈スルコトニ申極メ、中野・棚橋へ照合シテ、異義ナキ時ニ実行ノ事ヲ協義ス
〔欄外〕此記事ハ九日ノ分ヲ誤テ記入セリ

八月九日　月曜

午後四時より浜の町自働車ニ而帰ル
八日九水打合会、記事アリ

1　益田孝＝三井合名会社相談役、元三井物産会社長
2　地下線問題＝九州水力電気は一九一二年博多電気軌道を合併し、同社の福岡市全域の地下線による電灯電力供給権を継承。これが九州水力電気と九州電灯鉄道の競争と合併交渉の発端

八月十日　火曜
午前十時博済会社重役会及銀行重役会ニ列ス
博済会社惣会列ス
博済会社ノ怠納者ハ嘉穂銀行名代人トナリ掛金スルコトニ決ス
貯金受取方厳重実行方申談ス

八月十一日　水曜
本店出務
宮ノ浦坑区買収一件ニ付、廉書ヲ以手続キ申付タリ
金壱千五百円吉浦へ命シ銀行預ケヲナス、此内八百八十円ハ本店より受取、賞与金ノ残額アリ
金壱百五十円、博済会社ノ重役手当トシテ太郎より受取

八月十二日　木曜
在宿

八月十三日　金曜
在宿

八月十四日　土曜
午前八時上田相見へ、巡遊鉄道[1]ノ件ニ付内談アリ、重役及調査委員ニ付内談ス
午前十一時博済会社ノ件ニ付重役会開催、松崎弁護士相見へ、共同〔済カ〕貯金株式会社[2]譲受ニ付協定ス
中野ノ弁償ノ件ハ鑑定書出来兼ル理由述弁アリ
綿且〔勝〕ニ而午後八時過キ迄遊ビタリ

八月十五日　日曜

午前午後在宿

営業方針録等製調ス

田中〔冑二〕[3]君相見へ、銀行倉庫調査方内談アリ、異見ヲ述シ、浦上独断ニ而設計ノ事ヲ申付タリ

来ル十八日元田〔肇〕[4]氏福村屋〔家〕[5]ニ招待ヲ約ス

八月十六日　月曜

在宅

八月十七日　火曜

在宅

八月十八日　水曜

自働車ニ而博多ニ行キ、元田氏一行福村〔家脱〕へ招待ス、福村屋女中ニ二十円、中江へ金一百円、祝議〔ママ〕遣ス

八月十九日　木曜

九水重役浜〔会脱〕の町ニ於テ開催ス、麻生・梅谷・棚橋・渡辺ノ諸氏出席アリタ、昼飯ス

1　巡遊鉄道＝別府温泉鉄道株式会社（未開業、別府港本町）
2　共済貯金株式会社＝一九一二年設立、監査役木村順太郎
3　田中冑二＝嘉穂銀行監事、元麻生商店芳雄上三緒鉱業所長・製工所長
4　元田肇＝衆議院議員、元逓信大臣、のち鉄道大臣、衆院議長
5　福村家＝料亭（福岡市東中洲）

午後四時退散

八月二十日　金曜

北崎君訪問、合併及大分水電買収問題ニ付打合ナス

松川駒次郎[1]君訪問、早稲田寄付願ノ件ニ付打合

午後三時自働車ニ而帰宅ス

八月二十一日　土曜

直方町坑業組合委員会ニ出席ス

会件〔ママ〕ハ別ニ筆記ス

八月二十二日　日曜

出店ス

宮ノ浦坑山及肥前坑区ノ関係ニ付取調ナス、堀某より肥前坑区ノ件ニ付書留ノ参リ事ヲ承知ス

八月二十三日　月曜

午前四時四十分自働車ニ而直方駅ニ行キ、同地午前五時五十分発ニ而別府ニ向ケ出発、午前十一時半別府ニ着ス

大分清川楼ニ而大分水電重役一同ト会合ス、津末良介・板井勘兵衛・野田和三郎・笹山駒二郎・甲斐治平等ナリ

午後十時別荘[2]ニ帰ル

八月二十四日　火曜

麻生観八・棚橋、別荘ニ相見へ、配当率調査シ五分五厘ト協定ス

朝吹〔英二〕[3]外一人重役相見へ、協談ス

午後二時より中山旅館ノ大分水電ノ招待会ニ列ス

八月二十五日　水曜

山水園ニ行キ工事ノ事ヲ打合ナス

益田屋老人訪問ス

別府倶楽部[4]ニ行キ、整理委員大体調査方針ヲ甲斐〔治平〕外四五人ノ面々ニ懇談ス

八月二十六日　木曜

井上泰蔵[5]君訪問、平恒坑区担保取消シ五千円払入旨相談アリ、廿八日重役会開催支配人ニ電報ス

野見山ニモ出状ス

八月二十七日　金曜

午後七時芝□〔刈カ〕屋ニ而鉄道調査ノ結果報告ス、出席員及報告ハ大体ハ筆記アル

報告ノ文案ハ不都合ナキ様、尚滞別中ノ松崎君へ草案ヲ乞タリ

八月二十八日　土曜

午前七時別府駅発ニ而松崎氏一同帰ル

中山香[6]ヨリ上田へ出状ス、浜の町ニ滞在

1　松川駒次郎＝若松石炭商、若松市会議員
2　別荘＝麻生家田の湯別荘（大分県速見郡別府町）、元五六庵
3　朝吹英二＝元三井物産取締役、元鐘紡・王子製紙専務取締役、元三井管理部理事
4　別府倶楽部＝宴会場（大分県別府町不老町）
5　井上泰蔵＝蔵内鉱業
6　中山香＝地名、大分県速見郡中山香村

金壱千円、上田へ相渡ス

午後十二時半福岡ニ着ス

八月二十九日　日曜

浜の町滞在

別府より彦三郎[麻生][1]参リ、鉄道ニ対スル調査委員心得上田より乞合来リ、松崎氏他行先キニ飛脚ヲ立タルモ、帰途四時過キニナリ、停車場より電話シ、異見ナキコトヲ聞キタリ

伊吹政次郎君訪問、制限問題ニ付打合ナス

午後四時福岡自働車ニ而帰宅ス

八月三十日　月曜

大屋久君[2]訪問、坂口栄君競売十月一日以後迄延期ノ懇談アリタ

藤森[善平][3]・許斐[4]・福光[太三郎][5]・横山[近平]ノ四氏訪問、県会議員ノ義ニ付懇談アリタ

麻生屋家政上ニ付訪問ス

八月三十一日　火曜

瓜生訪問、県会議員ノ事ニ付懇談ス

野見山訪問、商店ノ方針ニ付懇談ス

取調方筆記ニテ渡ス

上田帰宅、別府鉄道[6]成行報告ス

森崎屋訪問、麻生屋件懇談アリタ

野田卯太郎帰県ニ而川卯へ電話ス

棚橋君より電話アリ、折尾ニ而出会ノ約ヲナス

九月一日　水曜

午前六時五十分飯塚発ニ而折尾ニ行キ野田ヘ面会ス、二日出福ヲ約ス、又折尾ニ而伊藤ヘ電報ス
棚橋専務ト大分水電ノ件ニ付打合ヲナシ、和田氏〔豊治〕[7]ニ電報ス
［欄外］和田氏ノ電報及棚橋より和田氏ヘ電報、及小生より電報ハ別紙ニ綴ム
飯塚綿且〔勝〕ニ而伊藤傳右衛門外数人ト、郡治上ニ付飯塚外四ケ村長及郡会議員ノ集会ヲ促〔ママ〕ス
中野君ヘ電話ス
野田君ヘ電話ス
区裁判所ニ出頭、坂口競売延期、十月一日後ニ相談ス、承諾アリタルニ付、大屋久君ヘ大屋書記ヘ伝達ヲ托ス
井上侯爵凶事ヲ野田より電話ス

九月十六日　木曜

午前九時門司着、直チニ福岡浜の町ニ行ク

1　麻生彦三郎＝太吉親族、麻生商店測量技術者
2　大屋久＝嘉穂郡千手村長
3　藤森善平＝飯塚町長、元飯塚警察署長、のち福岡県会議員
4　許斐＝許斐寛カ許斐安太郎カ、寛＝嘉穂郡会議員、元頴田村長、安太郎＝嘉穂郡参事会員、のち頴田村長
5　福光太三郎＝嘉穂郡会議長
6　別府鉄道＝別府温泉鉄道株式会社（未開業）
7　和田豊治＝九州水力電気株式会社相談役、富士瓦斯紡績株式会社専務取締役、翌年社長

九月十八日　土曜
午前八時飯塚発ニ而門司三井物産会社ニ福井〔菊三郎〕氏[1]訪問、支店長会ニ列ス
門司午後四時発ニ而福岡ニ行キ、壱方亭慰労会ニ列シ、主人側ヲ代表シ挨拶ヲナシタリ
午後十二時過キ浜の町ニ帰ル
九月十九日　日曜
午前九時三十分自働車ニ而福井氏一行八木〔山脱〕越ニ而本宅ニ相見へ、昼飯ヲ饗応ス
午後三時半自働車ニ而貝嶋本宅ニ見送リ、直方駅午後六時発ニ而小倉梅屋ニ一泊ス（十五円、七円）仕払
九月二十日　月曜
午前七時二十分小倉発ニ而大分水電惣会ニ列ス、小倉より中野君同車ス
大分水電ノ重役会ニ列ス
午後三時三十分大分駅発ニ而別府ニ帰リ、午後六時より中山旅館中野君ヲ尋ネ、午後十一時過キ帰ル
九月二十一日　火曜
麻生観八・棚橋両氏相見へ、水電ノ件ニツキ東京重役意向[2]詳細報告シ、将来進行上ニ付打合ヲナス
九月二十二日　水曜
松本（健次郎）氏ニ打電ス、二十四日午後二時発ニ乗車シ、小倉駅ニ而面会ノ事ヲ電信ス
山水園ニ行キ、工事上ニ付中付タリ
九月二十三日　木曜
午後二時別府発ニ乗車シ、小倉駅ニ而松本氏ニ面会ノ打電ス
若松積入場設立ノ件ニ付、東京ノ意向及進行上ニ付注意アリタリ

十月一日　金曜

嘉穂銀行重役会、引続キ博済会社重役会ニ列ス
一銀行預金通帳紛失再度請求ハ、庶務科ニ取扱ナサシムルコト
一行員ニシテ代理取扱ヲ厳禁スルコト
一臨時重役会開設積立金処分問題評議ニ関スル件
一博済会社計算間違ノ廉ハ物而訂正スルコト
一共同[済カ]会社引受ニ関スル未納者ハ、取立人出張、実際調査ナサシムルコト

十月二日　土曜

石炭坑[鉱]業組合常議員会及採掘制限委員会ニ列ス
一若松旧桟橋積入場鉄道院ニ出願ノ件ハ、下問之時答伸[ママ]スルコト
　三菱三好[重道][3]氏ニ鉄道院ニ拝願ノ件、中村武治氏ニ依頼ス
一長尾[半平][4]氏ノ相談ノ件、秘蜜会ハ取消シタリ
〆
一採掘制限委員会ニテ忠隈[住友]坑請求ノ件ハ、常議員会ニ一任スルコトニ決ス

1　福井菊三郎＝三井物産常務取締役、太吉次男故鶴十郎米国留学中の世話人、のち三井合名会社常務理事
2　東京重役＝九州水力電気株式会社東京在住重役
3　三好重道＝三菱合資会社営業部副長兼臨時北海道調査課副長
4　長尾半平＝鉄道院九州鉄道管理局長

一柏木〔真静〕氏より依頼ノ農銀[1]重役ノ件ハ、貝嶋君ト電話ニテ打合ナス

十月四日　月曜

午後一時自働車ニ而野見山・瓜生ト出福、午後四時半松崎氏葬式ニ列ス
午後七時過キ福村屋〔家〕ニテ堀氏ニ面会、午後十二時帰ル
三隅〔忠雄〕[2]君ト面会、寄付金ノ件打合ス
福岡日々新聞岡本〔龍巳〕君ト打合ノ結果、面会ヲ約ス

十月五日　火曜

梅谷君訪問、九水ノ件打合ス
一麻生屋及八郎、瓜生・酒屋[3]等ノ婦人一同見舞ニ見ヘタリ
一病院ニ行キ、三宅〔速〕・稲田〔龍吉〕両氏ニ面会ス
一緒方氏婦人病室ニ見舞タリ
一緒方道平[4]氏ヲ訪問シ、柏木氏ノ件内談ス
一午後七時半より自働車ニ而瓜生・酒屋ノ両婦人ト帰ル
一聖福寺[5]相見へ、泊リアリタ

十月六日　水曜

聖福寺滞在、碑文ノ清書ヲ依頼ス
大里広次郎[6]氏挨拶ニ見ヘタリ

十月七日　木曜

午前九時聖福寺一行自働車ニ而帰福ヲ送ル

大野外一人相見へ、牛馬保険会社ノ件ニ付内談アリタ
貝嶋・堀・伊藤及伊吹ノ四氏ニ電話シ、忠隈［住友］採掘制限ニ関スル打合ヲナス
瓜生［長右衛門］県会議員ノ運動費ニ金弐百円補助ス

十月八日　金曜

本店出勤
午後四時半頃より宮ノ浦坑へ行キ、調査ス

十月九日　土曜

午前八時五十分飯塚発、若松坑業組合事務所[7]ニ行キ、吉田［良春］[8]君ト面会ス、採掘制限ノ一件、一割協義ノ件有志者ハ既ニ承諾アリ由
伊吹幹事ト打合ナシタリ
鉄道院より下問ノ件

1 農銀＝福岡県農工銀行
2 三隅忠雄＝雲涛、博多毎日新聞社長
3 酒屋＝麻生惣兵衛家
4 緒方道平＝福岡県農工銀行頭取、元福岡県事務官
5 聖福寺＝住職東瀛白関（福岡市御供所町）
6 大里広次郎＝福岡県会議員、嘉穂郡医師会長
7 若松坑業組合事務所＝筑豊石炭鉱業組合若松事務所（遠賀郡若松町修多羅）
8 吉田良春＝住友若松炭業所支配人、筑豊石炭鉱業組合常議員、のち住友理事

本年度経費不足、借リ入ノ件
　明年度ハ一厘増加ノ件

　　十月十日　日曜

午後四時自働車ニ而出福、浜の町ニ泊ス

　　十月十一日　月曜

午前六時半、福岡大学病院ニ操〔麻生〕方手術ニ付、見舞ニ行キタリ
三宅博士ニ面会ス
操手術無事相済タリ
佐伯〔梅治〕[1]君手術無事相済タリ

　　十月十二日　火曜

午前永冨氏ヲ訪問ス
電話ニ而永冨氏ニ招待方ニ付打合ヲナシ、見合スコトニセリ
大工ヲ呼ヒ、前ノ家造作ノ設計ヲ申付
森崎屋相見ヘタリ
赤司花屋[2]ニ行キ、花類買入タリ
午後四時半浜の町出発、自働車ニ而帰宅ス

　　十月十三日　水曜

午前出店
十二時三十八分発ニ而吉隈坑ニ行キ、六時三十分帰宿ス

十月十四日　木曜

倉知〔智〕支配人本店相見へ、西園〔磯松〕[3]一同博済会社ノ件ニ付打合ヲナシタリ

学頭[4]地所実地踏査シ、福沢同供ス

赤坂坑ニ行キ、相羽〔虎雄〕[5]君ト立会、不毛《ふけ》ノ方位ニ付進行上ノ計画図面添本店へ申出ノ事申談ス

上三緒坑ノ右科〔斜〕卸シ之方、排水方針、電気ニスルコトニツキ、図面本店へ差出方申付タリ

十月十五日　金曜

猟期ニ付、若菜浦[6]より潤野[7]辺ニ太賀吉初猟ニ付甚四郎〔上野〕連レ、兎弐疋獲物アリタ

十月十六日　土曜

午前出店

午後博済臨時会ニ出席ス

十月十七日　日曜

大坂尼崎〔伊三郎〕[8]氏来福ニ付、八時五十分ニ而折尾ニ行キ待合、博多へ同車シ、一方亭ニテ昼飯ヲ出ス

1　佐伯梅治＝麻生商店若松出張所長、のち大阪出張所長、一九〇三年入店
2　赤司花屋＝赤司広楽園（三井郡東久留米）、分園（福岡市外住吉町）
3　西園磯松＝嘉穂銀行課長、のち本店支配人
4　学頭＝地名、飯塚町下三緒
5　相羽虎雄＝麻生商店、元藤棚第二鉱業所長、のち鉱務部長・技術理事
6　若菜浦＝地名、嘉穂郡穂波村
7　潤野＝地名、嘉穂郡鎮西村
8　尼崎伊三郎＝地主、敷島炭坑（糟屋郡）経営者、尼崎汽船部経営者、のち尼崎船舶合資会社長、貴族院議員

敷嶋坑区[1]ノ案内ヲナシ、晩喰ヲ一方亭ニテ出ス
　百円　角力連ニ遣ス
　　三十円大刀［ママ］、三十円鳳、三十円土洲山、十円国見崎［ママ］
〆

　十月十八日　月曜
博多九時発ニ而製鉄坑[2]宴会ニ列ス、真野［文二］[3]惣長ト同車ス
午後三時堀氏ト一同帰途ニツク

　十月十九日　火曜
直方常議会[4]ニ列ス（午前八時飯塚発ナリ）
百合野貝嶋氏ヲ訪問シ、午後十二時自働車ニ而帰宅ス

　十月二十日　水曜
午前立岩屋敷ニ臨ミ、本店ニ而耕地整理組合会ヲ仕廻、直チニ飯塚嘉穂銀行重役会ニ列ス

　十月二十一日　木曜
午前十時より貝嶋氏へ自働車ニ而訪問ス、午後十時帰宅ス

　十月二十二日　金曜
午前八時五十分太郎・夏子一同飯塚発ニ而乗車、出福ス
直方より堀氏ト同車ス
吉塚[5]より堀氏ト一方亭ニ行キ、喰事ス
午後十一時過キ迄遊ヒ、帰宅ス

十月二十三日　土曜

棚橋君相見へ、大分水電ノ件及会社ノ件ニ付打合ヲナシタリ
伊吹外一名相見へ、若松積入場ノ件ニ付打合ヲナシタリ
午後五時二十分三井銀行ニ臨ミ、常盤館宴会ニ列ス
九時より壱方亭ニ行キ、伊藤・堀ト会合ス、午後十二時帰ル

十月二十四日　日曜

午前境〔栄カ〕屋ニ米山〔梅吉〕[6]氏訪問ス
米山氏等へ送物ノ手当ヲナシ、午前九時発ニ而別府ニ向ケ出発ス
大分水電会社重役会ニ列シ、無事払込ノ評義ヲナス
午後八時五十分発ニ而別府別荘ニ帰リ、一泊ス
　金五円、勝太郎〔松丸〕[7]へ相渡置キタリ

1　敷島坑区＝敷島炭坑（糟屋郡多々良村・仲原村・大川村）
2　製鉄坑＝製鉄所二瀬鉱業所（嘉穂郡穂波村）
3　真野文二＝九州帝国大学総長
4　直方常議会＝筑豊石炭鉱業組合直方会議所常議員会
5　吉塚＝地名、筑紫郡堅粕町
6　米山梅吉＝三井銀行常務取締役、のち三井信託銀行社長、貴族院議員
7　松丸勝太郎＝田の湯別荘管理人

十月二十五日　月曜

午前山水園ニ行キ工事ヲ見テ別荘ニ帰リ、麻生観八氏より午後二時発ニ而鐄〔汽〕車中ニ付懇談ス、同氏ハ中津迄同車ス

九鉄〔九州電灯鉄道〕合併及豊後鉄道合併[1]ノ件ナリ

午後八時三十分帰宅ス

十二時なるこ〔ママ〕屋ニ行キ、昼飯ヲナス

十円、仕払　　十円、はなへ遣ス

五十円、祝儀

十月二十六日　火曜

午前十時五十分発ニ而飯塚上列車ニ而直方坑業組合委員会ニ列ス

若松積入場設計ニ関スル答伸〔ママ〕ノコト

長尾氏より内談ノ寄付ノ件

〆

原嘉造〔道〕[2]氏礼金送布ニ付、問屋組合不法ノ決定吉田君より伝声セリ、右ニ付組合方法ノ改正必要アルコト

午後六時自働車ニ而中村〔武治〕・田辺〔勝太郎〕[3]ト同車ニ而帰宅ス

十月二十七日　水曜

午前在宅、三苫〔惣吉〕[4]仕事上ニ付不始末整理ス

安田耕作君[5]相見へ、嘉穂銀行積立金及役員賞与方内談アリタ

藤森町長相見へ、十一月十日奉祝ニ付八十才以上老人八十人集合ニ付、酒肴料贈進ノ打合ヲナシタリ

本店出整〔務〕、販売石灰〔炭カ〕ニ付、三井物産ノ方針野見山より報告アリ、明年度ニ付重要ノ関係アリ、講究スルコト

十月二十八日　木曜

午前出店
採掘上ニ付重要ノ打合ヲナシタリ
将来縮少ノ出来得ル限、採掘方法ヲ調査ノ事打合ナシタリ
午後太賀吉・義多賀〔麻生義太賀〕[6]召連、立岩山林へ山狩リニ行キタリ
農園ニ行キ、午後四時帰ル
伊吹ト電話シ、三十日築港会社ノ用事済次第坑業事務所ニ行キタリ

十一月四日　木曜

午前十一時嘉穂銀行惣会ニ列シ、株主ヘ積立金ノ件ニ付説明ヲナス

十一月五日　金曜

午前八時人力車ニ而豆田坑へ行キ、入江〔松太郎〕[7]等へ打合ナシタリ
十二時発ニ而帰飯、直チニ停車場より吉隈坑ニ十二時二十分発ニ而瓜生ト同供ス

1　豊後鉄道＝豊後電気鉄道株式会社、一八九六年豊州電鉄として設立、一九〇〇年大分町別府町間開業、一九〇六年改称
2　原嘉道＝弁護士（東京）、のち枢密院議長、司法大臣
3　田辺勝太郎＝古河鉱業西部鉱業所、筑豊石炭鉱業組合常議員
4　三苫惣吉＝麻生家表具職
5　安田耕作＝嘉穂銀行監査役
6　麻生義太賀＝太吉孫、のち麻生産業株式会社監査役
7　入江松太郎＝麻生商店豆田芳雄鉱業所坑務、のち豆田鉱業所長

多〔太〕賀吉ハ猟ニ連レタリ
午後七時帰宅ス
吉隈坑ニテハ水撰及ヱンドレスノ件ニ付打合ナシタリ

十一月六日　土曜

午前在宿
赤間〔嘉之吉〕・坂口〔栄〕・岸田〔牛五郎〕[1]三氏相見へ、電車之懇談アリ、安川氏江申入ノ件ヲ話シ、又大体之事柄ニ付打合ス
午後三時二十分発ニ而西京へ奉祝ノ為メ行ク

十一月十八日　木曜

午前桃山[2]

十一月十九日　金曜

午前九時半下ノ関着、川卯ニテ野見山・太郎・義之介等出会、直チニ浜の町ニ着ス
下ノ関よりハ長尾〔半平〕局長ノ出迎船ニ乗シ、渡海ス
谷口〔留五郎〕知事ト同車、福岡迄着ス
冨安〔保太郎〕[3]・大原〔義剛〕[4]氏同車ス
電柱税之義モ知事ニ相話シ候処、書記官ニ面会スル様注意アリタリ、又代理可然トノ口気ニ而有之候
午後四時半自働車ニ而八木山越ニ而帰宅ス
山内事務員及麻生屋・八郎・瓜生等待合アリタ
御法川・大森〔林太郎〕[5]呼寄、吉隈坑山ノ件ニ付打合ナシタリ
［欄外］水撰器械着手スルコト

製工所ハ可成半分位ニ減員スルコト

古金ニ而小道具ヲ製造スルコト

［欄外］○午前七時長尾局長ト面会シ、古川［晴一］6副惣裁若松ニ出張有之旨ヲ聞キ、又千弐百万屯ノ□［取カ］扱計画、若松湾

浚方及積入ノ岸壁［ママ］キ等ノ話ニ至リタリ

○壱千弐百万屯ハ最高ニツキ、平素設備ノ要ナキコト

○二百屯ノ利益ハ十二万円アリ、其ノ元資ハ百二十万円ナリ

○□□［二尺カ］浚方ナスコトハ海面六十万坪之弐十万坪ニテ、一坪二円トスレバ四十万円位ナリ

○築港会社トノ交渉ハ具体的ニ他日ナス余地アルベシト

十一月二十日　土曜

午前八時五十分発ニ而、若松積入場設立願ニツキ実地視察ノ為メ古川副惣裁出張ニ付、出迎且ツ実地陳情ノ為メ行キタリ、飯塚駅ニ而吉田［良春］、直方ニ而中根［寿］ノ両氏同車ス

坑業組合ニ而昼飯ヲナシ、午後一時半戸畑ニ而一行ヲ待受、築港会社ノ鏶［汽］船ニ而実地案内ス

川船入場ヲ買入、及付近ノ人家ヲ買収スレハ、運搬ノ便利能クナル等、実地ニツキ説明ス、副惣裁ハ余程事情聞取

1　岸田牛五郎＝この年九月から福岡県会議員
2　桃山＝伏見桃山御陵
3　冨安保太郎＝衆議院議員、のち貴族院議員
4　大原義剛＝衆議院議員、九州日報社長
5　大森林太郎＝麻生商店吉隈鉱業所、のち豆田鉱業所長、綱分鉱業所長、本社採鉱係長、労務係長
6　古川晴一＝鉄道院技監、副総裁

ニナルタル様見受ケタリ

［欄外］福岡日々新聞若松支局田中一二氏ニ面会ス

十一月二十一日　日曜

午前在宿、叙位ノ祝詞ヲ受ケタル方々ニ礼状ヲ出シタリ

滞京中ノ書類及品物整理ス

午後三時十二分ニ而下ノ関古川副惣裁招待会ニ藤野[1]ニ列ス

直方より古川副惣裁一行ニ同車ス

大吉［楼脱］方へ一泊ス

十一月二十二日　月曜

午前九時古川副惣裁旅館ヲ訪問ス

引続見送ヲナシタリ

大吉ニ引返ス、伊藤傳右衛門君ト会喰ス

　金三十円、女中・芸者ニ遣ス

　同弐十円、大吉払

午後三時発ニ而午後六時四十分一方亭ニ着、傳右衛門君ト会喰ス、堀氏も相見ヘタリ

十一月二十三日　火曜

午前棚橋君相見ヘ、談合ス

午後三時より一方亭ニ行キ、午後八時帰ル

十一月二十四日　水曜

午前五時博多駅発ニ而別府ニ向ケ出発ス
別府ニ而滞在、一泊ス
中山旅館ニ行キタリ
　金弐十円遣シタリ

十一月二十五日　木曜

麻生観八・棚橋・中野三君相見へ、会社ノ要件打合、昼飯ス
午後一時電車ニ而大分水電重役会ニ列ス
午後五時より知事〔力石雄一郎〕一行ヲ新楽亭ニ招待会ニ列ス
午後九時十分大分発ニ而帰途ニツキ、別府ニ一泊ス

十一月二十六日　金曜

午前七時二十分別府発ニ而伊田駅[2]ヲ経而、直方町坑業組合事務所ニ常議員会ニ列ス
午後四時百合野貝嶋氏ヲ訪問ス
午後九時自働車ニ而中野君一同帰ル
　金十円、勝太郎〔松丸〕仕払ニ渡
　同十円、中山旅館ニ払

1　藤野＝旅館春帆楼（下関市阿弥陀寺町）
2　伊田駅＝田川郡伊田町

同五円、中山女中両人ニ遣ス

十一月二十七日　土曜

午前在宿
坑山ノ打合ヲナシ、筆記ハ野見山へ相渡ス、麻生屋・瓜生・義之介・山崎〔誠八〕[1]・大森ノ諸氏ト会合ス
午後三時十二分飯塚駅発ニ而上京ス
若松積入場設立願ニ関スル責任辞退書、組合事務所へ出ス、及中村君ニ電話ノ序ニ親シク相話セリ
伊吹君ヲ直方迄呼寄、鏉〔汽〕車中ニテ懇談ノ筈ナリ

十二月十二日　日曜

自働車ニ而午後二時より百合野貝嶋本宅ニ行キ、辞任ニツキ安川君名儀ヲ置カル事ニツキ懇談セシモ、同意セズ、
午後十時迄遊ビ、帰宅ス
午前在宿、書類整理ス

十二月十三日　月曜

午前拾時、直方惣長[2]辞任問題ニ付、安川・貝嶋・中村・吉田等ノ諸氏会合ノ上、仮令成立セザルモ異儀ナキニツキ従来ノ通尽力スル様希望有之、承諾ス（辞任届ニ記ス）
午後壱時四十分直方発ニ而帰宅ス
中村・野見山同車
午後猟ニ行ク

十二月十四日　火曜

午前九時嘉穂銀行重役会ニ出席、二十年紀念品ヲ送リ、積立金分配中止ノ事ニ決ス

博済会社重役会ヲ開キ、大蔵省ノ（銀行局長）伺ノ従来契約ノ継続及他ノ契約ノモノ譲受ノ件報告ス
会社認可願至急進達スル件
午後二時自働車ニ而浜の町ニ行ク
麻生観八・梅谷・村上等ノ諸氏訪問、九水合併延期契約、及副産物ヲ収得スル「ガス」設備ノ設計至急着手ノ打合ヲナス、晩食ヲナシ散会セラル

十二月十五日　水曜

午前七時五十分自働車ニ而帰宅
赤坂坑・吉隈坑ニ行キ打合ヲナス、相羽[虎雄]・御法川・宇野ノ諸君ナリ
午後六時臼井[3]発ニ而帰宅ス

十二月十六日　木曜

本店出務
午前十二時三十分飯塚発ニ而九洲管理局長一行招待会ニ列ス（文[門]司具[倶]楽部）、挨拶ハ文書草案控ニ有リ
午後九時退散ス、川卯方ニ一泊

十二月十七日　金曜

午前九時四十五分門司駅発ニ而帰途ニツク、中村・中根等ノ諸氏同供ス

1　山崎誠八＝麻生商店、のち鉱務部長
2　直方物長＝筑豊石炭鉱業組合総長
3　臼井＝臼井駅（嘉穂郡碓井村）

本店出務ス

十二月十八日　土曜

午前十時出店

午後六時福沢武雄同供出福

十二月十九日　日曜

午後二時四十分より一方亭ニ於テ、工化〔科〕大学教授連一行、石炭坑業組合より招待ス

十二月二十日　月曜

午前五時博多発ニ而上京ノ途ニツク

十二月二十九日　水曜

午後三時帰宅

十二月三十日　木曜

午前本家ニ而書類整理ス

午後本店出頭

牛隈坑ハプールノ異見ヲ聞キ、何分之返事スルコトニシテ、長岐氏三井ニ遣ス

赤坂ハ尚一日三百屯ノ採掘ノ程度ニテ調査ノコトヲ大森ニ申達ス

十二月三十一日　金曜

午前太賀吉連レ鯰田山林へ猟ニ行キ、午後帰宅ス

1915（大正 4）

1

工科大学＝九州帝国大学

一九一六（大正五）年

一月一日　土曜

神仏ノ拝礼ス

午前九時従事者一同本家[1]ニ而、新年ノ盃及叙位[2]ノ自祝ノ宴会ヲ催ス

新年ノ挨拶、事業上尽力ノ挨拶

経営ニ当リ弐歩五厘ノ減額ニ付、尽力方ヲ希望ス、一ケ年百万円ノ経費トスルトキハ、減ト増トハ其ノ金額五万円ニ達スル、概略ノ標準シ利害ノ損失セザル様申向ケタリ

午後一時より銀行[3]新年宴会ニ出席ス

一月二日　日曜

藤森〔善平〕[4]町長及酒屋[5]・瓜生〔長右衛門〕[6]相見へ、叙位ニ付郡内有志者より祝宴会開催之件ニ付相談アリ、承諾之旨相答タリ、昼飯ヲナス

午後二時より降雨中ナリシモ、本村[7]及鯰田・浦田[8]辺ニ猟ニ行キタリ、甚四郎〔上野〕[9]外一人召連タリ

太賀吉〔麻生〕[10]ハ善五郎〔高橋〕[11]へ連レサス

一月三日　月曜

在宿

書類整理ス

一月四日　火曜

午前九時より嘉穂銀行重役会ニ列席ス

午後九時過キ帰宅ス、綿且〔勝〕[12]ニ晩喰ス

金三百円　　大正四年六月より十二月頭取手当受取

金百三十三円三十三銭　博済[13]社長手当受取
同三百七十五円　　　年越金
〆　金八百八円

一月五日　水曜

午前九時より赤坂坑ニ行キ、相羽〔虎雄〕[14]・瓜生一同打合ヲナス、大森〔林太郎〕[15]モ呼寄タリ
坑内水ニ而水撰ニツキ設計シ、運搬道路ハ直線之方ニシ、又積入場之所ニ地行シテ坑所ノ貯炭ヲ運搬スルコト

1　本家＝麻生本家（飯塚町立岩）
2　太吉正六位叙位（一九一五年十一月）、この年四月勲四等叙勲
3　嘉穂銀行＝一八九六年開業（飯塚町）、太吉頭取
4　藤森善平＝飯塚町長、元飯塚警察署長、のち福岡県会議員
5　酒屋＝麻生惣兵衛、嘉穂銀行取締役、飯塚町会議員
6　瓜生長右衛門＝麻生商店理事兼鉱務長、この年七月辞職、飯塚町会議員
7　本村＝地名、飯塚町立岩
8　鯰田・浦田＝地名、飯塚町鯰田
9　上野甚四郎＝麻生家猟師兼雑務
10　麻生太賀吉＝太吉孫、麻生太郎長男、のち株式会社麻生商店社長
11　高橋善五郎＝麻生家車夫兼雑務
12　綿勝＝旅館（飯塚町向町）
13　博済＝博済無尽株式会社、博済貯金（大隈町）を一九一五年改称し本社を飯塚町に移転して太吉社長就任
14　相羽虎雄＝麻生商店、元藤棚第二鉱業所長、のち鉱務部長、技術理事
15　大森林太郎＝麻生商店、のち豆田鉱業所長、綱分鉱業所長、本社採鉱係長、労務係長

一月六日　木曜

午前書類整理、午後本店出務[1]

　金五百七十五円

午後四時過自働車ニ而太郎［麻生］[2]一同出福ス

一月七日　金曜

午後弐時自働車ニ而一方亭[3]ニ行キ、堀［三太郎］氏ト会合ス

午後六時より谷口［留五郎］[4]知事一同県庁高等管［官］新年宴会ヲナス、坑主（常議員）[5]一同より開催ス

中野［徳次郎］[6]ノ隣家ニ火災アリタ

金弐十五円ト二十円遣ス

一月八日　土曜

午前八時川嶋［七郎］[7]君訪問、九水ノ一件打合ナス

県知事谷口氏訪問、控訴院之件ニ付意向打合、貴族院ト政府ノ意向ニ随ヒ立入運動ノ不利ナル等ノ事ニツキ会談ス、

又石炭ノ三十年内外ニ而模様ノ変ルコト等懇談ス

井手［佐三郎］[8]市長ヲ市役所へ訪問、控訴院之件打合、知事ト同様ナリ

農工銀行ニ行キ緒方［道平］[9]氏ニ電話ス

午後二時一方亭ニテ常議員諸氏ト採掘制限ノ打合ヲナシ、制限スルコトニ協定ス

［欄外］午後五時監督署［ママ］[10]一同宴会ニ列ス

一月九日　日曜

午前九時自働車ニテ帰宅ス

雨天ニテ在宿

一月十日　月曜

博済重役会ニ列ス

嘉穂銀行重役会ニ列ス

重要ノ要件協義ス

綿且〔勝〕ニテ支配人進退ニ付協義ス

午後十一時牛隈[11]及芳雄[12]売込炭ニツキ長岐〔繁〕[13]ニ含メ、三井ニ遣ス（十一日ニカクコト）

午後十一時帰宅

1　本店＝麻生商店本店（飯塚町立岩）
2　麻生太郎＝太吉三男、のち株式会社麻生商店取締役
3　一方亭＝料亭（福岡市外東公園）
4　谷口留五郎＝福岡県知事
5　常議員＝筑豊石炭鉱業組合常議員
6　中野徳次郎＝解説参照
7　川嶋七郎＝九州水力電気株式会社
8　井手佐三郎＝福岡市長、元長崎県事務官、元水戸中学等校長
9　緒方道平＝福岡県農工銀行頭取、元福岡県事務官
10　監督署＝福岡鉱務署、元福岡鉱山監督署
11　牛隈＝麻生商店牛隈炭坑、一九〇七年事業開始、この年五月休止
12　芳雄＝麻生商店芳雄炭鉱、山内炭坑と上三緒炭坑を一九〇四年合併して芳雄炭鉱とする
13　長岐繁＝麻生商店会計兼商務部長、元三井物産

一月十一日　火曜
午前十時五十分ニテ若松築港会社[1]重役会ニ列ス
白石〔直治〕[2]社長〔ママ〕ノ積入場ノ事ニ付打合ナス
午後六時五十分帰着、若松より太郎同供ス
［欄外］八円三十六銭、旅費受取
一月十二日　水曜
立岩山ニ太賀吉召連山猟ニ行ク
一月十三日　木曜
博済会社ノ重役会ニ列ス
本店ニ而午前午後ト、ブール契約炭減少ト牛ノ隈中止ノ事ニツキ打合ヲナシ、三井物産ニ相談ニ長岐遣ス
耕地整理委員会ニ列ス
一月十四日　金曜
本店出勤
中野〔徳次郎〕氏方へ同君辞任申出之件ニ付、伊藤〔傳右衛門〕[3]・麻生両人出浮ノ末、思ヒ止リノ電話アリ、支配人[4]及西園〔磯松〕[5]一同出浮タリ
自働車ニ而貝嶋〔太助〕[6]氏宅ニ伊藤・中野諸氏ト出浮タリ
百合野[7]貝嶋君宅ニ一泊ス
一月十五日　土曜
午前十時直方坑業組合出張所[8]ニ而採掘制限之件ニ付惣会ニ出席
貝嶋氏宅ニ一泊、金五十円女中ニ、金二十円高階〔瓏仙〕[9]君へ、金百円ハ益田〔孝〕[10]氏一方亭ノ関係口ニ仕払ス

午後一時二十分直方発ニ而出福ス
九鉄[11]ト契約ノ件、田中［徳次郎］君[12]相見へ、村上［巧児］君[13]ト立会、二通ノ契約証ニ調印ノ事ニ申合ス
金三十円、家内［ヤス］ヘ遣ス

一月十六日　日曜

午前七時三十分より自働車ニ而浜の町[14]より午前九時四十分帰宅ス
嘉穂銀行惣会ニ出席
別府藤沢［良吉］君[15]綿且［勝］ニ而会談、竹田水電外一会社之件ニ付買収ノ相談アリタ、二十円遣ス

1　若松築港株式会社＝一八九二年設立、翌年株式会社と改称、太吉取締役
2　白石直治＝若松築港株式会社取締役会長
3　伊藤傳右衛門＝解説参照
4　支配人＝倉智伊之助嘉穂銀行支配人
5　西園磯松＝嘉穂銀行課長、のち支配人
6　貝島太助＝解説参照
7　百合野＝地名、鞍手郡香井田村竜徳
8　直方坑業組合出張所＝筑豊石炭鉱業組合直方会議所、一九一一年設立
9　高階瓏仙＝安国寺住職、福岡仏心会
10　益田孝＝三井合名会社相談役、元三井物産会社長
11　九鉄＝九州電灯鉄道株式会社、一九一二年博多電灯軌道と九州電気が合併して創立、のち東邦電力株式会社
12　田中徳次郎＝九州電灯鉄道株式会社常務取締役、久留米電灯株式会社取締役
13　村上巧児＝九州水力電気株式会社、のち常務取締役、九州電気軌道株式会社社長
14　浜の町＝麻生家浜の町別邸（福岡市浜の町）
15　藤沢良吉＝別府温泉鉄道株式会社（未開業）専務取締役、のち別府市会議員

本店ニ而業務ノ打合ヲナス
　金五百六円廿五銭、大正四年後半期賞与金受取
［欄外］六十九円七十四銭　㊂[1]払
　六十三円　　黒瀬［元吉］[2]
〆百三十二円七十四銭
千百五十円現在
〆千二百八十二円七十四銭
差引三十二［ママ］円欠　一日より十六日迄仕払セシモノトナル

一月十七日　月曜
午前八時五十分飯塚駅発ニ而吉隈坑へ御法川［小三郎］[3]同供シテ、坑場及断層ノ地況等山脈ヲ調査シ、午後六時三十分ニ而帰宅ス

一月十八日　火曜
午前九時より赤坂坑へ上三緒村[4]下より山越シテ、太賀吉連レ出坑、猟師甚四郎モ連レ、赤坂ニ而昼飯ヲ仕舞タリ
御法川・大森［林太郎］同供、撰炭場及運搬工事、及坑夫納屋建方ニツキ打合ナシタリ

一月十九日　水曜
本店出務
吉隈・赤坂両坑ノ営業ノ方針相羽・谷口［源吉］[5]両人ニ電話ス
本店出勤時間遅刻ニツキ、将来本店ノ規定ヲ改正スルコト等協議ス

一月二十日　木曜

本店出務

豆田・吉隈・赤坂等ノ営業上ニ付打合ヲナシ、又本店帳簿ノ整理方ニ付打合ナス

八十六円六十六銭

右ハ大正四年下半期慰労金、博済会社より受取

百三十二円七十四銭

十九日㊂・黒瀬払二口、吉浦［勝熊］[6]より受取

弐十一円六十二銭

安田より残金受取

［欄外］三十円両度相渡シタル分仕約残金ナリ

〆二百四十一円〇二銭

一月二十一日　金曜

本店出勤、帳簿ノ整理上ニ付打合ヲナス

1　丸三＝丸三呉服店（福岡市麹屋町）
2　黒瀬元吉＝古物商（福岡市上新川端町）
3　御法川小三郎＝麻生商店鉱務部長
4　上三緒村＝地名、飯塚町上三緒
5　谷口源吉＝麻生商店吉隈鉱業所、のち堀川鉱業所宇美炭坑
6　吉浦勝熊＝麻生商店庶務兼麻生家、一八九八年入店

午後自働車ニ而吉隈坑ニ行キ、山崎〔誠八〕[1]ヘ申達ス（飯田町[2]前ニ而古障〔故〕アリタ）

一月二十二日　土曜

本店出務

花村〔久兵衛〕[3]水電取調報告セシニツキ、買収スルコトニ決定シ、其ノ予算ヲ製シ、上田〔穏敬〕[4]方直チニ別府ニ遣ス

野見山〔米吉〕[5]へも別府行キ申達ス

吉隈・赤坂事業上ニツキ電話ス

一月二十三日　日曜

午前瓜生ト事務上ニ付親シク方針ヲ申伝ヘタリ

酒屋〔麻生惣兵衛〕相見へ、綿且〔勝〕ノ事ニ付会談セシモ、実際ノ事実ヲ見ラズシテハ如何トモ致方ナシト返答ナシ置キタリ

午後三時十二分ニテ上京ノ途ニツク

（金壱千円
同百四十五円
同弐百三十五円

〆千三百八十円、持参

二月十六日　水曜

午前静養ス

松本〔健次郎〕[6]・吉田〔良春〕[7]・中村〔武治〕[8]・中根〔寿〕[9]ノ四氏相見へ、火薬払問題ニ付協義ス

火薬一手払受人ニ補力シ、陸軍省より払下ケヲ受ケルコトニ決ス

二月十七日　木曜

午前浜の町ニ於テ静養ス

棚橋〔琢之助〕[10]専務来リ、左之打合ヲナス（昼飯ヲナス）

拡張工事ノ順序ニ付打合
地下線問題ニ付整理ノ件
久原君事業ニ係ル件
木材運搬設備ニ関スル取調ノ件

〆　外ニ九軌松本〔忞蔵〕[11]君ト会談ノ件

午後五時十分発ニ而自働車ニ而帰宅ス

1　山崎誠八＝麻生商店、のち鉱務部長、元高松炭坑
2　飯田町＝地名、嘉穂郡碓井村
3　花村久兵衛＝麻生商店上三緒鉱業所機械課長、元嘉穂電灯株式会社主任技術者
4　上田穏敬＝麻生商店庶務部長
5　野見山米吉＝太吉妹マス夫、麻生商店理事兼事務長
6　松本健次郎＝筑豊石炭鉱業組合常議員、明治鉱業株式合資会社副社長
7　吉田良春＝筑豊石炭鉱業組合常議員、住友若松炭業所支配人
8　中村武治＝筑豊石炭鉱業組合常議員、三菱鯰田炭坑長
9　中根寿＝貝島鉱業株式会社常務取締役
10　棚橋琢之助＝九州水力電気株式会社専務取締役
11　松本忞蔵＝九州電気軌道株式会社取締役支配人

二月十八日　金曜

在宿

書類滞京中分整理ス、及留主中ノ分ヲモ整理ス、瓜生来訪ス

二月二十二日　火曜

午後拾時半より自働車ニ而中野君一同八木山越[1]ニ而出福ス

九水[2]重役会ニ列ス（九洲重役会議ナリ）

大の〔野〕川[3]水利権出願ニ関スル件

材木流シ方法・設備ニ関スル件

大分水電[4]株売払利益勘定ニ関スル件

二月二十三日　水曜

午前浜の町ニ而普請ノ見積ヲナサシム

午前十二時九水福岡支店ニ而九洲重役ノ会議ヲナス

電力拡張工事方針

工事上ノ手順ニ付地元ニ交渉ニ関スルコト

拡張工事ニ付人員増加ニ関スル件

午後五時半より一方亭宴会ニ列ス（九水より伊藤君〔傳右衛門〕及銀行支店長招待会ナリ）

午後十一時過キ浜の町ニ帰ル

二月二十四日

浜の町ニテ黒瀬より買物ヲナシ、自働車ニ而八木山越帰宅ス

午後赤坂坑ニ行キ、相羽・浦上等打合ヲナス

二月二十五日

午前八時発ニ而吉隈坑ニ行キ踏査ス、人力車ニ而午後十二時過帰宅ス

伊藤傳右衛門君・倉知〔智〕支配人及野見山ノ諸君ニ電話シ（服部時計店ニ関スル銀行ノ要件）、午後三時発ニ而上京ス

三月五日　日曜

午後十二時四十分博多終列車ニ而別府より浜の町ニ着ス

午前壱時半頃より病気ニ罹リタリ

三月六日　月曜

午前山田〔駒之輔〕[5]医士〔ママ〕診察ヲ乞

浜の町ニ静養ス

猪又氏〔猪俣為治〕[6]ニ電話シ、阿部君〔暢太郎〕[7]出浮ノ相談ヲナス

1　八木山越＝飯塚町と糟屋郡篠栗村を結ぶ山越え道（嘉穂郡鎮西村）
2　九水＝九州水力電気株式会社
3　大野川＝大野川水系（大分県）
4　大分水力電気株式会社＝一九一一年開業（大分市）、この年三月九州水力電気株式会社と合併
5　山田駒之輔＝医師（福岡市）
6　猪俣為治＝福岡日日新聞主筆、翌年副社長
7　阿部暢太郎＝福岡日日新聞、のち社長

三月七日　火曜

日々新聞阿部氏相見へ、筑後川より引水之件ニ付会談シ、同新聞ノ記事ニ依ル
堀〔三太郎〕[1]君相見へ、火薬ノ件及衆議院議員辞退ノ内意洩〔ママ〕シサレタリ
午後六時より自働車ニ而一方亭ニ行キ、中野・堀両氏ト遊ヒタリ
金壱百円遣ス

三月八日　水曜

浜の町より午後八時三十分自働車ニ而嫁孫等一同八木山越ニ而帰宅ス
浜の町滞在
　金弐百四十八円、黒瀬払

三月九日　木曜

在京中ノ書類整理ス
　現金七百五十円
　懐中六十六円
　〆八百十六円アリ
一午前書類整理
一午後三時より出店、午後六時帰ル

三月十日　金曜

午前赤坂坑ニ行ク
銀行重役会ニ列ス

三月十一日　土曜

午前十時自働車ニ而中村武治氏訪問、夫より直方坑業組合会儀ニ列ス
百合野貝嶋氏宅ニ行、午後十二時過キ帰宅ス
花村徳右衛門[2]・花村〔松岡〕芳右衛門訪問ス

三月十二日　日曜

一太賀吉等ト立岩山[3]ノ山猟ニ行キ、午後雨天ニ而帰宅ス、五円猟師三人ニ遣ス
一武田〔三郎〕[4]氏相見へ、刀ノ鑑定ヲ乞タリ

三月十三日　月曜

一武田氏宿泊ニ付滞在ス
午後六時ヨリ自働車ニ而、浜の町ニ黒瀬ト八木山越シニテ行キタリ
笹〔篠〕[5]栗より自働車故障ノ為メ鎎〔汽〕車ニ乗リ、博多駅ニ着シ、直チニ浜の町ニ一泊ス

三月十四日　火曜

浜の町ニテ黒瀬より買物ス

1　堀三太郎＝解説参照
2　花村徳右衛門＝麻生商店庶務
3　立岩山＝飯塚町立岩
4　武田三郎＝麻生太郎義兄、陸軍少将、元陸軍砲工学校長、のち陸軍中将
5　篠栗＝地名、糟屋郡篠栗村

七百八十八円　屏風五双其他買物代、田山〔クマ〕[1]預ケ

五十円　　刀代

〔欄外〕此外ニ弐十弐円、刀及掛物代、黒瀬払

大工呼寄、改造ノ設計ヲナサシム

午後四時ノ急行ニ而下ノ関着ノ和田氏〔豊治〕[2]出迎ニ行ク

博多駅ニ而谷口知事ニ面会ス

三井小蒸鎎〔汽〕ニ而大吉楼[3]ニ行キ晩喰ス、（中の外〔徳次郎〕三人ト自分）五人ナリ

大吉楼ニ一泊ス

三月十五日　水曜

下ノ関大吉楼ニ而中野君ト一同藤野[4]ニ行キ、和田豊治氏ヲ訪問ス

麻生観八[5]・野依秀一[6]ノ両君も相見ヘタリ

午前十時門司駅ニ而和田氏ヲ見送リタリ

三井物産会社ニ行キ、石炭会ニ列シ、坑主ヲ代表シ答礼ス

一従来不況策ニ付尽力ヲ乞タルコト、及将来物産ノ高直〔値〕ニ付幾分其ノ償ヒ道相立候様乍且〔勝〕手尽力ヲ乞、希望ニ〔ママ〕陳シタリ

一制限ニハ根拠有ル取調ヲ乞コト

一運搬ハ心配ナキ理由等ヲ陳シタリ

一午後一時五十分ニ而帰宅ス、伊藤君家内ト同車ス

〔欄外〕大吉楼へ

金弐十円　お政
同三十円　お千代
同十五円　女中
〆　中野君ト割合ノコト

三月十六日　木曜

製工所[7]附近地所踏査ヲナシ、コークス製造ニ付打合ヲナス
本店ニ出務
博済会社ノ件ニ付事務員失錯致、打合ノ為メ出頭ス
午後七時帰宅ス

三月十七日　金曜

午前八時五十分ニテ吉隈坑ニ行キタリ
午後二時四十分臼井駅[8]〔発脱カ〕ニ而飯塚駅ニ着、直チニ赤坂坑ニ行キ、午後七時帰ル

1　田山クマ＝麻生家執事兼生花茶道家庭教師、元小学校教師
2　和田豊治＝九州水力電気株式会社相談役、富士瓦斯紡績株式会社専務取締役
3　大吉楼＝旅館（下関市阿弥陀寺町）
4　藤野＝旅館春帆楼（下関市阿弥陀寺町）
5　麻生観八＝九州水力電気株式会社監査役、酒造業（大分県玖珠郡東飯田村）
6　野依秀一＝雑誌『実業の世界』社長
7　製工所＝麻生商店、一八九四年設立（飯塚町立岩）、機械製造・コークス製造・精米業
8　臼井駅＝嘉穂郡碓井村

三月十八日　土曜

多〔太〕賀吉等一同猟ニ行ク

三月十九日　日曜

本郡有志者より祝賀会[1]ニ列ス

三月二十日　月曜

午前八時飯塚駅発ニ而大分知事〔力石雄一郎〕一行招待会ニ列ス

別府ニ着、中の〔徳次郎〕君一泊ス

午後六時大分ニ行キ、宴会ヲ済マシ、午後十一時帰ル

三月二十一日　火曜

別府午後二時十分発ニ而中津和田〔豊治〕氏ニツク

別府ニ中の泊ス

十円　大分
三十円　同
二十円　同
十円　同

外ニ四十円、中のより取替へニ付、中津ニテ三十円出金ス

三月二十二日　水曜

中津和田氏方より午前九時半ニ出発、門司倶楽部[2]ニテ坑業組合[3]惣会ニ列ス

採掘制限調査委員会ニ列ス

午後四時門司駅発ニ而浜の町へ着ク
［欄外］中津ニテ
三十円ハ　馬関芸者
十円　女中
十円　中の出金、馬関芸者
〆四十円ハ　馬関芸者
十円　女中

三月二十三日　木曜

午前浜の町、日田連中訪問アリタ、（森君［千蔵］[4]）同供アリ
大分県田中書記管［官］相見へ、一方亭ニテ昼飯ヲ出ス（九水より）
午後五時中野ノ宴会ニ列ス
［欄外］浜の町滞在

三月二十四日　金曜

午前十二時和田氏一行浜の町ニ招待ス

1　太吉正六位叙位祝賀会
2　門司倶楽部＝一九〇三年設立、筑豊石炭鉱業組合・門司石炭商組合・西部銀行集会所・元九州鉄道を中心とした社交倶楽部
3　坑業組合＝筑豊石炭鉱業組合、一八八五年筑豊五郡坑業組合として設立、太吉総長
4　森千蔵＝九州水力電気株式会社監査役

来客廿一人ナリ、和田氏一行五人、堀〔三太郎〕、麻生観八、松永〔安左衛門〕[1]、森〔千蔵〕、北崎〔久之丞〕[2]、田代〔丈三郎〕[3]、河内〔卯兵衛〕[4]、中の〔徳次郎〕、井手〔佐三郎〕、木村〔平右衛門〕[5]、伊東〔要蔵〕[6]、棚橋〔琢之助〕、梅谷〔清一〕[7]、野依〔秀一〕、今井〔三郎〕[8]、村上〔巧児〕、主人三人（太郎、夏子

（伊東要蔵）、田代丈三郎

〔欄外〕西山へ金三十円遣ス

三月二十五日　土曜

浜の町ニ前夜より下痢ノ為メ静養ス

麻生観八・梅谷両氏相見へ、梅谷君ノ件ニ付和田君照合ノ打合ヲナス

北崎君相見へ、紡績会社ノ件ニ付懇談ス

午後五時より自働車ニ而帰途ニツク

三月二十六日　日曜

嘉穂銀行創立廿年紀念日ニ付、株主一同ヲ招キ茶菓子ノ饗応ス、惣計二百人余ニ達ス

午前十一時半より嘉穂銀行ニ行キ、十二時より開場シ、式場ニテ別記ノ挨拶ヲナス（別記ハ備忘録ニ記ス

一実習女学校場[9]ニ而宴会ヲ開キ、午後三時帰ル

三月二十七日　月曜

森崎屋[10]相見へ、屏風及掛物等ノ打合ヲナシ、昼飯ヲ会喰ス

四月三日宴会ノ件ニ付野見山君ト相見へ、打合ス

三月二十八日　火曜

午前病院[11]及浦の畑地ニ植木ノ指図ノ為メニ行キタリ

別府藤沢〔良吉〕君来リ、昼飯ヲ会喰ス

午後書類ノ整理及来状ヲ返事ヲナシ、梅谷氏ノ一件、中野君ト電話シ、大ニ違ヒタリニ付、和田氏照合ヲ止メ、麻生観八氏ニ打電ス
大蔵省官員[12]銀行ニ出張ニ付、挨拶ニ行キタリ
相羽君ニ赤坂坑電話ス

四月二十四日　月曜

午前十時自働車ニ而出福、原惣〔敬〕[13]裁ノ歓迎ヲナス
公会堂[14]ニテ官民招待会ニ列ス、午後八時壱方亭ニ於テ招待ヲナス

1 松永安左衛門＝九州電灯鉄道株式会社常務取締役
2 北崎久之丞＝紙与合資会社（福岡市）支配人
3 田代丈三郎＝のち福岡県会議員
4 河内卯兵衛＝福岡市会議員、のち福岡市長
5 木村平右衛門＝九州水力電気株式会社監査役、のち取締役
6 伊東要蔵＝衆議院議員、富士瓦斯紡績株式会社監査役、元静岡県会議員
7 梅谷清一＝九州水力電気株式会社取締役、この年常務取締役
8 今井三郎＝九州水力電気株式会社技師長、のち常務取締役
9 実習女学校＝嘉穂郡立実科高等女学校、元技芸女学校、この年九月飯塚高等女学校
10 森崎屋＝木村順太郎、麻生太七女婿、酒造業（飯塚町）
11 飯塚病院＝麻生商店、一九一一年竣工、一九二〇年一般公開
12 大蔵省官員＝事務官関場偵次、属堀口貫道
13 原敬＝立憲政友会総裁、元内務大臣、のち外務大臣、総理大臣
14 公会堂＝福岡県公会堂（福岡市西中洲）

原惣裁、床次〔竹二郎〕[1]、政尾藤吉[2]、元田〔肇〕[3]、中倉〔万次郎〕[4]、横山〔寅一郎〕[5]、冨安〔保太郎〕[6]、堀〔三太郎〕、山ノ内〔山内範造〕[7]、吉原〔正隆〕[8]、森田〔正路〕[9]、庄野〔金十郎〕[10]、神崎〔勲カ〕、猪俣〔為治〕、中の〔徳次郎〕、伊藤〔傳右衛門〕、児玉ノ諸氏招待ス

五月一日

［欄外］前後ニ訂正ス

［これより五月用紙に六月分、六月用紙に五月分が記入され、月の手書き訂正がされている。訂正を生かして掲出し、曜日は省略した］

五月四日

午前十二時三十四分ニ而戸畑安川〔敬一郎〕[11]氏ニ向ケ出発ス

直方より中野・堀両氏同車ス、堀氏ニハ若松船入買収ノ内談ス

戸畑専門学校[12]ニ而高田〔早苗〕文部大臣ノ一行ニ面会ス

戸畑六時ニ後レ、若松支店ヲ経而若松七時ニ乗車シ、折尾ニ而一時五十分余待合せ、同時〔地〕八時五十五分発ニ而福岡ニ十一時五十分着ス

壱方亭及中根氏ニ打電ス

五月五日

午前十二時一方亭ニ安川・中野相見へ、伊藤君等打合ヲナシ、早稲田学校へ金三千五百円寄付スルコトニセリ

午後一時田中〔唯一郎〕[13]氏等昼飯ヲ会喰ス

午後八時五十分より一方亭ニ於テ、高田大臣・田中ノ両氏招待セリ

午後十二時過キ帰ル

五月六日

伊吹〔政次郎〕[14]より電話ス

午後四時急行ニ而帰ル、中村武治君訪問ノ筈ナリシモ、折尾ニ而岡田〔岩造〕[15]君ニ面会シ、送別会ノコトヲ頼ミタリ

午後六時半帰宅ス

郡長〔川島澗明〕ニ面会ス、明治天皇奉賛会寄附及公会堂ノ件ニ付打合ス

長尾〔半平〕[16]局長ニ電話ス、上京延引ノ事故、四五日間ニ訪問ノ電話ス

1 床次竹二郎＝衆議院議員、元内務次官、のち内務大臣、政友本党総裁、鉄道大臣など
2 政尾藤吉＝衆議院議員、元シャム国法律顧問、のちシャム国駐劄特別全権大使
3 元田肇＝衆議院議員、元逓信大臣、のち衆議院議長、鉄道大臣など
4 中倉万次郎＝衆議院議員、長崎県農工銀行頭取、元長崎県会議員
5 横山寅一郎＝衆議院議員、元長崎市長
6 冨安保太郎＝衆議院議員、元福岡県会議員
7 山内範造＝衆議院議員
8 吉原正隆＝衆議院議員
9 森田正路＝立憲政友会福岡支部、元福岡県会議員、翌年衆議院議員
10 庄野金十郎＝福岡日日新聞社長、弁護士、元福岡県会議員、衆議院議員
11 安川敬一郎＝解説参照
12 戸畑専門学校＝明治専門学校、安川敬一郎が一九〇九年開校、一九二一年国立移管
13 田中唯一郎＝早稲田大学理事
14 伊吹政次郎＝筑豊石炭鉱業組合幹事
15 岡田岩造＝三菱新入炭坑長
16 長尾半平＝鉄道院九州鉄道管理局長

五月七日

午前六時五十分飯塚発ニ而出福ス

八木岡〔春山〕[1]君訪問アリ、午後六時三十分より自働車ニ而帰宅ス（貸自働車）、八木岡君同供ス

中村武治君訪問アリタ、綱分坑区買収希望ノ口気アリタ

五月八日

八木岡君滞在

東京伊達家入札品四四、宗丹〔ママ〕山水壱万円より壱万五千円以内ニテ入札ノコトヲ依頼ス

午後十二時半自働車ニ而福岡ヘ行キ、午後四時ニ而出発ノ筈ナリ

午後製工場ニ行キ整理ス

五月九日

午前十時五十分飯塚駅発ニ而、中村武治君送別会及一方亭ニテ常委〔ママ〕議員会ニ列ス

浜の町ニ一泊ス

壱方亭ニテ皆さんト遊ヒタリ

五月十日

午前九時博多駅発ニ而伊藤・中根・堀氏等同行、帰宅ス

本店ニ出頭、久原坑[2]ノ件ニツキ打合ヲナス、平嶋〔仲次郎〕[3]滞在ス

五月十一日

午前本店出頭

平嶋滞在、久原坑第二坑採掘ノ件ニツキ尚滞在ヲ申付、午前十時五十七分発ニ而門司ニ向ケ出発ス

午後二時官〔管〕理局長[4]ニ面会ス

十分ハナキモ百万円位ニ而積入ノ計画案出来シ、本院ト打合相成候旨明言アリタ

支線ノ布設費ハ内規アリ、夫々仕払アル筈ナリ

三井物産小林〔正直〕[5]氏ニ面会、採掘制限各地同意ヲ以実行ノ旨内談ス

峠〔延吉〕[6]君より若松埋立地ノ件ニ付内談アリタ

［欄外］直方駅ニ而堀・松本両氏ニ面会ス

折尾ニ而伊藤・牟田両氏ニ面会ス

中の徳次郎君ニ面会ス

帰途九水村上〔巧児〕ニ面会ス

五月十五日

午前九時自働車ニ而出福ス、浜の町ニ泊ス

午後二時より九水重役会ニ列ス

1　八木岡春山＝亮之助、画家（東京市）
2　久原坑＝麻生商店久原鉱業所（佐賀県西松浦郡西山代村）
3　平島仲次郎＝麻生商店久原鉱業所長
4　管理局長＝鉄道院九州鉄道管理局長長尾半平
5　小林正直＝三井物産石炭部長兼門司支店長
6　峠延吉＝貝島鉱業株式会社取締役商務部長

五月十六日
貝嶋方ノ峠君訪問、二子嶋[1]ノ件ニ付会談ス
棚橋君相見へ会談シ、昼飯後上野山〔重太夫〕[2]・梅谷〔清二〕ノ両氏相見へ、事務執行上ニ付打合ヲナス
北崎君訪問アリ、紡績会社創立ノ件ニ付内協義ヲナス
堀氏ノ件ニ付森田正路君ト電話ニ而打合ス
麻生観八氏日田出張先キニ電話ス
上野見〔ママ〕山ヲ正客トシ、九水連ヲ壱方亭ニ招待ス
［欄外］午前一時浜の町ニ帰ル

五月十七日
團〔琢磨〕[3]氏ニ若松積入場ノ計画内定ノ旨通知ヲナス、出状ス
壱方亭ニ而喰事中、棚橋・上野山・梅谷・麻生〔観八〕ノ三〔ママ〕人相見へ、玖理〔珠〕川[4]ノ件ニ付午後十二時過キ迄打合ナス

五月十八日
浜の町より自働車ニ而午前十二時帰宅ス
午後製工所ニ行キ、整理ス

五月十九日
午前九時本店出務、夫より赤坂坑ニ自働車ニ而行キ、立岩農園[5]ニも行キ、午後七時頃帰宅ス

五月二十日
午前八時五十分飯塚発ニ而直方坑業組合事務所ニ而坑業者惣会ニ出席ス
午後二時半飯塚駅ニ帰リ、直チニ豆田坑ニ行キ、打合ヲナス

五月二十一日

午前八時より本店出務、十時より自働車ニ而貝嶋君ニ面会ノ為メ行ク、尤用件ハ堀君辞任ノ希望アリ、見合ノ件内談ス

五月二十二日

午前九時本店出務

午後赤坂坑ニ行キタリ

五月二十三日

午前十時自働車ニ而伊藤君ニ立寄、夫より浜の町ニ行キ、午後四時博多駅発ニ而上京ス（伊藤・中の同車ス）

六月一日

［欄外］［五月と前後に訂正］訂正ス

六月二日

午前九時三十五分下ノ関着、川卯[6]より迎ニ参リ、門司より直チニ浜の町ニ行キ一泊ス

1 二子島＝洞海湾内の島（若松市）
2 上野山重太夫＝九州水力電気株式会社常務取締役
3 團琢磨＝三井合名会社理事長、元三井鉱山専務理事
4 玖珠川＝筑後川水系（大分県）
5 立岩農園＝山内農園（飯塚町立岩）、石炭廃鉱地利用試験農場
6 川卯＝旅館、本店（下関市）、支店（門司市）

稲田［龍吉］[1]先生診察アリタ（米子［麻生］[2]・内ケ磯[3]吉川[4]家内）

六月三日

午前九時博多駅発ニ而帰途ニツキタリ
鑛［汽］車中、瓜生同供ノ大坂半田君同車ス
折尾ニ而高壮吉氏[5]ニ鑛［汽］車中ニ而逢ヒ、挨拶ス
折尾駅ニ而伊藤君養子ト中間迄同車ス
直方駅ニ而荷物ヲ善五郎［高橋］ニ渡シ、貝嶋君病気見舞ニ行キ、直方駅午後一時四十五分発ニ而、中野徳次郎君東京帰りト赤間嘉之吉君[6]ト同車ス

六月四日

午前在宿
午後日本銀行門司［西部］支店長来行アリ、金庫ノ検査セラル
右一行ヲ本家ニ而招待、晩喰ヲ出ス、倉知［智］支配人ヲモ相見ヘタリ
午後十時半過キ綿惣[7]へ帰ラル

六月五日

午前在宿
中村武治氏より来ル九日招待アリ、伊藤傳右衛門君へも電話ス
野見山仙陸君[8]死去ニ付会葬、午前十二時より人力車ニ而午後四時半帰宅ス
山崎君へ電話シ、給水之件、植付ヲ見合セ、水分ノ多クスル方法ヲ講ズルコト
棚橋君より電話アリ、七日午前五時発ニ而日田行キヲ希望アリタ、同車ノ旨返事ス

六月六日

午前九時五十分飯塚駅ニ而木村氏ト同車、浜の町ニ泊ス

菊地〔保次〕[9]より四十四円五十銭四口ニ而買入ナス

六月七日

午前六時三十分自働車ニ而箕浦〔勝人〕逓相歓迎会ニ列ス（九水会社ノ歓迎会ナリ）

午前九時過キ日田ニ着ス、日田四時亭[10]ニ休息ス、茶代女中ニ金六円五十銭遣ス

逓信大臣ノ歓迎会ニ臨ミ、挨拶ヲナシ、昼飯ヲナス

午後四時日田ヲ発シ、永野〔長野善五郎〕[11]・中野両氏ト帰途ニツキ、長野氏ハ二日市駅ニテ分カレ、六時四十分浜の町ニ着ス

1 稲田龍吉＝九州帝国大学医科大学教授
2 麻生米子＝ヨネ、太吉三女、麻生義之介妻
3 内ケ磯＝地名、鞍手郡頓野村
4 吉川＝太吉妻ヤス実家
5 高壮吉＝九州帝国大学工科大学教授
6 赤間嘉之吉＝大正鉱業株式会社監査役、翌年衆議院議員
7 綿惣＝旅館（飯塚町本町）
8 野見山仙陸＝酒造業、元嘉穂郡二瀬村長、村会議員
9 菊地保次＝骨董商（福岡市呉服町）
10 四時亭＝料亭（大分県日田郡日田町隈町）
11 長野善五郎＝九州水力電気株式会社取締役、二十三銀行頭取、大分酒造組合長など

六月八日

午前十二時一方亭ニ於テ九水会社より大分県力石〔雄一郎〕知事ヲ昼飯ノ饗応アリ、出席ス

〔麻生〕義ノ介[1]病気ニ付三宅〔速〕[2]博士来診ヲ乞タリ

堀三太郎氏相見へ、議員辞退ノ内談アリタ、又新原海軍[3]払下ケ及北海道坑区ノ件ニ付秘蜜談アリタ

午後七時頃大分県力石知事浜の町ニ来訪アリ、九水問題ニ付金額ノ秘蜜談アリタ、談後福村楼〔家〕[4]ニ案内ス

黒瀬ニ屏風代弐百円、外二百十円買物シテ代金仕払ナス

六月九日

午前六時三十分自働車ニ而木村氏ト同車、帰宅ス

午前八時五十分飯塚駅ニ而直方常議員会ニ列ス

午後壱時四十分発ニ而帰宅ス

午後五時中村武治氏より飯塚松月楼[5]ニ案内アリ、出席ス

六月十日

嘉穂銀行重役会及博済会社ノ重役会ニ列ス、帰宅後太賀吉等ト川猟ヲナス

六月十一日

午前八時五十分飯塚駅発ニ而吉隈坑ニ行キ、山崎〔誠八〕君ト実地ニ而打合ヲナス

帰途ハ〔汽〕鑵車中ニ而上山田三菱ノ高山〔高島京江〕[6]坑長外一氏ト同車ス

六月十二日

午前八時自働車ニ而出福ス、〔麻生〕典太[7]病気ニ而〔麻生〕夏子[8]一同同車ス

中村武治氏送別会、一方亭ニ而開催ス（堀・中の・伊藤四人会主ナリ）

六月十三日

浜の町滞在

六月十四日

浜の町ニテ森田正路君相見へ、党費金百円相渡ス

六月十五日

緒方道平・進藤喜平太[9]・久保太郎[10]氏等訪問、聖福寺[11]寄付金ノ件ニ付内談アリタ

浜の町滞在

六月十六日

團氏午前十一時博多着ニ而、一方亭ニ昼ノ饗応アリタ

1 麻生義之介＝太吉女婿、のち株式会社麻生商店取締役
2 三宅速＝九州帝国大学医科大学教授
3 海軍炭鉱＝糟屋郡須恵村新原
4 福村家＝料亭（福岡市東中洲）
5 松月楼＝料亭（飯塚町新川町、中小路町とも）
6 高島京江＝三菱上山田坑長、この年上山田坑は鯰田から分離して独立場所となる
7 麻生典太＝太吉孫、麻生太郎次男、のち麻生産業株式会社専務取締役
8 麻生夏＝麻生太郎妻、典太母、加納久宜六女
9 進藤喜平太＝玄洋社長、元衆議院議員
10 久保太郎＝若松石炭商、若松築港株式会社監査役
11 聖福寺＝臨済宗妙心寺派寺院、日本最初の禅道場（福岡市御供所町）

午後六時ヨリ安川・中の・伊藤・堀氏ト一同招戴アリ
栗野［慎一郎］[1]氏停車場ニ而迎ヒ、悔ミ申述タリ

六月十七日

午前九時博多駅発ニ而別府ニ向ケ出発ス
同日午後、大分新京楼ニ而県庁ノ知事一行ヲ招待シ、其ノ為メ出席、別記ノ挨拶ヲナス
合併拡張ニ付常務取締役増員ニ付、御披露ノ宴会開催セシコト
事業勃興ニ付電力需用増加シ、四万キロ設備ヲ要ス（投資金約九百万円、多数ハ地元ニ散布ノコト）
会社ノ信用ハ株券ニ信用厚クナルコト
電力ヲ起シ事業ノ発展ナサシムルコト
何レ其地方ノ繁栄ニ関係重太［ママ］ノ関係アリ、其ノ責任ハ重役ニアリ、又注意ノ点ハ注意ヲ乞コト
発電所ハ地元ノ同情ニヨリ速カニ工事ヲナスコト
〆
［欄外］数項ノ意味ニヨリ挨拶セリ、知事よりモ懇得ナル挨拶アリタ

六月十八日

別府滞在
團氏午後二時四十分着ニ而大分築港ノ実地ニ一同臨ミ、電車ニ而午後五時頃中山旅館[2]ニ帰ラル
中山旅館ニ中の・堀氏等午後十一時過キ迄滞在ス
新吉ニ金十円祝義、十円ハ前貸ス、金五十円中山ヘ香典ス
吉田正春[3]氏別荘ニ欠落地ノ件ニ付訪問アリタ

大分県知事ニ訪問ス、九水ノ件ニ付親切ニ懇談アリタ
　六月十九日
別府滞在
昼ハ山水園[4]ニ行キ、堀氏ヲ〔ママ〕昼飯ヲナス
午後六時中山亭ニ堀氏ヨリ案内アリ、晩飡ス
團氏午前七時発ニ而出発アリ、停車場ニ見送リ、夫より警察署ニ出頭、團氏ノ拶挨〔ママ〕ヲナシ、山水園ニ行キ、実地踏査ス
　六月二十日
午前七時別府発ニ而福岡ニ向ケ出発ス
午前十二時四十分着ス
　六月二十一日
浜の町滞在
共進亭[5]ニ義ノ介・よね・おゑん〔桑原〕[6]ト昼飯ヲナス

1　栗野慎一郎＝元外交官、この月母死去
2　中山旅館＝大分県速見郡別府町上ノ田湯
3　吉田正春＝元外務省理事官
4　山水園＝麻生家別荘（大分県別府町）
5　共進亭＝西洋料理屋（福岡市西中洲）
6　桑原エン＝貸座敷おゑん亭（福岡市外西門橋）経営者、最初の馬賊芸者

夫よりおゑん亭ニ行キ、後〔ママ〕九時帰宅ス

六月二十二日

浜の町滞在

午後七時ニ而帰宅ス

六月二十三日

病気ニ付在宿、静養ス

赤間嘉ノ吉氏相見へ、伊藤傳右衛門君養子ノ件ニ付内談アリタ

嶋田吉右衛門[1]・木村〔順太郎〕[2]ノ両氏相見へ、嶋田氏取引ニ関スル内談アリタ

六月二十四日

在宿

上穂波村長[3]等相見へ、郵便局新設寄附ノ件ニ付相談アリタ

上田〔穏敬〕・麻生酒屋〔惣兵衛〕・麻生屋[4]相見へ、忠隈坑山ノ為メ欠落地補償問題ニ付協義ス

六月二十五日

病気ニヨリシテ、試検所[5]問題ニ付直方坑業事務所ニ押而出頭、委員諸氏ニ挨拶ヲナシ、午前十一時三十分発ニ而帰途ニツク

病気ニ而静養ス

六月二十六日

病気ニ付在宿

黒瀬来リ、買物代ノ仕約ヲナシ〔ママ〕

六月二十七日

在宿、病気ニ而静養ス

藤田次吉氏[6]、浅木[7]酒屋地所買入呉レ候様相談ノ為メ、麻生屋ト来訪アリタリ、金融上ニツキ相断リタリ

六月二十八日

午前病気ニ付在宿

福間久市氏[8]見舞ニ行ク

前田利定氏[9]来訪、晩喰ヲナシ、午後八時ノ飯塚駅発ニ而長崎ニ行カル、博多支店長も相見ヘタリ

六月二十九日

瓜生〔長右衛門〕より希望ニ而辞退[10]ニ付、休職シテ将来事業上ニ付重太〔ママ〕ノ事件ハ相談スルコトニ決セリ、麻生屋及太郎立会ス

但、肥前坑業計画約定証等ヲ一覧ス

1 嶋田吉右衛門＝荒物商（飯塚町）
2 木村順太郎＝麻生太七女婿、森崎屋、酒造業
3 上穂波村長＝嘉穂郡上穂波村長大山吉太郎
4 麻生屋＝麻生太七、太吉弟、麻生商店理事のち株式会社麻生商店取締役
5 試検所＝筑豊石炭鉱業組合石炭鉱業試験所
6 藤田次吉＝太吉親族、笹屋、酒造業（遠賀郡底井野村）
7 浅木＝地名、遠賀郡浅木村
8 福間久市＝飯塚町会議員
9 前田利定＝中央生命保険相互会社長、のち逓信大臣、農商務大臣
10 瓜生長右衛門麻生商店退職

望月桂〔圭〕介[1]・堀三太郎ノ両氏ニ出状ス
伊藤傳右衛門君へ博多ニ電話ス

六月三十日

午前七時発ニ而出福
坑〔鉱〕務署ニ出頭、来ル六日招待ノ案内ス
庄野〔金十郎〕氏ニ面会（日々新聞舎〔福岡日日新聞社〕ニ行キ）、福岡市長ノ問題ニ付協義ス

七月一日　土曜

午前九時自働車ニ而飯塚ニ行キ、嘉穂銀行重役会ニ列ス
伊藤傳右衛門氏ニ面会、養子ノ一件内談ス
金三百円、大正五年前期ノ報洲〔酬〕金受取

七月二日　日曜

出店出務
午前十一時ヨリ自働車ニ而出福ス
森田正路君訪問、市政ノ事件聞取タリ

七月三日　月曜

山口常〔恒〕太郎[2]君訪問アリタ、福岡市政上ニ付談話ス、又合併問題ニツキテモ協義ス

七月四日　火曜

御法川〔小三郎〕出福、綱分坑汽鑵ノ件ニ付、鉱務署ニ出願ノ件ニ付内談アリタリ
谷口知事ヲ県庁ニ訪問シ、福岡市ノ関係ニ付談話セリ

晩喰ヲ共進亭ニ於テナシタリ、米子等ナリ（太郎モ来リタリ）
おゑん亭ニ行キ、松永〔安左衛門〕君ト面会、九水之合併ニ付九水ノ事情ヲ親シク相話シタリ
お常〔苑カ〕開店ニ而五十円祝義ヲ遣シタリ

七月五日　水曜

井手〔佐三郎〕市長訪問アリ、同氏ニ関スル市会議員反対者ノ意向ヲ聞キタリ、将来ノ方針ヲ注意ス
日田町帆足悦蔵[3]氏訪問アリ、九水創業時代之来暦〔ママ〕ヲ聞キ、又流木問題解決方法ニツキ同氏ノ異見ヲ聞キタリ
伊吹幹事訪問ス
河内〔卯兵衛〕氏訪問、井手市長ニ関スル件ニ付内談アリタ
大学卒業式ニ而祝電ス

七月六日　木曜

壱方亭ニテ鉱務署長以下高等官十名ヲ招待シ、瓜生〔長右衛門〕常務辞退ニツキ挨拶ヲナシタリ
金弐十円　米子へ
同十円　家内へ

1　望月圭介＝衆議院議員、のち立憲政友会幹事長、逓信大臣、内務大臣
2　山口恒太郎＝九州電灯鉄道株式会社取締役、元福岡日日新聞主筆、翌年衆議院議員
3　帆足悦蔵＝大分県会議員、参事会員

七月七日　金曜

十二時より自働車ニ而家内及八郎〔麻生〕[1]一同帰宅ス、午後二時帰着ス

七月八日　土曜

午前七時飯塚駅発ニ而、直方坑業組合ニ而ガス研究所問題ニ付委員会ニ列シ、午後四時三十分発ニ而別府ニ向ケ出発ス

午後九時三分別府ニ着ス

七月九日　日曜

別府滞在中棚橋・上野山両氏及麻生観八氏相見へ、九水ノ件ニ付懇談アリタ

別府滞在

七月十日　月曜

大分知事訪問シ、九水会社ニ行キ、午前十二時過キ帰宅ス

山水園ニ行キタリ

午後二時別府発ニ而浜の町ニ行キ、午後八時半着ス

　金三十円　松丸且〔勝〕太郎[2]

　金弐十円　女中二人ニ遣ス

七月十一日　火曜

九水会社ニ行キ、火力ノ件及電力発電所取調ニ付、棚橋・今井〔三郎〕・川嶋〔七郎〕ト打合、帰宅シ、帰途中野氏ト逢ヒ会談ス

一方亭ニ行キ、堀・中野・伊藤ト打合ヲナス、午後十一時帰宅ス

一金三十円、新聞社（東京東某へ遣ス）

七月十二日　水曜

午後三時自働車ニ而女中一同帰宅ス

梅谷氏相見へ、日田ノ初発ノ件ニ付懇談アリタルニ付、棚橋君ニも注意ス

梅谷君御家内相見へ、挨拶アリタリ

七月十三日　木曜

午前九時直方西尾[3]貝嶋嘉蔵[4]氏ヲ訪問シ、堀氏辞退ノ件ニ付内談シ、同氏一同堀氏ヲ訪問シ、事情ヲ具シ、任期間就任ノ内諾ヲ受ケタリ

百合野貝嶋〔太助〕氏ヲ見舞ニ行キタリ

午後四時過キ帰宅ス

七月十四日　金曜

午前十時嘉穂銀行ニ而支配人及麻惣〔麻生惣兵衛〕[5]取締役立会ノ上、藤井融通金請求方ニツキ申含メ、青柳〔栄次郎〕[6]氏モ立会ス

決算上ニ付青柳より聞取タリ

綿且〔勝〕ニ立寄、麻惣より銀行ノ事ニ付親切ナル話ヲ聞取リタリ

1　麻生八郎＝太吉弟、麻生商店

2　松丸勝太郎＝麻生家田の湯別荘管理人

3　西尾＝地名、鞍手郡頓野村

4　貝島嘉蔵＝貝島太助末弟、貝島鉱業株式会社監査役

5　麻生惣兵衛＝嘉穂銀行取締役、飯塚町会議員

6　青柳栄次郎＝博済無尽株式会社支配人、元嘉穂銀行天道支店支配人、のち同支店支配人

午後五時過キ酒屋〔麻生惣兵衛〕相見へ、麻生屋〔麻生太七〕モ一同銀行ノ件ニ付打合ナシタリ

七月十五日　土曜

午前八時四十五分ニ而直方坑業組合常議会〔員脱〕ニ列ス
午後壱時三十四分直方発ニ而帰途ニツキ、中野君ト同車ス
九水棚橋君より電話ニ而、十六日午後二時出福ノ約ヲナス
金五百円、吉浦より受取

七月十六日　日曜

午前野見山本家ニ而北海道坑山弐十七万円ニ而買入ニツキ協義シ、買収スルコトニ決定ス
嘉穂銀行惣会ニ列シ、配当ニツキ現在之侭持続之件親シク株主ニ口演ス
惣会前内規制定之義内談ス
午前十二時自働車ニ而午後二時九水会社ニ行キ、上野山・棚橋・梅谷ト協義、矢張道路問題ナラデハ解決致シ兼候ニ付、力石〔雄一郎〕知事ニ内談ノ上、其ノ意向ニヨリ東京へ梅谷氏出張スルコトニ協義ス
［欄外］堀君ト北海道炭坑ノ件ニ付尽力者タル野村久一郎[1]君相見へ、協義シ、晩喰シテ分袖ス

七月十七日　月曜

堀氏相見へ、野村君ヨリ実際借リ入金高ヲ示シタルニ付、弐十万円迄買入ノ事ヲ申向ケ、尚事業成功スルカ他ニ転シ利益ノトキハ心付ヲナス口気ヲモ内示スルコトニ談判ス
野村へ談判ノ末、両三日延期ノ義申来リタリ
金六十円、田山〔クマ〕へ一時相渡ス

七月十八日　火曜

浜の町滞在

野村久一郎氏相見へ、北海道坑山壱万五千円ヲ増シ二十三万円トノ事ヲ内談アリタルモ、堀氏ニ托セシ末ニ付、同氏ノ意向ニ随ヒ可申モ、只今可否申兼マス、又成工〔ママ〕ノ焼〔暁〕キノ云々堀氏より申サレ居レバ、此際ハ可成右様ノ事ナキ決心セラレタキ様、希望ノ事ヲ申向ケタリ、又一旦申セシコトハ登記ノ期日サレ〔ママ〕アレバ引受マストノ事ヲ申加ヘタリ

七月十九日　水曜

午後四時博多発ニ而別府ニ向ケ出発ス

博多停車場ニハ野村久一郎氏相見ヘタリ

小倉より冨安君ト同車ス、製鉄所ノ件ニ付同氏ニ意向ヲ示シタリ

七月二十日　木曜

滞在

上野山君相見へ、流木問題ニツキ知事・内務部長ノ異見等咄シアリタ

七月二十一日　金曜

上田穏敬来別シタリ

屋敷前ノ地所買入ニ付藤沢〔良吉〕君ニ内談ス

1　野村久一郎＝株式会社博多座社長、香椎海面埋築株式会社取締役、元若松築港株式会社取締役

七月二十二日　土曜

山水園ニ行キタリ
力石知事訪問アリタ

七月二十三日　日曜

冨安・梅谷両氏相見へ、又帆足〔悦蔵〕君も相見ヘタリ、帆足君ハ麻観〔麻生観八〕氏出別ノ旨申伝アリ、尚流木問題ニツキ異見もアリ、滞在ノ相談ナシタリ
田中内務部長訪問アリタ
山水園ニ行キタリ

七月二十四日　月曜

麻生観八・梅谷・上野見山〔上野山重太夫〕会合、流木問題ニ付協義ス
棚橋・中野両人出府ノ打電ス
梅谷氏同供山水園ニ行キ、湯十分ノ弐、水十分ノ弐ヲ分配スルコトニ約ス
麻生観八・上野山・梅谷・日田県〔大分〕参事員〔会脱〕ト昼飯ヲナシ、日田県参事員帆足悦蔵ニハ将来流木問題ニ付尽力之義相談置キタリ

七月二十五日　火曜

棚橋・梅谷両人相見へ、流木問題ニツキ談合ス
和田豊次〔治〕氏ニ出状ス
大分営業所[1]ニツキ流木問題ニツキ尚協義ス、午後六時帰ル（梅谷・棚橋・上野山・麻生観八）、長野〔善五郎〕氏ハ欠席
太郎前日午後九時来リ、九時ニ而帰宅ス

日田ヨリ平川[2]迄里道開鑿ノ件ハ、女子畑発電所及湯山七千キロ発電所[3]モ、地元ニ於テ苦情キ〔ナ脱〕コト
七月二十六日　水曜
別府町長磯沖菊蔵氏相見へ、九水重役招待ノ件内談アリタルモ、上野山上京ニ付、帰県ノ上、折ヲ見合内通ノ旨申
向ケタリ
山水園ニ行キタリ
上田午前七時ニ而出発、帰村ス
加納子爵〔久宜〕[4]御夫婦山水園ニ午後二時五十分別府着ニ而御出アリ、出迎、午後六時過キ帰ル
麻生観八氏ニ、上野山帰県迄流木問題ニ奔走ナキ様注意ス
上野山上京ニツキ、損害問題ニツキ自然ハ損害金ニテ折合スルカモ難計、本社ノ決定ナクシテハ何事モ運兼ル旨注意ス

七月二十七日　木曜

伊吹政次郎より電信ニ付、明朝七時出発福岡行ノ旨返電ス
午後三時過キ力石知事相見へ、左記ノ談話ヲナス
一九水ノ件順序的進行スルコト

1　大分営業所＝九州水力電気株式会社大分支部
2　平川＝地名、大分県玖珠郡北山田村
3　女子畑発電所・湯山発電所＝九州水力電気水力発電所（大分県日田郡中川村）
4　加納久宜＝野田勢次郎・麻生太郎岳父、十五銀行取締役、貴族院議員、元鹿児島県知事

一久大[1]開通未済ノ区域ヲ貫通スル目的ヲ以、株券ヲ募集シ会社ヲ創立スルコトニ付、和田〔豊治〕君へ内談ノ件

　但、右ニ付県費より補助ノ件

一別府廻遊鉄道[2]布設ニ関スル件ハ、暫時成行ヲ見テ何分ノ陳情ヲナスコト

一別府廻遊鉄道出来ザル時ハ、県道（八万円内外）ノモノ新設スルコト

外ニ会社株券確実ナルモノ撰定ノ件

七月二十八日　金曜

午前七時廿七分別府駅発ニ而帰途ニツキ、鑛〔汽〕車中梅谷〔清一〕中津、成清〔信愛〕[3]日出ノ両氏同車ス

フヨ〔麻生〕[4]ハ折尾より分ケ帰宅ス

重岡篤[5]君相見へ、肥前坑区ノ件ニ付談話ス、上田ヲ出福ナサシメ折合ノナスコトニ約ス

七月三十一日　月曜

午前六時四十分博多発ニ而直方町坑業組合常議会ニ列ス

午後一時過キ伊藤君自働車ニ而幸袋[6]迄同車、伊藤氏宅ニ梅村〔藤夫〕[7]来リ、帰村ス

留主中書類整理ス

八月一日　火曜

午前八時自働車ニ而、典太診察ノタメ皆浜の町ニ掛〔出脱〕ケタリ

高家[8]病人ノ件ニ付電話アリ、又一〔有吉〕君出福アリタ、太郎出福次第打合ノ義申遣シタリ

八月二日　水曜

梅谷・棚橋両氏相見へ、上野山上京ノ末梅谷氏上京促シ来リ、流木問題ニ付上京、左記ノ事項ヲ打合ス

湯山発電所及女畑〔子脱〕発電所ノ流水ヲ減スルトキハ、多太〔ママ〕ノ発電力ヲ減スルコト

玖理[珠]郡より申出ノ事項ニ対シテハ、将来ノ方針ヲ流水セム[シ脱]ルコトニスル時ハ、既往ノ損害ノ請求ヲ受ケルコト
日田郡より大略ノ請求アリタ状況ヲ報告スルコト
〆
堀氏相見へ、北海道電信ノ有様聞取タリ
［欄外］井戸学[泰][9]士ニ、高家ニ太郎同供、診察ヲ乞タリ
[吉川]監十郎[10]高家ノ事ニ付呼出、聞取タリ

八月三日　木曜

松永安左衛門氏相見へ、九水・九鉄合併ノ件ニ付会談ス
九鉄五十円ヲ弐十五円ニシテ弐株トスルトキハ、時価ハ八十六円トナリ、利害ナキニ至リベクト申向ケタリ、多少□□[歩合カ]ノ異見アル合併評準ハ適法ナラントノ意向ヲ示シ、他日再会スルコトニセリ

1　久大＝久大線、久留米・大分間鉄道線路
2　別府廻遊鉄道＝別府温泉鉄道株式会社、一九一一年発起、太吉大株主
3　成清信愛＝馬上金山（大分県速見郡）経営者、山門郡会議員、のち貴族院議員、衆議院議員
4　麻生フヨ＝太吉末女
5　重岡篤＝株式会社博多米穀取引所監査役、福岡市会議員
6　幸袋＝地名、嘉穂郡大谷村
7　梅村藤夫＝麻生家自動車運転手、元三井物産自動車陳列場販売員
8　高家＝地名、遠賀郡香月村香月
9　井戸泰＝九州帝国大学医科大学助教授
10　吉川監十郎＝太吉女婿

八月四日　金曜

川嶋君相見へ、九鉄・九水合併ニ付調査ヲ乞タリ

八月五日　土曜

野田〔勇〕署長[1]相見へ、渡辺次〔治〕右衛門[2]氏来県ニ付紹介方打合アリ、事業上ニ付電機会社ト坑業家ト両様ノ話ヲナシタリ

渡辺氏明日午前八時来訪ノ電話アリタ

帝国女子専門学校幹事高橋正順君相見へ、平山成信[3]氏より維持金寄付ノ相談アリタルモ、到底他方面ニ寄付スルコトハ微力尽シ兼マスト断タリ、又坑業者ノ代表セシ者カ先キニ意向ヲ極メルコトハ尤不都合ニ付相断タルニ、絶縁セズシテ東京ニテ返事スルコト位ニテ留置ノ様希望アリ、異存ナキ旨相答タリ

八月六日　日曜

渡辺氏一行相見へ、電力会社ノ件及坑山三好君ノ件ニ付会談ス

午後津屋崎[4]ニ山田〔駒之輔〕医師同供行キ、午後八時過キ帰宅

八月七日　月曜

伊藤常夫[5]氏相見ヘタリ

佐賀経吉[6]君相見へ、銅山ノ件ニ付咄シアリタ

三隅〔忠雄〕[7]君相見へ会談ス、盆前入用ニ而金壱百円ヲ懐中より渡ス

［欄外］九日吉浦より受取

八月八日　火曜

佐藤慶太郎[8]君、問屋組合[9]ヲ代表シテ漁業組合前貸ノ件ニツキ相談アリシモ、別ニ工夫ナキニツキ、押而ナラハ常議員〔会脱〕開催、返事スルコトヲ弁明ス

午前十一時自働車ニ而帰宅ス
木村順太郎・和田屋[10]・田中ノ三氏相見へ、夫より瓜生〔長右衛門〕・麻生尚敏[11]等ノ諸氏相見へ、町会議員ノ件ニ付和田三〔賛〕吾君[12]
へ会談ノ件打合ヲナス

八月九日　水曜

嘉穂銀行へ出頭ス
村〔町〕会議員撰挙ヲ明正寺[13]ニ行キ、ナシタリ
綿且〔勝〕ニ而午後九時半迄滞在、晩喰ヲナス

1 野田勇＝福岡鉱務署長
2 渡辺治右衛門＝二十七銀行頭取、炭鉱経営者
3 平山成信＝帝国女子専門学校（東京市小石川区）長、貴族院議員
4 津屋崎＝麻生家津屋崎別荘（宗像郡津屋崎町渡）
5 伊藤常夫＝加納久宜親族、鉄道院技師
6 佐賀経吉＝鉱業経営者（福岡市）
7 三隅忠雄＝雲涛、博多毎日新聞社長
8 佐藤慶太郎＝佐藤商店（若松石炭商）、高江炭鉱経営者、のち若松築港株式会社取締役
9 問屋組合＝若松石炭商同業組合、元若松石炭業組合
10 和田屋＝和田六太郎、醤油醸造業・呉服太物商（飯塚町）
11 麻生尚敏＝麻生惣兵衛養子、酒造業（飯塚町）、のち福岡県会議員
12 和田賛吾＝株式会社飯塚栄座取締役
13 明正寺＝浄土真宗本願寺派寺院（飯塚町本町）

八月十日　木曜
大屋喜平氏[1]相見へ、直方保証ノ一件ノ会談アリ、又有田広氏[2]ノ家政上ニ付注意アリタ
嘉穂銀行重役会ニ列ス
八月十一日　金曜
午前七時飯塚発ニ而出福、浜の町ニ着ス
八月十二日　土曜
午後四時ノ急行ニ而帰宅ス
八月十三日　日曜
午前十一時飯塚駅発ニ而出福、午後二時過キ浜の町ニツキ、直チニ九水ニ行キタリ
一午後二時九水重役会ニ列ス、流木問題ニツキ協義ス
八月十四日　月曜
伊藤傳右衛門氏訪問アリタ、九鉄合併問題ニ付会談ス
午後七時より一方亭ニ於テ渡辺氏招待会ニ列ス
八月十五日　火曜
渡辺氏停車場ニ見送リ、一方亭ニ行キ、午後十一時帰ル、中の・伊藤・堀、三氏一同ナリ
上田〔稔敬〕佐賀より帰宅、石川〔広成〕[3]氏上京ノ件報告ス
九水麻生〔観八〕君より日田出張先より電話アリ棚橋君ニ電話ス、同君病気ニツキ上野山氏日田ニ出張ノ旨村上〔巧児〕より電話ス
八月十六日　水曜
稲田氏診察アリ

松本健次郎氏ニ若松積入場ノ件ニ付、伊吹ノ報告書ト同時ニ本院聞合ノ件、及制限解除ニ関スル通報セリ
午前十時五十分発ニ而若松築港会社重役会ニ列ス

八月十七日　木曜

本店出務
博済会社惣会出席及重役会ニ列ス
芳雄駅附近ヲ踏査ス
精〔製〕工所ニ行キ、倉庫敷地ヲ踏査ス

八月十八日　金曜

本店出務

八月十九日　土曜

午前八時五十分飯塚発ニ而、直方駅ニテ堀・伊藤両氏ト同車ス
午後二時三十分別府着ス
貝嶋氏ニ行キタリ

八月二十日　日曜

滞在

1　大屋喜平＝大屋唯雄義父、元嘉穂郡千手村長
2　有田広＝この年七月より嘉穂銀行取締役、元嘉穂銀行監査役
3　石川広成＝麻生商店商務部、一八九六年入店

貝嶋別□〔荘カ〕ニ行キタリ

八月二十一日　月曜

滞在
別荘ニ而堀・伊藤ノ両氏ト朝喰会喰ス
昼も洋喰ヲナス
晩喰ノ会喰ス
伊藤氏一泊
博多連来ル

八月二十二日　火曜

滞在
朝昼会喰
昼飯会喰ス
野見山来別アリタ、一泊

八月二十三日　水曜

午前七時野見山帰途、義之介二時三十分着、七時ニテ帰着
山水園ニ行キタリ
伊藤、電灯ノ件ニツキ会談ス（中山）[1]

八月二十四日　木曜

午前別府滞在

午後七時別府発ニ而博多駅着（午前〇四十分、［ママ］直チニ自働車ニ而浜の町ニ着ス
別府ニ而上野山相見へ、流木問題ニ付打合ヲナス
浜の町ニ一泊ス

八月二十五日　金曜

棚橋氏ニ電話シ、打合ヲナス
午後四時自働車ニ而帰途ニツキ、午後六時半帰着ス

八月二十六日　土曜

飯塚午前八時五十分発ニ而直方坑業組合常議員会ニ列ス
大屋久[2]・大屋唯雄[3]両氏相見へ、中村真太郎ノ保証ノ件ニ付内談アリタ

八月二十七日　日曜

在宿
小出太右衛門[4]・白土清四郎[5]相見へ、白土採掘ノ件ニツキ申入アリタ
加納子爵御出アリ、駅ニ出迎タリ

1　中山＝旅館（大分県別府町上ノ田湯）
2　大屋久＝元嘉穂郡千手村長、元嘉穂銀行大隈支店支配人
3　大屋唯雄＝麻生義之介実兄、博済無尽株式会社支配人、のち嘉穂銀行大隈支店支配人、嘉穂銀行監査役
4　小出太右衛門＝嘉穂郡頴田村長
5　白土清四郎＝坑区所有者（頴田村）

八月二十八日　月曜

午前滞在
加納子爵御滞在
午後四時自働車ニ而夏子一同浜の町ニ着ス

八月二十九日　火曜

浜の町ニ午前滞在
博多駅午後二時発ニ而津崎屋〔ママ〕ニ向ケ出発ス（典太同車ス）
地網引ヲナス

八月三十日　水曜

津屋崎滞在
渡り区[1]区長相見へ、埋立地ノ件ニ付申入アリ、村長ニ照合ノ事ヲ打合ヲナシタリ
鯛網ヲ引、中猟ナリ、（中小鯛四百枚）ヲ得タリ

八月三十一日　木曜

午前八時四分福間駅[2]発ニ而津屋崎別荘より来リ、福岡浜の町ニ着ス（典太同供ス）
浜の町一泊ス

九月一日　金曜

午前浜の町ニ滞在
午前十時より自働車ニ而帰宅ス
嘉穂銀行及博済会社重役会ニ列ス

九月二日　土曜

午前より嘉穂銀行ニ出務ス

一事務取扱ニ付不明ノ廉ハ上役ニ申立、不明ノ侭ニテ取扱セザルコト

一上役ノ命ナリトテ不明ノ事ハ充分協義打合ヲナスコト

〆

一組織及担当訳［ママ］ケハ便利ノ為メニ付、目的ハ嘉穂銀行ノ盛降［隆］スル様一点ニ付、受持外ノ事トテ充分協力一致、利益ヲ尽セラルコト

〆

一監事・課長・博済支配人等欠員ニ付、補充ノ為メ有田［広］氏ヲ日勤ヲ乞コトニナリ、充分尽力ヲ乞コト

九月三日　日曜

午前在宿

坂口競売土地ノ件ニ付松崎［三十郎］[3]氏ニ電話ス

九水ノ件ニ付棚橋君ニ電話ス（流木問題本店報告○発電所取調○地下線談判○動力ノ比較○等ノ諸件ナリ

採掘制限ノ件ニ付三井物産小林［正直］氏ニ面会ニ付電話ス（笹原君及三井物産会社）

1　渡区＝麻生家津屋崎別荘所在地（宗像郡津屋崎町）区長柴田徳太郎

2　福間駅＝宗像郡福間町

3　松崎三十郎＝弁護士（福岡市天神町）

九月四日　月曜

午前出務ス、午前十二時嘉穂銀行重役会ニ列ス

午後三時五十分発ニ而門司三井物産会社小林氏ニ採掘制限ノ件ニ付懇談シ、午後七時二十五分門司発ニ而帰宅ス

九月五日　火曜

午前八時五十分飯塚発ニ而直方坑業組合常議員会ニ列ス

午後三時二十分自働車ニ而田辺〔勝太郎〕[1]等ノ諸氏ト帰途ニツク（御法川小竹[2]ニテ下車アリタ

午後九時半より浜の町ニ自働車ニ而浜の町〔マヽ〕ニ行キタリ

九月六日　水曜

午前七時半浜の町出立、日田ニ鮎漁ニ自働車ニ而行キ、午前十一時過キ着ス

同所ニテ鮎漁ヲナシタリ

午後十一時過キ帰宅、一泊ス（四時亭）

帆足〔悦蔵〕氏相見へ、流木問題ニツキ談話アリタ

九月七日　木曜

日田四時亭ニ午前十時迄滞在ノ電話アリ

午前十一時過キ梅谷氏相見へ会談ス

将来迄ナラデハ出金出来ザルコトニ談判シ、万一真ニ損害ノ生ゼシ場合ハ、其侭ニナスコトノ不能ハ、常識ノアルノ出来ザル次第ハ弁論ナスコト等打合ナシタリ

午後四時半日田ヲ自働車ニ而出発、浜の町ニ午後七時過キ帰ル

九月八日　金曜
午前浜の町ニ滞在
午後四時自働車ニ而帰途ニツク
来ル十一日常議員会ニ付、出席之義伊吹より電話アリタ

九月九日　土曜
午前本店出務
午後在宿
採掘制限ノ件ニ付新入坑ノ岡田氏〔岩造〕ニ電話ス
三井物産会社小林氏ニ電話、明後日返事ノコトニナリタ

九月二十四日　日曜
午後十二時四十三分浜の町ニ帰着ス

九月二十五日　月曜
浜の町ニ滞在
棚橋君ト会談ス（電話ナリ）
午後八時梅谷君ト会談、午後八時浜の町ニ相見ヘタリ

1　田辺勝太郎＝筑豊石炭鉱業組合常議員（古河鉱業）
2　小竹＝小竹駅（鞍手郡勝野村）

中川村[1]ノ件
行橋[2]株五百買入ノ件
九軌[3]松本〔枩蔵〕君照合ノ件
棚橋氏ノ件
〆
共進亭ニ而昼飯ヲナス
九月二十六日　火曜
午前九時博多駅発ニ而帰途ニツキタリ
本店ニ出務、野見山ト会談ス、東京中ノ〔中野徳次郎〕用談及坑業上ニツキ打合ス
九月二十七日　水曜
午前八時五十分ニ而坑業組合採掘制限解除ノ件、惣会ニ列ス、会長席ニツク
採掘制限申合当時、大正三年五月ニハ若松・門司ニ四十九万五千屯、大正四年三月ニハ八十一万二千屯ノ貯炭ナリシモ、大正五年九月十五日ニハ二十二万九千屯ニ減シ、漸〔ママ〕加需用増加シ、代価高直〔値〕トナリ、十月末日ヲ以解除ノ提案セシ理由ヲ陳ブ
採掘制限申合ニツキ挨拶ヲナス
三好代理者[4]より、採掘制限ヲ解キ大ニ採掘スル意向ニ対シ、坑夫ノ限リアルモノヲ以競争シテ採掘ノ不得策ニ付、他日協義ヲナスコトニツキ意向ヲ満席ニ申向ケタリ
備忘録ニ大略ノ筆記アリ
貝嶋〔太助〕氏より見舞、午後一時四十九分ニ而帰途ニツク

九月二十八日　木曜

赤坂坑ニ行キ打合ヲナス

岩崎越ニ而吉隈坑ニ行キ打合、午後六時四十九分臼井[5]発ニ而帰宅ス

九月二十九日　金曜

女学校[6]紀念家屋ノ件ニ付、麻生惣兵衛・麻生屋両人相見ヘタリ

川嶋正恩寺[7]石垣及土井掛方ニツキ打合ス

本店ニ出頭、赤坂・吉隈坑ノ件ニツキ野見山・山崎ノ両氏ト打合ナシタリ

午後三時五十分飯塚駅発ニ而出福、浜の町ニ泊ス

一本店ニ而印籠弐十五円ニ而買収ス（受取証・品物等野見山ニ托シ、現金ヲ渡ス）

九月三十日　土曜

鉱務省〔署〕ニ出頭、野田署長ニ面会ス

三好掘入ノ件ニ付内話アリタリ

1　中川村＝大分県玖珠郡

2　行橋＝行橋電灯株式会社（京都郡行橋町）

3　九軌＝九州電気軌道株式会社（企救郡小倉町）

4　三好代理者＝三好炭礦経営者三好徳松代理人牟田新

5　臼井＝臼井駅（嘉穂郡碓井村）

6　女学校＝この月嘉穂郡立実科高等女学校は飯塚高等女学校となる

7　正恩寺＝麻生家菩提寺（飯塚町川島）

渡辺氏ノ件ニ付名[姪]浜坑山[1]株券買入ニ付打合ス
　鉱山局出頭ノ件ニ付内話ス
中西[四郎平][2]・瓜生[長右衛門]ノ両人相見へ、西川坑区[3]ノ件ニ付相談アリタリ
大分知事より九水問題解決ノ打電ニ接セリ、右ニ付感謝ノ返電ス

　十月一日　日曜

午前九時博多発ニ而帰途ニツク
梅谷氏ト停車場ニ而協義ス（九水ノ中川村問題）
稲田[龍吉]氏ト折尾迄同車ス
本店ニ而西川坑区ノ打合ヲナス

　十月八日　日曜

午後十二時四十分浜の町ニ東京より帰途着ス
中野君ト一方亭ニ行キ、午後十一時過キ帰宅ス

　十月九日　月曜

午前八時稲田先生診察アリタ
堀三太郎氏相見へ会談ス、支那坑山踏査ノ事モ聞キ取タリ
午後五時より一方亭ニ於而遊ヒタリ
　金五十円　中[徳次郎]の割

　十月十日　火曜

境[栄][4]屋牧野忠篤・榎本武憲[5]ノ両氏訪問ス

県庁内整〔務〕部長[6]ニ面会、船入場ノ件ニ付内談ス
午後五時壱方亭ニ牧野・榎本両氏一行招待ス
　五十円、連中ニ遣ス
阿部〔暢太郎〕君訪問アリ、製鉄所敷地問題并ニ合併問題ニ付打合ス

十月十一日　水曜

午前九時博多駅発ニ而帰村ス、鏂〔汽〕車中山口恒太郎君[7]ニ面会ス
九軌株買入相談ス
直方駅より岡田〔岩造〕君同車、鯰田駅ニ至ル、積入場問題、研究所、船入場ノ報告及打合ス
松永〔安左衛門〕君より和田〔豊治〕氏ノ件ニ付電話アリ、引続九水村上〔巧児〕より電話ス

十月十二日　木曜

午前七時五分飯塚駅発ニ而出福ス
浜の町ニ至リ、午後十二時一方亭ニ行キ、藤山雷太君[8]招待会ニ列ス

1　姪浜坑山＝姪浜鉱業株式会社、一九一四年設立（早良郡姪浜町）
2　中西四郎平＝坑区斡旋業、遠賀郡芦屋町会議員
3　西川坑区＝山本豊吉所有坑区（鞍手郡西川村新延）カ
4　栄屋＝旅館（福岡市橋口町）
5　牧野忠篤・榎本武憲＝子爵、貴族院議員
6　福岡県内務部長＝佐竹義文
7　山口恒太郎＝九州電気軌道株式会社取締役、九州電灯鉄道株式会社取締役、元福岡日日新聞主筆、翌年衆議院議員
8　藤山雷太＝大日本製糖株式会社長

午後十一時過キ浜の町ニ帰リ、貝嶋君ニ出福ヲ乞、堀氏ノ退任問題解決ノ要談ス（電話ニテ、百合ノ〔野〕本家ノ執事ナリ）

［欄外］吉貝甚右衛門[1]・篠崎昇ノ〔之〕[2]助面会ス

十月十三日　金曜

午後四時半一方亭ニテ県会議員、嘉穂・遠賀・鞍手、庄野・森田、伊藤・中の・貝嶋ノ四人ニ而六時より招待ヲナス

午後十二時過キ帰宅ス

十月十四日　土曜

午後一時工整〔鉱務〕署ニ出庁、細井〔岩弥〕[3]技師来署ニツキ、労役者扶助規則及坑業警察法ニ付組合委員一同ト打合、午後四時半退散ス

午後五時より一方亭ニ細井氏及野田署長一行ヲ招待ス（組合より惣長トシテ挨拶ス）

安川氏等会合シ、午後十一時帰ル

十月十五日　日曜

有田氏訪問アリ、又小林金談ニ参リタルモ、本店ニ参ルコトヲ申向ケル

三好徳松氏[4]訪問アリ、山本豊吉所有坑区[5]ノ件ニ付打合ス

十月十六日　月曜

浜の町滞在中上野山〔重太夫〕君訪問アリ、左記ノ打合ヲナス

一直方電灯料未納分、三四ケ月間ニ務〔整〕理スルコト

一明年末電灯料一灯五銭（十六万灯）ヲ下ケル時ハ、九万六千円トナルモ、九千キロ水電使用ノトキハ、二百二

十万円ノ資本利子壱割ヲ控除シテ、尚惣払込額ニ対シ二分ノ増額アル計算書ヲ調スルコト
一梅谷君ノ件
一地ケ下〔ママ〕電力不足スルコト
一野田工整〔鉱務〕署長訪問アリタ、名〔姪〕ノ浜坑山打合ス
一午後四時博多発ニ而帰途ニツク、細井氏ト折尾より同車ス
〔欄外〕伊吹より電話アリ、十九日常議会〔員脱〕ヲ開催スルコト

十月十七日　火曜

山猟ニ孫等同断行キタリ、飯塚山ニテ兎一疋獲物アリ
午後七時より栄屋座〔ママ〕[6]ニ行キ、呂升〔昇〕[7]ノ一座ヲ聞キタリ

十月十八日　水曜

午前滞在
午後七時より松月[8]ニ立寄、家内ニ家政上ノ打合ヲナシ、夫より呂升〔昇〕ヲ聞キニ栄屋座〔ママ〕ニ行キタリ

1　吉貝甚右衛門＝福岡市会議員
2　篠崎昇之助＝九州日報（福岡市）主筆
3　細井岩弥＝農商務省鉱山局技師、鉱業課長
4　三好徳松＝三好炭礦経営者、のち衆議院議員
5　山本豊吉所有坑区＝鳳炭坑（遠賀郡水巻村・折尾村）カ、前掲西川坑区カ
6　栄座＝株式会社飯塚栄座、演劇場
7　呂昇＝豊竹呂昇、本名永田仲、女義太夫師
8　松月＝料亭松月楼（飯塚町新川町、中小路町とも）

十月十九日　木曜

午前八時五十分飯塚駅発ニ而直方坑業組合常議員会ニ出席、研究所[1]設立ノ為来ル廿六日惣会開催ノコトニ決ス

三好代理者牟[新]田君ト山本豊吉坑区買入ノ打合ヲナス

午後一時三十分直方駅発ニ而浜の町ニ行ク

直方駅前ニ而御法川ト姪ノ浜坑区ノ件ニ付打合ス

野田署長ヲ訪問シ、姪ノ浜坑区ノ打合ヲナス

十月二十日　金曜

午前九時博多駅ニ而嘉穂銀行重役会ニ列ス、午後十時本宅ニ帰ル

直方より高嶋、鯰田より岡田氏等同車ス

十月二十一日　土曜

午前綱分・赤坂両坑ニ行キ打合、吉隈ハ谷口[源吉]ト電話ニテ打合ス

伊吹訪問、労役者扶助規則、鉱山局ニ述情[ママ]書奉呈方ニツキ打合ス

午後三時四十分飯塚発ニ而出福

十月二十二日　日曜

浜の町滞在

十月二十三日　月曜

浜の町滞在

十月二十四日　火曜

午後四時八分博多駅発ニ而下ノ関ニ行キ、和田豊次[治]氏ヲ送リタリ

大吉楼ニ一泊ス

十月二十五日　水曜

午後四時門司駅発ニ而出福ス

中の君同車、一方亭ニヨリ、午後十二時過キ帰宅ス

和田氏平野丸[2]ニ見送タリ

十月二十六日　木曜

午前六時四十分博多駅発ニ而直方坑業組合事務所ニ行キ、研究所ノ件ニ付臨時惣会ニ臨ミ、無事原案決定ス

若松積入場買入ニ付代価三万円ノ申出アリ、交渉ノ上買入スルコトニ一任ノ決定アリタ

直方駅午後一時三十八分ニ而植木駅[3]より下車シ、底井野藤田〔次吉〕氏ヲ訪問ス、同家ニ一泊ス

滞在中嗣子伴次郎・別家佐七郎両人ノ身ニツキ午前一時過キ迄打合、更ニ出浮ナスコトニテ〔ママ〕セリ

十月二十七日　金曜

午前八時四十八分遠賀川駅[4]発ニ而出福ス

底井野より浅木・高江[5]等ニ訪問ス

1　研究所＝筑豊石炭鉱業組合炭鉱変災予防研究所
2　平野丸＝日本郵船客船、欧州航路
3　植木駅＝鞍手郡植木町
4　遠賀川駅＝遠賀郡島門村
5　高江＝地名、同香月村楠橋

野田卯太郎[1]君栄屋ニ訪問ス
金十円　底井野両家
同十円　浅木
同三十円　高江見舞

十月二十八日　土曜

午前堀氏訪問、若松船入場組合ニ譲渡ノ承諾アリ、弐万五千円ト二千円ノ包銭ニテ承諾アリタ
午前十二時半共進亭ニテ野田・庄野・堀・猪股[俣]・森田ノ諸氏、昼飯ヲ饗応ス
午後四時七分急行ニ而帰宅ス
篠田君ト同車ス
伊吹へ電話シ、船積入場ノ譲受成立セシニ付、堀氏訪問、手続方申付タリ

十月二十九日　日曜

午前本店出務、遠賀ノ西川及高江付近ノ坑区、及糟屋郡ノ炭田ノ件ニ付打合、御法川・山崎・麻生屋等ナリ

十月三十日　月曜

浜の町ニ滞在ス

十月三十一日　火曜

内務部長ニ電話シ、宿割ノ聞合ヲナシタリ
午後四時ノ急行ニ而東京ノ途ニツク
鑛[汽]車中高木兼寛[2]氏ニ門司迄同道ス
門司より上京見合、帰村ス、午後十時過キナリ

十一月一日　水曜

午前在宅

午前十一時過キ貝嶋〔太助〕君病気ノ急報ニ接シ、自働車ニ而同方ニ行キ、既ニ死去[3]ニ付、東京へ叔〔叙〕位ノ件ニ付電信ヲナス

内務部長ニも電話ス

午後二時過キ自働車ニ而帰宅ス

十一月二日　木曜

午前七時半伊藤傳右衛門君ト同氏ノ自働車ニ而出福ナシ、県庁ニ行キ、内務部長ニ面会、貝嶋君叔位ノ件ニ付内談ス

県庁ト東京トノ間ニ於ケル交渉ノ結果、数回直方貝嶋君ノ宅ニ電話ス

直方よりハ東京ノ模様電話アリ、県庁ニ出頭、重而東京へ発電ヲ乞、午後十二時過キ漸ク確定ノ電報来リタリ

十一月三日　金曜

立太子礼ノ奉祝ヲナス

佐竹〔義文〕内務部長・久保〔豊四郎〕理事官ヲ訪問シ、貝嶋君叔位ノ恩命ヲ拝セシニ付、挨拶ノ為メ名刺ヲ出ス

十一月四日　土曜

午前九時谷口知事訪問ス

1　野田卯太郎＝衆議院議員、のち逓信大臣、商工大臣

2　高木兼寛＝男爵、貴族院議員、元海軍軍医総監

3　貝島太助死去、七二歳

午後四時急行ニ而直方貝嶋氏宅ニ行キ、午後十一時同家ノ自働車ニ而帰宅ス
折尾より野田君ト同車ス

十一月五日　日曜

伊吹〔政次郎〕幹事来訪、貝嶋弔詞ノ件ニ付打合ス
底井野藤田次吉氏相見へ、昼飯ヲナス
野見山米吉君来訪アリ、商事上ノ打合ナス

十一月六日　月曜

午前七時十分飯塚駅発ニ而貝嶋君葬式ニ列ス
午後四時過キ自働車ニ而帰宅ス

十一月七日　火曜

午前十時森崎屋ニ行、樽屋ノ幅物ヲ一覧ヲナシ、代金弐千五百円ト申故、他ニ売却セラル、様篠ノ木〔真造〕[1]ニ申向ケタリ
午前十一時より伊藤君ノ自働車ニ而百合野貝嶋君ノ法事ニ参詣シ、又墓所ニも参詣シ、午後四時過キ帰宅ス
午後五時過キ工学士吉井君相見へ、将来ノ方針ニ付申談シタリ
午後七時十分発ニ而出福、午後十時四十分着博、直チニ浜の町ニ着ス
［欄外］鑵〔汽〕車中、津屋崎児玉〔恒次郎〕[2]君同車ス

十一月八日　水曜

野田卯太郎君相見へ、晩食ヲナス
伊吹より電話アリ、川〔舟〕入場譲受ヲナス
堀氏ト電話ス

十一月十七日　金曜

午後一時九水重役会ニ列ス、重要ノ評決ス（別紙書付アリ

一直方電灯料未納ノ整理

一電灯料引下ケノ件尚取調ノコトニナリタ

一発電所調査書調書ノコト

〆

午後七時過キ帰宅ス、吉浦直チニ福岡より飯塚ニ返ヱル

午前ハ的野半介[3]氏見へ、綱分坑区買収ノ件打合、又清国関係ノ会談ス

十一月十八日　土曜

午前六時四十分博多発ニ而門司ニ行キ、川卯ニテ待合せ、午後五時十分発ニ而中津和田〔豊治〕氏別荘ニ而泊ス

和田氏ノ誕生祝ニ列ス

十一月十九日　日曜

午前八時中津和田豊治氏別荘より停車場ニ行キ、八時四十分発ニ而大分、西大分駅ニ着、直チニ紡績[4]ニ行キ、増築ヲ検査ス

1 篠木真造＝骨董商（飯塚町西町）

2 児玉恒次郎＝津屋崎活洲株式会社取締役

3 的野半介＝衆議院議員、元九州日報社長

4 紡績＝大分紡績株式会社、一九一二年設立（大分市）、この年六月太吉取締役就任

新京楼ニ而昼飯ヲナシ、力石知事及内務部長も相見へ、和田氏ヲ停車場ニ見送アリタ
午後二時三十分発ニ而小倉ニ廻リ、同駅ニ而和田氏ヲ見送リ、八時十一分帰着ス

十一月二十日　月曜

午前本店出務、三井物産鎖〔錆カ〕[1]切ノ件ニ付取調
午後嘉穂銀行重役会ニ列ス
九水ト九鉄合併ノ関係ニ而、地下線問題等協議ノ条項、松永〔安左衛門〕・田中〔徳次郎〕ノ両氏進行不致ニ付出福ノ筈ナリシモ、自働車ノ為メ欠席ス

十一月二十一日　火曜

午前本店出務
三井関係調査ス
午後二時半自働車ニ而出福、浜町ニ着ス
午後六時一方亭ニテ、松永・田中・中の・梅谷ト立会、付帯条項・進行上ニ付打合ノ結果、合併好時機ナリトテ、直ニ合併ニ着手スルコトニ申向ケタリ、其旨東京本店ニ通知スルコトニテ約ス
午後十一時過キ帰宅ス

十一月二十二日　水曜

午前在浜
瓜生ヲ呼ヒ、赤松坑区[2]買入ノ件ニ付的野氏ニ遣ス、六千円位迄ハ買収ノコトヲ申向ケタリ
二十五日再会スルコトニセリ　五〇〇
日田四時亭主人来ル

十一月二十三日　木曜
午前梅谷氏相見へ、合併問題ニ付、和田相談役ニハ、合併付帯約定履行ニ付成行ハ調印ノ時ト最後一方亭ニテ廿一日懇談セシコトヲ報告セラル、様打合ヲナス
野田卯太郎氏相見へ、金五百円鉄坑区ノ金員渡シタリ
午後四時博多発ニ而帰リタリ
鎎[汽]車中真野[文二][3]大学長ト折尾迄同車ス
十一月二十四日　金曜
午前本店出務
午前十時より孫等相連レ浦山[ママ]ニ猟ニ行キタリ

十一月二十五日　土曜
午前在宿
午後本店出務、久原平嶋[仲次郎]来リ、坑業上ニ付打合ヲナシ、午後三時五十分飯塚発ニ而折尾駅ニ而黒田長礼[4]氏ヲ見送リ、直チニ引返シ、七時十分ニ飯塚駅ニ着ス
鎎[汽]車中直方より外国人ニ同車ス

1　錆切＝劣等炭の一種
2　赤松坑区＝赤松炭坑（嘉穂郡庄内村）
3　真野文二＝九州帝国大学総長
4　黒田長礼＝貴族院副議長黒田長成の子、動物学者、のち日本鳥学会会頭

十二月十一日　月曜

午前本店ニ出務ス
午後嘉穂銀行及博済会社ノ重役会ニ列ス
綿且〔勝〕ニ立寄晩食ス、午後七時四十分帰宅ス

十二月十二日　火曜

午前在宿
午後一時自働車ニ而木村順太郎君同車、出福ス、木村氏ハ午後七時自働車ニ而帰宅セラル
美和親子・天野相見ヘタリ
日向銅山所有主、周施〔旋〕人ト同供相見ヘタリ

十二月十三日　水曜

午前粕屋坑区主八木君訪問アリ、買収ノ件懇談シ、午後返事ス可キトテ散会ス
九水重役会ニ列シ、電力其他協義ス
伊丹〔弥太郎〕九鉄社長相見ヘタリ、合併問題会談セシモ、東京ニ而松永ノ咄之通ニ付、非公式ノ咄ヲ打切、公式ニ交渉セラル、様申向ケタリ
八木君天野〔寸〕[1]同供相見へ、七千五百円ニ而買入事ヲ約シ、本店山崎へ電話ス
石田〔虎雄〕弁護士相見へ、福沢ノ事ニツキ注意アリタ
中野君相見へ、明日九水重役会開設ノ事ヲ懇談ス
〔欄外〕野見山よりブ〔フ〕[2]ールノ件ニ付電話アリ、九時ニ而出発ノ返事ス
木喜干□ノ観音買入ナス、代五百円ナリ、黒瀬払

十二月十四日　木曜

午前九時博多発ニ而門司ニ行ク

梅谷氏ニ電話シ、又中野君ニも安川氏ノ件及九水ノコトヲ電話ス

鏉[汽]車中松永・森田両氏同車ス

ブール石炭標準下ケニツキ同意、販売高ヲ弐十四万屯余ニ減ス

明年よりブール解除ノ内談セシモ、小林君[正直]ノ懇談アリ、一時取消シ、他日解除ヲナスコトニ、門司午後五時四十五分発ニ而帰宅ス

小竹ニ而鏉車空車ト衝突ス

十二月十五日　金曜

午前在宿

午前十二時飯塚駅発ニ而門司ニ行キ、長尾[半平]・大道[良太][3]旧新局長送迎会ヲ門司倶楽部ニ而催シ、主人トシテ別記ノ挨拶ヲナス

川卯[4]ニテ野見山・太郎、ブ[プ]ールノ直[値]段変更セシニツキ、全部先キノ量数ヲ承諾ス

別府より藤沢[良吉]外一人廻遊鉄道ノ件ニツキ内談アリタ

1　天野寸＝坑区斡旋業
2　プール＝三井物産が一九一一年組織した販売制度、当初三井鉱山・貝島鉱業・麻生商店が加入
3　大道良太＝鉄道院九州鉄道管理局長
4　川卯＝旅館、川卯支店（門司市）

午後九時下ノ関春帆楼[1]ニ行キ、三井物産ト坑主ノ会ニ列ス、十円女中ニ遣ス
大吉楼ニ泊ス、二十円女中ニ遣ス

十二月十六日　土曜

午前七時門司発ニ而博多ニ行キ、自働車ニ而浜の町ニ着ス
天野〔寸〕相見へ、大西坑区ノ買収ノ咄ヲナス
午後五時一方亭ニ行キ、工科大学先生ト忘年会ニ列ス、別記ノ挨拶ヲナス
午後十一時過キ帰ル、失敗ス
上田〔穏徹〕ニ電話シ、別府廻遊鉄道ノ件ニ付出別ノ事ヲ申談ス

十二月十七日　日曜

佐竹〔義文〕内部〔務〕部長訪問ス
美和・天野相見へ、鈴木坑区弐万円ニ而買収ノ内談アリタ
石崎敏行[2]相見へ、築港地所ノ件内談アリタ
安川氏ヲ訪問シ、ブールノ件内談ス
松本氏ト若松積入場ノ件協義ス
中野氏訪問ス、九水・九鉄合併問題打合

十二月十八日　月曜

午前七時自働車ニ而帰宅ス
本店出務
吉隈ニ出坑、御法川同供、坑口場ノ内談計画ス

吉隈実地ニ臨ミ、全体ヲ視察ス

十二月十九日　火曜

午前本店出務

十一時過キ自働車ニ而野見山ト福岡ニ行キ、知事・内務部長ノ一行ヲ招待ス

三十五円、一方亭ニ取替へ

十二月二十日　水曜

浜の町ニ而鈴木坑区買収打合ヲナス

午前九時半より自働車ニ而太郎一同帰ル

金弐百六十円ノ黒瀬ノ買物目六、百六十円ハ現払シ、百円ハ吉浦へ送金ヲ申付ル

此ノ目六ハ吉浦へ預ケ置キタリ

金五百円、吉浦より受取

午後三時飯塚発ニ而上京ノ途ニツク

十二月三十日　土曜

午前九時下ノ関着、川卯ニ而堀氏へ、西臼井坑区[3]ノ件中村氏[4]ニ相談ノ件会談ス

1　春帆楼＝料亭（下関市阿弥陀寺町）
2　石崎敏行＝福岡県会議員
3　西臼井坑区＝平山炭鉱（嘉穂郡碓井村・桂川村）、この年堀鉱業株式会社より株式会社中村組に譲渡
4　中村＝株式会社中村組社長中村精七郎か弟の釧勝興業株式会社社長中村定三郎

堀氏ト折尾迄同車、午後二時飯塚ニ着ス
年始之書類相片付ル、午後八時過キ迄ニ相済タリ

十二月三十一日　日曜

午前本店出務、坑務之件ニ付打合ヲナシタリ
嘉穂銀行ニ行キ、決算上ニ付打合ヲナス
酒屋及瓜生ニ面会、栄座之件ニ付、惣而従来之始末ヲ片付、将来方針ヲ改メ、継続可然ト異見ヲ述シ置キタリ

補遺

久大線未開通ナル日田・野屋〔矢〕[1]間軌道敷設費概予〔録〕

日田・平川間	拾四哩	（壱哩四万円）	五十六万円
平川・中村間	八哩	（壱哩三万円）	弐十四万円
中村・幸野間	十三哩	（壱哩六万円）	七十八万円
幸野・野屋〔矢〕間	八哩	（壱哩三万円）	弐十四万円
	四十三哩		合計百八十二万円

大湯鉄道[2]
延長十三哩
資本金四十万円

○小倉より大分迄八十二哩
小倉より久留米六十四哩

払込弐十一万三千四百六十円　〆百四十六哩
仕払未済弐十四万五千円　内
〆　八十二哩　大分より久留米ニ通ス、則久大線ナリ
指引六十四哩

九軌　九水
資本金六百三十万円　時価
十二万六千株　四十五円　五朱五厘四歩　日歩一銭五厘一毛
内　九鉄
三百七十八万円
七万五千六百株、五十円払込　八十五円　七朱　壱銭九厘
六十三万円　九軌
五万四百株、十二円五十銭払込　九十八円　六朱一厘　壱銭六厘七毛

九軌壱割弐歩トスルトキハ六十円トナリ、弐十五円ノ九水ノ株ニ引直ストキハ弐株四分トナリ、仮ニ四十四円トスルトキハ百五円六十銭トナル

1　野矢＝野矢駅（大分県玖珠郡野上村）
2　大湯鉄道＝私鉄、一九一五年大分～小野屋（大分郡東庄内村）間開通、一九二三年国有化、久大線の一部

又九十八円ノ時価ヲ弐株四分ニ割レハ、壱株ハ四十円八十銭余トナル、九水四十四円ノ時価ヨリ三円弐十銭ノ安直〔値〕トナル

此ノ算率ニ依ル買収ノ件、上野山〔重太夫〕取締役ニ、和田〔豊治〕相談役ニ内談ヲ述置キタリ

九鉄

元資本金六百弐十五万円　　五十円払込

　此株十二万五千株　　八十六円時価

　　五十円払込　　六分九厘七

合併ニツキ増資本金弐百六十三万六千円　　拾弐円五十銭払込

　此株五万弐千七百弐十株　　三十三円

　　五十円払込　　四歩八厘四毛

合八百八十八万六千円

　大正五年五月末日払込額

新株資本金九百拾壱万四千円

　此株拾八万弐千弐百八十株

合計資本金千八百万円

　三十六万株

九水

三十四万五千株　　四十三円
払込八百六十二万五千円　　五歩八厘一毛四

金銭出納録

七月十五日
金五百円受取　　大正五年一月より六月迄嘉穂銀行賞与金受取
六百十八円七十五銭
〆千百十八円七十五銭
内
金弐百三十円　　別府滞在中取替
同三百円　　八月九日封アリ
同百五十五円　　懐中
同壱百円　　港〔湊〕戸町送リ
同弐百円　　おゑん送リ
〆九百八十五円
差引金百三十三円八〔ママ〕十五銭　費消金

金百円　　大正五年一月より六月迄報洲〔酬〕

同四十四円七十銭　　同期賞与金
〆百四十四円七十銭　　大正五年八月十日受取
〆五百九十四円七十銭　　五十円太郎渡
残而四百四十四円七十銭

八月十九日調査
　五百円　　預ケ金受取
百九十五円　　十九日朝、黒瀬《〔元吉〕》払分受取
百五十円　　三百円ト田山《〔クマ〕》渡壱百円ノ残リ受取
百六十五円　　懐中
〆千十円
残而三十四円七十銭　　費消金

九月二日
　金四百五十円　　封アリ
同百九十円　　同
同百四十円　　懐中
同百六十円　　買入代

〆九百四十円
残而金七十円　　不足
内
五十五円　　津屋崎猟師払
二十円　　別府滞在中諸費
十円　　出発ノトキ別府松丸〔勝太郎〕渡
外ニ
金五十円　　一方亭家内ニ遣ス
同三十円　　おあい渡シ
同弐十五円　　おきよ渡シ
同十円　　中山茶代
〆百十五円
内三十円　　堀氏貸金取ル
残而八十五円　　別段収入アリ

マ〔マケ〕　九百四十五
カ〔カチ〕　九千〔ママ〕七十三
マ　八百六十
カ　四十

差引三百九十六円　為替ニ中野送り

九月九日調査

金四百五十円　前項ノ封ノ分

同百九十円　同

同百六十円　黒瀬買物代受取分

〆金八百円

外ニ五十五円　津屋崎猟師渡ノ分、九月九日吉浦より受取

百円　築港会社ノ手当金受取（大正五年九月迄ノ分）

壱千円　家費より上京費

〆千九百五拾五円

外ニ百四十円　懐中ノ分

〆弐千九十五円

内

壱千円　壱ツ

五百円　弐ツ

九十五円　懐中ス

十月十一日夕調査

金七百円　上京日誌ニアル、嶋屋[1]預ケ壱千円ノ残リ
同三百円　封金
同百十円　懐中
同百二十二円五十銭　封金
〆千二百三十二円五十銭
内
百廿八円　黒瀬払、目六アリ
残而金千百〇四円五十銭
内
二百九十円　封金
七百円　同
百十円　懐中
四円五十銭　銀貨

1　島屋＝旅館、平野兼（東京市日本橋区数寄屋町）、太吉定宿

十月十八日調査

千二百三十二円五十銭　十一日夕調査有金

内

金三百十円　封金

同五十円　家内渡（浜の町

同七百円　封金

同五十円　中野殿かし

両度ニ受取

同六十円　懐中

〆千百七十円

残而六十二円五十銭　不足

十一月廿日夕調査

七百五十四円三十銭、吉浦より受取タル分ノ残金約ナリ

金四百三十円　封金

同百七十円　懐中

同五十円　中野徳次郎かし

大分新京楼ニ而十九日ニ取かヘル

同七十二円　掛物代取かヘル

〆七百弐十二円
外ニ金五十円　操
　同三十円　米
　同三十円　ふよ
　同三十円　家内
〆百四十円　浜の町ニテ渡ス

十二月十二日昼調
　金弐百四十円　封金
同百四十五円　懐中
同三百九十五円　掛物買入代金、十二月十二日帳記
同弐百六十七円十銭　東京中買物代、同
〆金壱千四十七円十銭　現在ス
　此外二百円、伊藤君取かへ

十二月三十一日調査
　金弐千円　封金
同弐百弐十五円　懐中
〆弐千弐百弐十五円

此訳

金壱千三百八十三円二十銭ハ　三井壱万円口ノ残余

同六百九十六円四十八銭　大正五年上期九水賞与金受取

備考

八千六十一円八十銭　下條氏入札買入

三百九十五円　黒瀬目六　五口

百六十円　黒瀬目六　二百六十円口

〆八千六百十六円八十銭

内

金壱万円　三井物産より受取分

残而金壱千三百八十三円二十銭、残余アル

解説

一　麻生太吉日記について

記録期間と情報量

麻生太吉日記は一九〇六年（明治三十九）一月一日から一九三三年（昭和八）十一月三日まで記された日記である。太吉の略歴は解説を参照されたいが、太吉は一八五七年（安政四）七月七日に生まれ、一九三三年十二月八日に逝去したので、日記は数えの五十歳に書き始められ、七十七歳で亡くなる一カ月前までの記録である。一九〇八年（明治四十一）の日記は残されていない。これは残っていないのではなく、書かれなかったようである。日記には、太吉逝去後に『麻生太吉翁伝』（一九三五年刊）編集のために整理されたと考えられる通し番号があるが、一九〇七年から一九〇九年に続いていて一九〇八年はない。

麻生太吉はなぜ日記を書き始めたのであろうか。

麻生家は福岡県嘉穂郡飯塚町栢森《かやのもり》（元嘉麻郡立岩村、のち笠松村、一九〇九年に飯塚町と合併、現飯塚市）に居住し、近代に入り周辺の町村で複数の炭鉱を経営していた。のちに麻生太吉は経営を拡大し、一八九七年（明治三十）七月には麻生商店を設立した。九九年鞍手郡下境村の藤棚炭坑を単独経営とし、一九〇二年（明治三十五）同村と福地村にまたがる隣接坑区の本洞炭坑を引受けて藤棚第二坑とした。しかし両坑とも引受け直後に坑内火災を起こし、太吉は悪戦苦闘眠れない日々を過ごした。このため栢森の麻生家内にあった麻生商店の本店を藤棚炭坑へ移し、太吉も藤棚炭坑内に居を構えて陣頭指揮を執った。こうした体制は一九〇七年（明治四十）に両坑を三井鉱山に譲渡するまで続いた。

麻生商店が本店を鞍手郡下境村の藤棚炭坑に移し、店主であり戸主である太吉は飯塚町を離れることが多くなるに従い、経営・生活両面で二元的体制をとらざるを得なくなった。それまでの家の日誌だけでは対応が困難になり、新たに個人日記という記録の必要性が生まれたのではなかろうか。一九〇六年の日記は、藤棚坑と本邸（嘉穂郡笠松村）と二冊に別記されている。

麻生家は一八九四年（明治二十七）から家記録である「日誌」を記録しており、現在、一九三三年（昭和八）までのものを見ることができる。「日誌」は罫の和紙を綴じた冊子に多くは墨で書かれている。多年にわたる記録であることもあり、記録主を特定することは困難であるが、おそらく執事や家人によるものであろう。

太吉の一九〇六年当時の状況を見るとき、炭鉱経営者として時間的経済的に余裕ができたから記録され始めたものとは考えられない。もっとも五十歳を契機に、思うところあって個人日記を書き始めたということはあったかもしれない。

一九〇七年以降一九一三年（大正二）までの記述は極めて少ない。綱分、久原、吉隈、赤坂といった新規炭鉱の開発あるいは引き受けのため、炭鉱経営が十分安定せず、太吉も東奔西走していて、日記帳の前に座る余裕が少なかったのかもしれない。それを補うものとして、「肝要記憶廉附」、「肝要廉附」、「備忘録」といった廉附帳、手帳類が残っている。しかしこの解読は進んでいない。

日記は時間とともにかなり変化する。日記の記述日数と内容量が増加するのは、一九一四年（大正三）五十八歳以降で、さらに充実するのは一九二五年（大正十四）六十九歳以降である。『麻生太吉翁伝』に記されているように、「翁の関係した事業で…この日誌が裁判所に持出され、これが唯一の証拠となって、今迄負け色であった翁関係会社の方が完全に勝った例がある」というような経験が、その後の日記の充実に関係したかもしれない。

このほか、太吉を含めて家族の生活基盤の一つであった別邸（福岡市浜の町）での「浜の町日誌」がある。現在のところ次の一〇冊が確認されている。一九一〇年（明治四十三年）、一九一一年、一九一二年、一九一三年（大正二）、一九一六年、一九一七年、一九一九年、一九二〇年、一九二一年、一九二二年。

日記の形態

日記はすべて市販の洋式当用日記に毛筆で書かれている。具体的には次の日記帳が使用されている。もっとも長い年月のなかで数日のみペン書きがある。

一九〇六、一九〇七、一九〇九、一九一〇、一九一一、一九一二年　博文館日記　一九一三年　三越日記　一九一四、一九一五、一九一六年　博文館日記　一九一七年　積善館日記　一九一八年　博文館日記　一九一九、一九二〇、一九二一、一九二二、一九二三、一九二四、一九二五、一九二六、一九二七、一九二八年　積善館日記　一九二九、一九三〇、一九三一、一九三二、一九三三年　博文館日記

博文館が日記を発売するのは、よく知られているように、一八九五年の懐中日記からであり、数年のちに当用日記を出して非常に好評を博したという。わが国における日記販売の最初とされる。大阪の積善館はこの好評を知り、博文館の日記に似た当用日記を発売したようである。

麻生太吉が博文館の日記を知ったのは、乱暴な推測であるが、衆議院議員に当選し上京の機会が増大した一八九七、八年頃ではなかろうか。ちょうど博文館の当用日記が「ブーム」を起こした時期でもある。彼がのちに積善館の日記を使用するのは、地方ではまだ当用日記を手に入れるのが必ずしも容易でなかったのか、麻生商店の大阪出張所を通じて入手したからであったようである。

日記の特色

日記はその日その日にすべてが記録されたわけではない。たとえば上京の際には、『麻生太吉翁伝』に記載されているように上京日誌を認めている。またメモや記憶を基にして後日まとめて記帳される場合もあった。そのため記憶違いや写し間違いを訂正している場合もある。

日記には日数は多くはないが代筆がある。代筆とは太吉のメモ等を後日太吉以外の人が転写したという意味である。代筆者のひとりは増野奭《せき》熊である。増野は麻生家の執事を長く務めたのち一九一三年（大正二）に退職した。前歴は明らかでない。退職後の一九一三年八月から藤田組小坂鉱山に勤務した。

もう一人は吉浦勝熊である。吉浦は一八九八年（明治三十一）一月麻生商店に入店し、翌年に主計貸付掛長となり、一九〇四年には主計出納となっている。吉浦に対する太吉の信頼は厚く、麻生商店が一九一八年（大正七）に株式会社化される

と、数少ない親族以外の株主となった。一九二二年には初めて制定された職員勤続二十年表彰を受けている。表彰された時の所属は本家となっていて、麻生本家の責任者（執事）を長く務めた。前歴は明らかでない。

初期の日記に代筆者があったことに見られるように、麻生太吉の日記は事務日誌的な性格が強い。しかし単なる事務日誌ではない。

麻生太吉が経営した炭鉱は日本の石炭鉱業の中ではようやく十指に入るくらいのシェアにすぎなかったが、彼は筑豊石炭鉱業組合の総長職並びに石炭鉱業聯合会の会長職を長く務めた。九州水力電気（九水）の社長に就任すると、九州電灯鉄道（のち東邦電力）との合併に腐心する。この合併は実現しなかったが、彼は九州電気軌道を九水の支配下におき福岡県・大分県・宮崎県の電灯電力会社を傘下に収め、九水を九州東部三県にまたがる大電力会社とした。こうした活動は太吉の経営理念や思想が多くの共感を得た結果と思われるが、その経営理念や思想は日記の中によく示されている。

太吉が衆議院議員に在職したのは日記記述前であった。しかし日記記録期間中、長く貴族院議員として活躍している。政治家としての活動状況、とりわけ中央と地方政治の結節に果たした役割と政治家の在り方や出処進退に関する太吉の政治思想も、彼の交友関係とともに具体的に日記によく読みとることが出来る。

地域社会や家に関する記述も豊富である。地区（大字）から町、郡、筑豊、福岡県や別邸（福岡市）、別荘（宗像郡津屋崎町、大分県別府町）所在地に関しては、経済・政治を中心としながら教育、文化、宗教等に関する記述を含め、彼の地域社会への貢献と当時の社会や世相を知る優れた記録である。まさに「名望家」としての面目がよく窺われる。家と親族についての記述は、当然のことながら太吉の人間性と旧民法下の強い戸主について具体的に知ることができる優れた記録である。

麻生太吉日記は、現在北九州市立自然史・歴史博物館から刊行中の安川敬一郎日記、福岡県史編纂過程で公開された永江純一日記、野田卯太郎日記とは政治的経済的社会的に深い関連性をもち、福岡県を中心とする北部九州の地域史研究に不可欠の記録史料である。言うまでもなく、北部九州は石炭と鉄で近代日本発展の基礎を築いた地域であっただけに、麻生太吉日記の刊行公開は日本の近代史にとっても大きな寄与をすることを疑わない。

（東定宣昌・田中直樹・吉木智栄）

二　麻生太吉関係人物紹介

麻生太吉（一八五七年七月七日～一九三三年十二月八日）

一八五七年（安政四）旧暦七月七日、筑前国福岡藩領嘉麻郡立岩村栢森（現飯塚市）において父賀郎、母マツの間に生まれる。幼名鶴次郎。賀郎は農業を家業としながら庄屋を勤める家柄であった。賀郎は明治初期には、嘉麻郡二一ヵ村、穂波郡一一ヵ村の大庄屋にもなっている。賀郎は幕末・明治初期、福岡藩で石炭専売制度が実施されていたことにより、石炭業に関係した。また賀郎は、居住村および近隣村民への貸付金を免除した功労で藩から苗字を名乗ることを許されるなど、居住地域において名望家の基盤も有していた。太吉は満一四歳の年すなわち一八七一年（明治四）に穂波郡目尾村で石炭採掘事業に初めて関与した。七二年に父隠居を受けて家督を相続、太吉と改名。同年には立岩村副戸長に就任している。七三年には鞍手郡頓野村の大庄屋吉川半次郎の六女ヤスと結婚。その後太吉は七八年以降、立岩村および近隣村の川島、上三緒、下三緒の戸長職、あるいは穂波郡内の戸長職に就任している。また嘉麻・穂波両郡に関係する学務委員、教育会員、衛生会員なども歴任。さらに松方デフレ期には土地の集積を進めている。しかし八六年三月には戸長職を辞し、炭鉱経営に専従した。それ以後の公職としては立岩村他四ヶ村村会議員（一八八七年）、衆議院議員（一八九九～一九〇二年）、貴族院議員（一九一一～一九二五年〔大正十四〕、多額納税者互選による）などを歴任。所属政党は立憲政友会であり、貴族院では研究会に所属した。一九三三年（昭和八）十二月八日、満七十六歳で死去。戒名巍徳院釈幸覚忠信太山居士。従五位。

太吉の石炭鉱業への関与については前述の一八七一年が最初で、その後七三年の忠隈山王谷、有井山両坑をはじめとして、共同出資・共同経営の形で石炭・煽石の採掘を行った。ただしいずれの炭鉱も生産体勢は季節採炭であったと推察され、江戸時代末期の筑豊地方各炭鉱の経営規模から逸脱するものではなかった。しかし筑豊石炭鉱業が発展を開始した明治十年代後半以降は、後に選定鉱区となる鯰田（嘉麻郡）や忠隈（穂波郡）、綱分（嘉麻郡）付近において、共同出資・共同経営の形態で、規模を大きくしながら炭鉱事業を展開した。鯰田、忠隈では機械も導入し、本格的に年間を通じた採炭の見込める生産体勢の構築を図った。この両炭鉱は優良鉱区であったが、前者は三菱（一八八九年）に、後者は住友（一八九四年）にそれぞれ譲渡している。譲渡後は、一八九一年の水害により経営を放棄した旧笠松炭鉱（嘉麻郡）の周辺鉱区と、綱分鉱区の共同出資分の買収により、炭鉱経営の再拡大を企図した。日清戦争期には芳雄炭鉱上三緒《かみみお》坑（嘉麻郡）を起業し、また旧笠松炭鉱部分を山内《さんない》坑として開発した。一八九七年には個人経営組織である麻生商店を設立。一八九七年頃には家法・家諚を、一八九九年にはそれらを廃し麻生商店店則を制定するなど、経営組織の整備も図っている。一八九九年には三井物産と石炭の一手販売契約を結び、販路の拡張をもくろんだ（三井物産との委託販売関係は一九一七年〔大正六〕まで継続）。一九〇二年までには、鯰田炭鉱売却金を元に権利を取得していた豆田鉱区を開発し、経営規模の拡張に努めた。また太吉は、親戚から譲り受けるなどして本洞・藤棚炭鉱の経営に着手した。さらに太吉は、地元嘉穂郡の有力者と共同で笹原《ささばる》炭鉱の経営にも関与するようになる。しかし、鞍手郡内本洞・藤棚両鉱において火災が発生したことにより借入金が増大して経営状態は悪化、太吉の炭鉱主稼業において明治二十年代初頭に続く最も困難な時期を迎える。

本洞・藤棚炭鉱は一九〇七年（明治四十）七月に三井鉱山が一二五万円で買収し、麻生はそこで得た資金で借入金を返済、なお有り余る資金の一部を綱分、下臼井（のち吉隈）、赤坂、牛隈といった地元嘉穂郡所在の鉱区、および佐賀県にあった久原炭鉱の開発に傾注した。赤坂、吉隈炭鉱は第一次世界大戦の前後に積極的に起業された。一九一八年（大正七）六月には麻生商店を個人経営から株式会社に移行（資本金五〇〇万円、全額払込）。翌一九年には太吉の後継者と目されていた三男太郎（一八八七年生）が死去するが、新たに親戚筋の野田勢次郎を迎え入れることにより、麻生家を軸とする炭鉱経営に揺るぎのないことを示した。会社規模は一九二〇年に資本金を一千万円（全額払込）に、二三年には一五〇〇万円（一一七〇万円払込）と拡大した。一九二八年（昭和三）には家訓として「油断大敵、程度大切」を制定。二九年には筑豊の鉱業主だった堀三太郎らと九州鉱業株式会社（公称資本金一五〇万円、三七万五千円払込、鞍手郡の木屋瀬炭鉱および田川郡の起行小松炭鉱を経営）を、三三年には芳雄炭鉱山内坑近くの愛宕鉱区を開発して嘉麻興業株式会社（公称資本金一〇〇万円、払込資本金二五万円、愛宕炭鉱を経営）を、それぞれ設立した。太吉の後継者は太郎の長男太賀吉であった（のち麻生セメント社長、自由党所属の衆議院議員など歴任)。

石炭鉱業の同業組合に関しては、筑豊地方の同業者組織である筑豊石炭鉱業組合において一八九三年(明治二十六)から一九二九年(昭和四)に至るまで、常議員として長年活動した。また一九一一年から一九一九年(大正八)には同組合総長を務めた。在任中には第一次世界大戦の勃発に伴う炭況不振への対応として、筑豊石炭鉱業組合において送炭制限(生産カルテル)の実施に取り組み、実現させている。一九二一年には反動恐慌後の不況対策として全国レベルでの送炭制限を実現させるため、同じ筑豊の鉱業主である松本健次郎、佐藤慶太郎とともに取り組んだ。その結果、三井、三菱をはじめとする全国の同業者の合意を取り付け、同年五月には送炭制限が実施された。同年十月には全国レベルでの同業組織であり、かつ送炭制限の実施機関として石炭鉱業聯合会が設立されたが、太吉はその初代会長に推され就任した。一九三二年に筑豊中小炭鉱業主により引き起こされた撫順炭輸入阻止運動では、聯合会会長および筑豊石炭鉱業界の重鎮として、当該問題の調停に当たった。同年に販売シンジケートである昭和石炭株式会社が設立され、販売統制のめどが立ったことを承け、太吉は三三年三月に聯合会会長を辞任した(同会顧問に就任)。

石炭業以外の企業者活動としては、明治二十年代から三十年代前半にかけて筑豊興業鉄道の株主および役員として同社経営に関与した(一八九一年取締役、九七年九州鉄道と合併後に後継会社九州鉄道取締役、一九〇〇年辞任)。一八九六年には地元嘉穂郡で有力者らとともに嘉穂銀行(初代頭取就任、死去まで在任)を設立した。またこの時期は、嘉穂郡や筑豊地方でのいくつかの企業設立にも関わった。その後、鉄道国有化(一九〇六年)および三井財閥からの借入金返済後の頃から太吉は、電力業界にも関心を抱き始め、一九〇八年(明治四十一)には麻生家関連事業として嘉穂電灯(資本金一〇万円)を設立している。大正に入る前後に北部九州電力業界での企業者活動を活発化させ、一九一三年(大正二)には九州水力電気(九水)取締役に、二四年には同社の関係会社杖立川水力電気株式会社社長に、一九二八年(昭和三)には九水社長に、それぞれ就任している。九水取締役時代は大分県内の水利権をめぐる地元との交渉、九州電灯鉄道(のち東邦電力)との合併交渉などで活躍した。もっともこの合併は実を結ばなかった。一九三〇年に九水は、同じく北部九州地方を地盤としていた九州電気軌道(九軌)を支配下におくが、直後に九軌前専務による不正手形問題が発覚、太吉は井上準之助らと折衝し危機を乗り切った。その他役員としては若松築港（一八九六年監査役、一九〇〇年から死去まで取締役）、東洋製鉄（一九一八年から死去まで取締役）など歴任。また大正中期には、福岡県田川郡での石灰石採取・運搬を事業目的とする九州産業鉄道に対し筑豊地場の鉱業主や九州電灯鉄道関係者と協調して出資を行い、一九二二年には経営の立て直しのため同社社長に就任。その後同社は事業を拡大し、一九三三年、太吉の死去直前には産業セメント鉄道と改称した（太吉は初代取締役社長）。産業セメント鉄道はその後麻生家事業としての性格を強め、太平洋戦争期の国有化を経て麻生産業、麻生セメントに至っている。その他飯塚病院、山内農場経営も太吉の時代に始められた。

安川敬一郎（一八四九年四月十七日～一九三四年十一月三十日）

安川・松本家は、福岡藩士であった徳永貞七家から松本家および安川家に養子縁組した松本潜《ひそむ》（貞七次男）と安川敬一郎（貞七四男）を事業上の始祖としている。安川・松本兄弟は、兄幾島徳《めぐむ》が一八七四年（明治七）の佐賀の乱で戦死したことを承け、家計を維持するため炭鉱業に従事した。松本潜は嘉麻・穂波両郡の大区長を勤めながら相田炭鉱（穂波郡）を、安川敬一郎は鞍手郡の東谷《とうたに》炭鉱をそれぞれ経営した。その後、安川・松本兄弟は、一八八〇年（明治十三）、高雄・伊岐須《いぎす》（嘉麻郡）の両炭鉱を起業した。さらに、敬一郎は親友の平岡浩太郎と共同で赤池鉱区（田川郡）を一八八八、八九年の選定鉱区制定に際し獲得し開鑿に着手する。敬一郎はまた、大阪の資産家と一八九六年（明治二十九）に明治炭坑株式会社を共同で出資・経営している。明治三十年代には赤池および明治炭鉱の共同出資分を買収し、さらに一九〇七年には平岡が経営していた豊国炭鉱（田川郡）を、平岡の死および同鉱の罹災を契機として引き継ぎ、〇八年には佐賀県小城郡の多久炭鉱を買収した。同年には明治鉱業株式合資会社（資本金五〇〇万円）を設立。会社組織以前の安川・松本家は三菱財閥その他から多額の借入金をするなど、炭鉱経営に窮することも多かったが、貝島や平岡、麻生といった他の地場有力炭鉱業主と異なり販売の自主権を死守している。また、安川は積極的に学卒者を採用し先進技術を導入するとともに、筑豊地方では最も早く一八九九年には納屋制度廃止に着手し、さらには労使協調機関である信和会を設立（一九一九年（大正八））して労使協調に努めるなど、開明的な炭鉱経営を行った。また敬一郎は対中国進出にも積極的であり、炭鉱借款や炭田開発、銑鉄調達契約などを結んでいる。

敬一郎は一九一八年には古希を迎え事業活動から引退。後継は次男の松本健次郎（一八七〇年生、松本家養子となり改姓）と三男の安川清三郎（一八七七年生）兄弟を中心に経営が展開された。

同業組合関係では敬一郎は筑豊石炭鉱業組合常議員・総長となり、明治末期には麻生太吉、貝島太助らとともに鉄道運賃引き下げ運動に取り組んでいる。

炭鉱経営以外では明治紡績（一九〇八年）、安川電機（一九一五年）、九州製鋼（一九一七年）、黒崎窯業（一九一八年）などを設立した。このうち九州製鋼は前述の対中国進出との関連で設立されたものである。政治活動では衆議院議員（一九一四年、福岡市選出、一期）、貴族院議員（一九二四年、男爵議員補欠選挙当選、一期）に選出されている。それ以外では教育関連での寄付行為が知られている。一九〇二年（明治三十五）、中堅技術者養成の目的で私立赤池鉱山学校を設立。次いで一九〇九年（明治四十二）には、私立明治専門学校（遠賀郡戸畑町、現九州工業大学）を設立・開校した。

麻生太吉と安川敬一郎・松本潜は明治十年代には早くも麻生系石炭の販売で、二十年代以降においてもそれぞれが筑豊興業鉄道、若松築港両社の役員、および筑豊石炭鉱業組合常議員として就任していて、密接に連絡を取り合うなど関係が深かった。また明治末年から大正初期にかけては、福岡市内における電気軌道会社合併問題（一九一二年）、同市市長候補選定問題（一九一四年）、同市内選挙区での衆議院議員候補者選定問題、企業の株式所有などにおいて両者は連係を図るなど、石炭鉱業界以外での活動においても緊密な関係を有していた。ただし政治的関係では、麻生は立憲政友会員であったが安川は政党に所属しておらず、政治的関係は後述する麻生と貝島とのそれよりは目立ったものではなかった。

貝島太助（一八四四年一月十一日〜一九一六年十一月一日）

貝島太助はもと貧しい坑夫から大炭鉱業主に成り上がった立志伝中の人物であり「炭礦王」とも称された。鞍手郡直方町出身。七歳の時より父に従い坑夫稼業に入り、また蔬菜売りや綿打ち職などにも従事した。一八六七年（慶応三）、独立して山部炭鉱（鞍手郡）を開鑿するも失敗、その後炭鉱頭領や請負掘を経て一八八四年（明治十七）、後に貝島系主力炭鉱でありかつ筑豊地方で最大級の炭鉱となる大之浦鉱区（鞍手郡）を取得した。一八八六年には大之浦炭鉱の採掘を開始し、また菅牟田炭鉱の経営にも乗り出した。大之浦・菅牟田両炭鉱経営のため太助は多額の借り入れをなし、その返済に苦しむも、一八九一年に井上馨の知遇を得、それが縁となって毛利家および三井財閥からの資金借り入れと、三井物産を通じた石炭販売の途が開けた。日清、日露両戦争後の炭況昂進を通じて得た利益により、一九〇六年までには負債を完済した。貝島は事業としては石炭業が唯一であり、大之浦炭鉱の周辺鉱区を買収して大規模化に努めた。また、一八九七年には遠賀郡の大辻炭鉱を買収し、一九〇八年には佐賀県東松浦郡厳木村で岩屋炭鉱を開発している。一八九八年には貝島鉱業合名会社を設立。一九〇九年には井上の指導のもとに家憲を制定し、同時に貝島鉱業を株式会社化するなど経営組織の整備と家業の永続を図った。同業組合関係では筑豊石炭鉱業組合常議員を務めた。

麻生と貝島との関係は、麻生が三井物産に対し石炭を委託販売した頃から、共に三井財閥に対し同じ立場ということもあって密接となった。麻生が本洞炭鉱を引き受ける際には、貝島の強い勧奨があった。また麻生が本洞・藤棚炭鉱を売却する際にも貝島の支援があったとされている。麻生と貝島、それに安川は明治三十年代における石炭カルテル問題、および明治末期における石炭貨車運賃引き下げ問題に関し、中央政財界の大物を巻き込み交渉するなど、筑豊石炭鉱業全体のためにも連係して活動した。また麻生と貝島は政治的立場として同じ立憲政友会に所属しており、両者は協調関係のもと、明治後期から大正初期の福岡地方の政界に対し影響力を有していた。

伊藤傳右衛門（一八六〇年十一月二十六日～一九四七年十二月十五日）

伊藤傳右衛門は一八六〇年（万延元）、穂波郡幸袋村に生まれる。父傳六は、嘉穂郡内で魚問屋を営みながら炭鉱業に乗り出した。傳右衛門は、安川敬一郎の兄である松本潜と共同して高雄炭鉱第一坑を開坑するなど安川・松本家と関係が深く、そこで坑夫から出発している。高雄炭鉱が一八九九年（明治三十二）に官営八幡製鉄所により買収されると、伊藤はそこで得た分配金を基に嘉穂郡内で牟田炭鉱などの経営を行った。同炭鉱は当時、筑豊地方でも指折りの風紀紊乱の状態であったため、傳右衛門は納屋制度を廃止し直轄制度を導入するなどして坑夫の統制を図った。伊藤は一九〇五年（明治三十八）以降、自身が取締役を務めていた十七銀行が貸金担保としていた遠賀郡所在の中鶴鉱区の開発・経営にも着手し、事業規模を拡大させた。一九〇九年には新手炭坑株式会社を設立し社長に就任、一九一四年（大正三）には中鶴炭鉱を現物出資し古河家と折半で大正鉱業株式会社を設立、社長として指導に当たった。同業組合関係では筑豊石炭鉱業組合において一九〇八年以降常議員を務めた。

炭鉱経営以外では一八九六年、盟友である中野徳次郎、それに安川・松本、貝島、麻生ら筑豊地場の有力炭鉱業主らの協力を得て、炭鉱用機械を製作する幸袋工作所（嘉穂郡）を設立した（傳右衛門は一九一九年に社長就任）。一九〇一年には、麻生太吉など嘉穂郡内資産家が出資し一八九六年に設立されていた嘉穂銀行取締役に就任、太吉死去（一九三三年）の後に頭取を務めた。また立憲政友会所属代議士を二期（一九〇三～一九〇八年）勤めた。

明治末期には幸袋工作所で発電を開始、大正中期には中野徳次郎や梅谷清一（九州水力電気常務）とともに大正電球を設立、さらには伊藤自身九州電気軌道監査役を歴任するなど、電気事業への関心も有していた。一九一七年には田川郡の資産家、九州電灯鉄道関係者、それに麻生太吉、中野徳次郎らとともに九州産業を、一九年にはその後継会社として九州産業鉄道を共同出資で設立し、取締役に就任している。それ以外の活動としては、財団法人伊藤家育英会の設立（一九一五年）や嘉穂郡立技芸女学校建築費の寄付（一九一〇年）を行うなど、篤志家としての側面も有していた。

麻生と伊藤は同じ嘉穂郡内の有力炭鉱業主であり、筑豊石炭鉱業組合常議員、同郡内を営業基盤とする嘉穂銀行等々を通じてさらに政治的には立憲政友会に所属していたため、密接な関係を有していた。すでに明治三十年代には嘉穂銀行役員として、また衆議院議員として共助の関係にあった。麻生が本洞・藤棚炭鉱を売却し、また伊藤が高雄炭鉱売却の分配金をもとに筑豊地方各地で炭鉱開発を行い軌道が乗った明治末期以降は、麻生と安川、安川と伊藤との関係もあり、相互に協調的関係を築くようになった。一九二一年（大正十）には伊藤の妻柳原白蓮によるいわゆる白蓮事件が起こったが、麻生は同じ筑豊炭鉱業主である堀三太郎、九州水力電気会社で関係のあった和田豊治らとともに、その処理に奔走した。大正末期から昭和初年に麻生と伊藤は共に電力会社役員として、電力統一のため連係している。

中野徳次郎（一八五七年十二月十一日～一九一八年六月十日）

中野徳次郎は一八五七年（安政四）、穂波郡川津村（一八八九年、二瀬村となる）に生まれた。幕末・明治初期に穂波郡内の炭鉱で山元だった山本文吉は義父にあたる。徳次郎は一八七三年（明治六）頃から文吉に従い、抗夫として石炭業に関係した。その後徳次郎は請負掘や石炭輸送業などを経て、一八八〇年頃から安川・松本家経営の高雄炭鉱に、八八年頃から大城《だいじょう》炭鉱（嘉麻郡）に従事した。なお伊藤傳右衛門も同時期、安川・松本家の従者として中野同様、同家炭鉱経営を補佐した。高雄炭鉱が官営八幡製鉄所に売却された際、中野は分配金の一部を安川・松本家から分与された。中野はそれを元手に筑豊地方（相田、熊田の両炭鉱）や福岡県糟屋地方（亀山炭鉱）、さらには長崎県にまで範囲を広げ、炭鉱経営を展開した。同業組合関係では筑豊石炭鉱業組合常議員を務めた。明治末期には九州水力電気（九水）の設立に関与し、大分県内の水利権獲得に奔走した。同社設立（一九一一年）以後は取締役として、同社と九州電灯鉄道との合併問題などで活躍した。ちなみに麻生太吉の九水への取締役としての入社は、中野の強い勧奨に基づくものであった。それ以外では幸袋工作所や嘉穂銀行の経営にも関与している。

麻生と中野との関係は麻生と伊藤との関係と同じく嘉穂郡内の有力炭鉱業主、筑豊石炭鉱業組合常議員、嘉穂銀行役員、それに立憲政友会員として活動基盤が共通することが多かった。また中野は伊藤と同じく安川の支配下にあったことがあったため、麻生と安川との関係、それに前述した麻生と中野との関係があり、明治後期から大正初期にかけて強固な関係を築いていた。中野は麻生が衆議院議員を任期満了で辞した後に麻生ら筑豊炭鉱業主の推薦を受け立候補、当選している（一九〇二年、立憲政友会所属、一期）。また大正初期には前述の麻生、安川が取り組んだ福岡市の発展をめぐる諸問題に関し、中野もこれに加わり関与した。

堀三太郎（一八六六年八月二十四日～一九五八年七月十九日）

堀三太郎は鞍手郡直方町の醤油屋の子として、一八六六年（慶応二）八月二十四日、瓜生幾次の長男として生まれた。一八八九年（明治二十二）に御徳炭鉱（鞍手郡勝野村）、一九〇〇年に本洞炭鉱を許斐鷹介から譲受。前者は一九〇四年に海軍省に編入されるが、一九一二年（大正元）、同省より払い下げを受く。後者は一九〇二年（明治三十五）、麻生太吉へ譲渡している。一九一二年、堀鉱業株式会社を設立するも、一九二〇年（大正九）の反動恐慌前後には、筑豊地方での炭鉱経営から一時撤退した。なお、一九二九年（昭和四）には、麻生太吉、石田亀一（帝国炭業専務）とともに、帝国炭業が筑豊地方で経営していた木屋瀬・起行小松炭鉱を引き継ぎ九州鉱業株式会社を設立し、また、一九二八年には東松島炭鉱（長崎県西彼杵郡）を経営。その後一九三六年、貝島鉱業が、同炭鉱を買収。なお、同業組合関係では筑豊石炭鉱業組合常議員を務めた。

堀は、明治末期から北部九州地方電力業界にも関係し、九州電灯鉄道（九電鉄）相談役として麻生太吉や伊藤傳右衛門と共に行動して電力統一に尽力している。堀は麻生が関係した九州水力電気と九電鉄、およびその後継会社である東邦電力との合併交渉に際し、九電鉄側の窓口となっていた。

この他、台湾製塩や九州産業鉄道、鞍手銀行の経営にも関係した。政治活動では一九一五年、立憲政友会所属の代議士に選出されている（一期）。

麻生と堀の関係は、本洞炭鉱を麻生が貝島の勧奨により引き受けた一九〇二年に遡る。その後は明治末年の福岡市内電気軌道会社合併問題などにおいて麻生、安川、貝島、伊藤、中野と共に合議に参加している。ただしこの時期の堀は筑豊石炭鉱業組合常議員、立憲政友会員、および貝島と同じ鞍手郡内の有力炭鉱業主の一人として麻生とつきあうという程度であった。麻生との関係が深まったのは一九一五年の衆議院選挙の際に麻生ら筑豊地方の政友会関係者から同党候補者として推挙されたことと、翌年貝島が、さらに一九一八年に中野徳次郎がそれぞれ死去した後である。この時期から麻生は九州電力業界の統一に向け活動しており、堀は九州電灯鉄道相談役として、麻生や中野のいた九州水力電気と調整に当たった。また一九二一年に起こった前述の伊藤傳右衛門と柳原白蓮との離婚問題、大正末期の福岡県内銀行合同問題などを通じて、両者は密接に連携して活動した。

（新鞍拓生、田中直樹）

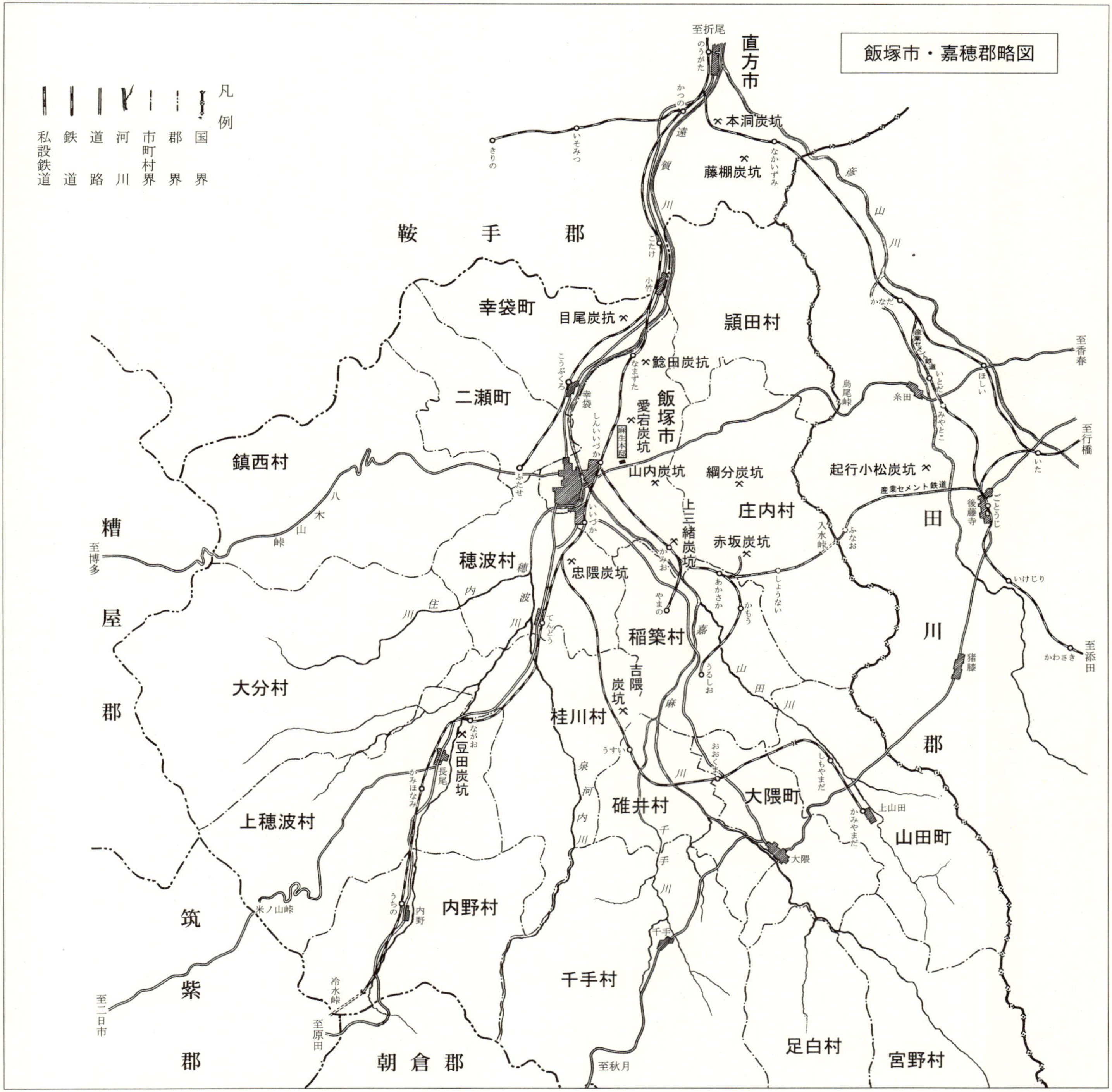

出典）『麻生太吉翁伝』（1935 年刊）より転載.

備考）(1) 転載地図に本洞炭坑，藤棚炭坑，目尾炭坑，鯰田炭坑，忠隈炭坑を加筆．木屋瀬炭坑（鞍手郡木屋瀬町）は便宜上，省略した.

(2) 鞍手郡直方町は 1931 年 1 月 1 日，市制施行，嘉穂郡飯塚町は 1932 年 1 月20日，市制施行.

麻生太吉日記編纂委員会

編纂顧問

秀村選三（九州大学名誉教授）

深町純亮（株式会社麻生社史資料室顧問）

編纂代表

田中直樹（日本大学名誉教授）

東定宣昌（九州大学名誉教授）

編纂委員

藤本　昭（株式会社麻生経営支援本部グループ人事室室長）

三輪宗弘（九州大学記録資料館教授）

香月靖晴（九州大学附属図書館付設記録資料館学外研究員）

今野　孝（福岡大学商学部教授）

永江眞夫（福岡大学経済学部教授）

吉木智栄（多久古文書の村村民）

新鞍拓生（元九州大学石炭研究資料センター助手）

草野真樹（財団法人西日本文化協会）

山根良夫（九州大学附属図書館付設記録資料館学外研究員）

麻生太吉日記《あそうたきちにっき》 第一巻

2011年11月30日　初版発行

編　者　麻生太吉日記編纂委員会

発行者　五十川　直　行

発行所　(財)九州大学出版会
〒812-0053 福岡市東区箱崎7-1-146
九州大学構内
電話　092-641-0515(直通)
振替　01710-6-3677
印刷　城島印刷㈱／製本　篠原製本㈱

 ISBN 978-4-7985-0062-1